Fault Diagnosis for Railway Rolling Stock Bearing and Vehicle Suspension System

轨道交通列车轴承与悬挂系统故障诊断

贾利民　魏秀琨　秦　勇
姚德臣　梁　瑜　著

人民交通出版社股份有限公司
China Communications Press Co.,Ltd.

内 容 提 要

针对列车运行状态在途监测与安全预警这一主题，本书系统介绍了列车走行部轴承故障诊断和列车悬挂系统故障诊断的研究成果。本书共有16章，主要包括城轨列车走行部轴承结构和振动机理分析、城轨列车走行部轴承静动力学分析、常用的轴承故障诊断方法概述、基于动力学模型的轴承故障诊断方法、基于自适应傅里叶分解的轴承故障诊断、城轨列车走行部轴承寿命分析、城轨车辆悬挂系统建模、基于模型的悬挂系统故障诊断方法研究、数据驱动的悬挂系故障诊断方法研究、基于D-S证据理论的列车垂向悬挂系统故障分离算法研究、基于DSmT的列车横向悬挂系统故障分离算法研究、基于SVM的列车悬挂系统故障分离方法、城轨列车悬挂系统故障模拟实验平台等内容。

本书可作为轨道交通车辆检测、车辆安全保障、系统故障诊断领域研究生的教学参考用书，也可供轨道交通专业方向高年级本科生学习参考，对于广大的轨道交通行业的技术人员和从事故障诊断科研人员也具有一定的参考价值。

Synopsis

This book presents our research results on fault diagnosis for railway rolling stock bearing and vehicle suspension systems in the recent years. The book contains sixteen chapters in total. In the rolling stock bearing fault diagnosis part, the main topics include the physical model of the bearing, a survey of the conventinal fault detection methods, model based faut diagnosis for rolling stock berings, adaptive FFT based fault diagnosis methods and the fatigue life analysis of the rolling stock bearing. In the second part, the fault diagnosis issues of the vehicle suspension are concerned in which the main topics include the first principle model of the vehicle suspension system, model based and data driven methods for the vehicle suspension system fault detection, D-S evidence theory and also the SVM techniques for the fault isolation of the vehicle suspension system.

This book is useful for the master students, reserchers and engineers in the field of railway engineering and mechenical engineering. It is also a reference book for the senior students in the engineering school.

前　言

轨道交通列车运行状态在途监测与安全预警是城市轨道交通安全保障体系的重要组成部分。目前,我国列车运行安全保障和运维仍主要依靠定期检修及事后故障修,列车运行安全状态的实时全面获取和在途预警体系化技术与装备的缺乏已成为我国轨道交通安全水平和运维效率提升的重大瓶颈。如何形成符合国情、先进、适用与经济的列车网络化在途故障监测与预警技术及装备体系,实现从被动安全向主动安全保障、故障修向状态修的技术转型,大大提升我国轨道交通安全保障水平和能力保持水平,为我国轨道交通的可持续发展提供基础性和全局性技术与装备支撑,是当前轨道交通领域的重大课题之一。如何保障轨道交通系统的运营安全,提升运营维护水平,降低全生命周期运营成本已成为我国轨道交通可持续健康发展的瓶颈问题,迫切需要研发适应国情和运营管理机制的包括列车走行部的在途检测、故障诊断和预警技术在内的轨道交通安全保障技术与装备体系。

针对列车运行状态在途监测与安全预警这一主题,本书系统总结了项目组在过去几年在列车走行部轴承故障诊断和列车悬挂系统故障诊断的研究成果。本书的第一部分(第1章到第7章),针对列车走行部轴承的故障诊断,本书深入研究了城轨列车走行部轴承结构、振动机理和故障形式及原因,提出了多因素(径向游隙、转速、载荷、波纹度等)综合作用下的城轨列车走行部轴承静、动力学模型;提出了基于自适应傅里叶分解的轴承故障诊断方法、基于新的非线性动力学模型的轴承故障诊断方法以及基于时频域特征参数融合的轴承故障在途诊断算法和轴承多智能算法融合的在途故障辨识方法;提出了基于获取的实时动载荷数据,并在轴承疲劳寿命分析理论的基础上,构建了时变工况下城轨列车走行部轴承的疲劳寿命评估模型。本书的第二部分(第8章到第16章),针对列车悬挂系统的故障问题,建立了列车悬挂系统的垂向和横向动力学模型,并基于专业车辆动力学软件SIMPACK和Matlab&Simulink搭建了仿真实验平台,提出了基于 GLRT 和鲁棒观测器等算法和技术基于模型的故障检测方法，提出了基于 DPCA 和 CCA 等数据驱动的悬挂系统故障检测理论和方法，提出了基于 D-S 证据理论和 SVM 等算法的悬挂系统故障分离技术和方法。

本书的研究成果得到了一些国家科研项目的支持，其中特别感谢轨道交通控制与安全国家重点实验室自主课题“高速列车车辆主动安全控制模型和算法研究”(RCS2014ZT003)、国家“十二五”863 计划课题“基于传感网的列车关键设备在途故障诊断技术”(2011AA110503)、国家“十二五”科技支撑计划“城轨交通轨道安全状态移动检测系统研制”(2011BAG01B04)和“下一代地铁车辆技术研究及示范应用(2013BAG24B03)”，以及教育部博士点基金“一类空间互联复杂大系统的分布式故障诊断理论和方法研究(20110009120037)”等课题的资助。在本书的写作过程中，得到了北京交通大学柳海、郭淑萍、郭昆、闫冬、魏强、刘峰、陈军、程茗、吕又冉、张靖林、张晓中、王腾腾、朱明、李卓玥、贺延芳、尹贤贤、申丽等同学的支持，对他们在书稿编辑和纠错方面所做的工作表示感谢。

由于作者水平有限，书中不妥之处在所难免，恳请读者不吝指教。

作者

2015 年 10 月

目　　录

第1章　绪　　论

1.1　研究意义

国家中长期科学和技术发展规划纲要(2006～2020年)第1条指出“提高飞机、汽车、船舶、轨道交通装备等的自主创新能力”,第39条“交通运输安全与应急保障,重点开发交通事故预防预警、应急处理技术,开发运输工具主动与被动安全技术,交通运输事故再现技术,交通应急反应系统和快速搜救等技术”。地铁已经成为我国(特)大城市公共交通最重要的组成部分,地铁建设正处于高速建设和运营开通高峰期。截至2012年年底,全国累计共有53个城市规划了地铁线路,总规划里程超过14 000km;累计29个城市82条线路在建,在建线路里程近1 900km。截至2013年年底,全国累计批复36个地铁建设规划,批复里程约6 000km;累计共17个城市已建成开通地铁线路78条,运营里程达2 266km。到2016年,我国将新建地铁线路89条,总建设里程为2 500km,在线运营的车辆总数大约20 000辆。

保障车辆的安全运营、旅客的生命安全和机电设备的正常运转是城市轨道交通运营的三大目标,也是发挥其正常运输功能的前提条件。同时城市轨道交通具有快速运转大量乘客的优势,可以降低道路拥堵的成本,为经济的快速发展奠定基础。伴随着城市轨道交通的蓬勃发展,列车的在途安全已成了城市轨道交通发展的核心问题之一,车辆、线路、通信、信号和牵引供电系统故障时有发生,严重影响了城市轨道交通运营安全。一旦因为故障导致事故发生,将造成财产损失甚至人员伤亡,则一定会产生恶劣的社会影响。因此,在列车运营过程中监控包括列车走行部件的各种关键部件,及时挖掘隐患和发现各类故障,预防事故发生,已经成为当今城市轨道交通研究的重要方向。

根据《“十二五”国家战略性新兴产业发展规划》(国发〔2012〕28号),“十二五”时期是我国战略性新兴产业夯实发展基础、提升核心竞争力的关键时期。规划提出:“轨道交通装备产业作为高端装备制造业的重点培育对象,需大力发展技术先进、安全可靠、经济适用、节能环保的轨道交通装备”,“巩固和扩大国内市场，大力开展国际合作，推动我国轨道交通装备全面达到世界先进水平”。随着城市轨道交通运营里程的迅速增加，运送客流规模的急剧增大，城市轨道交通列车作为城市轨道运输的载体，如何在快速运行条件下保障城市轨道交通列车的运营安全已经成为各城市共同面临的越来越严峻的考验，在这种情况下，迫切需要对城市轨道交通的核心关键装备进行实时故障监测，研制适合我国国情的以监控关键装备为核心的故障诊断系统，提升城市轨道交通列车运营的安全性和稳定性。

城市轨道交通列车作为城市轨道运输的载体，如何在这种快速交通方式下保障城市轨道交通列车的安全运营已经得到国内外许多专家学者的关注，而走行部是城市轨道列车的关键系统，其结构复杂，一旦出现故障，对列车运行影响较大。国内外地铁公司均注重对走行部进行监控，目前主要工作集中于地面设备和日常检修。地面设备主要监测轮对故障和轴承故障，其他设备监测都是靠人工日常检修和维护。目前，法国、德国和日本等国家也在研究走行部在线监测技术，我国从2007年以来也在开展这方面的研究工作，但对于城市轨道交通列车走行部在线监测诊断还没有相应成熟产品，更无统一标准。

走行部作为城轨车辆的关键设备之一，一般是由轮对、轴箱、悬挂系统、驱动装置、构架及制动装置等几部分组成。其中悬挂系统作为走行部的重要部分，分为一系（设置在转向架构架与轴箱之间）和二系（设置在车体底架与转向架底架之间）两种。采用两系悬挂可以减少整个车辆悬挂装置的总刚度，增大静挠度，改善车辆垂向运动平稳性，减小车辆与线路之间的作用力[1]。因此，悬挂系统的安全性对整列轨道车辆的安全起着至关重要的作用。其一旦发生故障，直接影响车辆正常运行，严重时会造成车辆倾覆，危害旅客的生命财产安全。

滚动轴承是旋转机械中的重要基础元件，具有承受载荷的作用和相对运动的功能，也是旋转机械振动的主要激振源之一。从20世纪40年代开始，滚动轴承就在机械产品中占据重要地位；最早投入使用的带有保持架的滚动轴承是英国钟表匠John于1760年为制作H3计时计而发明的球轴承[2]；随着冶金及抛光技术的发展完善，第一次工业革命之后，滚动轴承作为一种机械基础部件，被更广泛地应用于各类机械产品中。轴承的运行状态直接关系到系统能否正常运行，在机械系统中因为轴承的故障，造成了许多严重的事故；滚动轴承故障在齿轮箱故障中占有较大比例，仅次于齿轮故障，约占19%[3]，而水泵和电动机的故障原因中，轴承故障是最主要因素[4,5]。在地铁中，由于车辆运行区间短、停站时间短、速度变化频繁、行车密度大、运行线路环境条件变化小等因素，使得轴承成为列车上最容易发生故障的零部件之一，它工作状态的好坏不仅直接影响列车的平稳性和舒适性,还会影响列车运行安全与否。

轨道列车轴承在途故障诊断的应用,能降低地铁列车的运行成本[6]。铁路车辆滚动轴承引入设备的监测和诊断技术以后,在1979~1986年间,铁路系统共防止车辆燃轴事故291万件,事故减至原来的1/14(1986年和1976年相比),相当于增加运输投入2个亿,每年增加运输车辆43万次。广州铁路局自1989年以来,和未采用有关的诊断技术相比较,轴承平均延长架修3次以上,最多的达9次[7]。地铁与铁路系统都属于轨道交通,虽然两者之间有其自身的运行特点,但在地铁开展列车滚动轴承故障诊断与预报的研究,因此获取的轴承实时运行状态,对于降低运营成本,提高经济效益也有同样的效果。

为保证车辆等设备正常运行,就必须定期对列车走行部的安全状态进行实时评估,找出薄弱部件,降低列车的故障率,保障乘客的人身安全,节约城轨运营成本,实现轨道交通运营主动安全。为发现具体的故障隐患,及时地对子系统薄弱部件进行状态监测及故障检测分离,增加了城市轨道车辆运营的可靠性,提高了运输能力,同时可以显著地减少因传统的定期维护所产生的一系列相关费用。目前,国内外几乎没有对悬挂系统故障分离的相关研究,因此,对列车走行系进行定期安全评估,并对关键设备悬挂系统进行实时的安全监测与故障分离是十分必要且有意义的。

从目前城市轨道交通列车诊断技术的研究和应用来看,现有的技术条件远远不能满足城市轨道交通快速、安全、舒适的乘车要求。为了适应城市轨道交通工程的飞速发展,改善轨道交通运营的安全现状,预防事故和降低事故损失,必须运用系统的观点,研究用于轨道交通列车走行部状态信息获取优化技术和智能故障诊断技术,研发具有我国自主知识产权的城市轨道交通安全保障系统与装备产业,提升我国自主相关系统和装备的竞争能力,提高我国城市轨道交通大规模建设和运营过程中与国际垄断企业的谈判能力,降低我国城市轨道交通运营成本。

综上所述,城市轨道交通列车走行部在途故障诊断系统具有迫切的现实需求和重要意义,城市轨道交通(以下简称城轨)列车走行部在途监测和预警是亟待解决的重大科学技术问题。本书正是为解决这一重大技术问题而开展的。

1.2 滚动轴承故障诊断研究现状

20世纪60年代中期,国外两位学者发明了快速傅里叶变换,大大提高了傅里叶变换和短时傅里叶变换[8]算法的速度,使得频谱分析技术迅猛发展,频谱分析的优势被迅速应用于轴承故障诊断,为轴承故障诊断由时域分析进入频域分析奠定了基础。滚动轴承元件表面有损伤时,其振动信号的实际频谱能量会相对集中在一个频率上,成为故障特征频率,计算出采集信号的故障特征频率并与振动信号的实际频谱进行比较,能较准确地判断轴承是否有故障。这种基于特征故障频率轴承故障诊断方法的缺点是传感器采集的信号含有大量的背景噪声[9,10],信号的频谱非常复杂,特征频率通常被淹没在噪声频率之中,一般不通过合适的滤波器滤波很难找到故障特征频率。不同轴承的故障特征频率不尽相同,随着轴承故障诊断的发展,专家学者开始了对滚动轴承运动学和动力学的研究,研究轴承故障的机理,轴承零件的几何尺寸和缺陷类型对信号中的频率的影响,从而可以精确计算轴承的故障特征频率。H. L. Balderston[11]给出了滚动轴承的滚动体在内外滚道上通过频率的计算公式、滚动体及保持架旋转频率的计算公式。Taylor[12]对比了轴承多种故障的频谱特点,提出了故障尺寸的计算方法。Randall[13]将信号变换到频域后,对倒频谱与功率谱诊断轴承故障做了对比,得出倒频谱效果优于功率谱。

20 世纪 80 年代,Claasen 和 Mecklenbraju ker[14]首次介绍了 Wigner-Ville 分布的离散算法,之后该方法被广泛应用于信号探测和故障诊断中。小波变换被誉为"数学显微镜",在 1974 年被提出后,直到 1986 年数学家 Meyer 构造出一组真正的小波基,之后他与 Mallat[15]合作建立了构造小波基的方法,研究了多尺度分析,为小波的快速发展奠定了理论基础。小波分析因其具有可调的时频窗口,能够自适应处理信号而能被广泛应用于轴承的故障诊断中。

之后,轴承的故障诊断方法研究一直在进步,许多国外的学者致力于更精确、更快速、更普适地诊断轴承的故障。如 2001 年 Kaewkongka 等人研究了用小波变化和神经网络来做涡轮机状态监控的新方法。首先对采集的加速度信号做连续小波变换,然后提取变换后的图像作为各种机器状态唯一的特征,再利用反向传导神经网络(BPNN)评价前面所提方法的性能。试验研究了 4 种状态的机器操作状态:平衡轴、非平衡轴、未对齐的转动轴和一个有缺陷的轴。

国内虽然较国外起步较晚,但是对轴承故障监控研究的成果也很多,很多成果已经转换为产品。

余志红,王朝晖等[16]研究了离心压缩机轴承的故障特征模式提取。选取于离心压缩机轴承信号的最大值、最小值、峰值、平均值、绝对值、方差值、波形因子、脉冲因子、峰值因子以及频谱因子作为原始特征模式,应用模糊聚类方法将轴承运行状态分为正常、油膜振荡、摩擦诱喘振和气隙激振 4 种,应用数据挖掘的方法提取了故障的特征模式。

张星辉,康建设等人[17]针对隐 Markov 模型故障诊断和层次隐 Markov 模型故障预测过程中时间较长的问题,将层次隐 Markov 模型转化为动态 Bayes 网络,并应用交叉树推理算法,缩短了轴承故障诊断和故障预测过程的时间。

乔保栋,陈果等[18]人提出了一种基于 Weka 软件数据挖掘平台的滚动轴承故障知识获取的方法。该方法运用滚动轴承均方根值、峰值、峰值因子、脉冲因子、裕度因子、波形因子、峭度和 3 层小波分解得到的各层细节信号包络谱的最大值作为特征参数,并选取正常、内圈故障、外圈故障、滚动体故障作为原始特征模式,借助 Weka 平台的 C4.5 决策树的故障知识自动获取方法应用于实际的轴承故障数据,识别轴承的故障模式。

清华大学的邱阿瑞、尹彤[19]在轴承信号处理过程中,利用有限冲击响应数字滤波器对原始的轴承振动信号滤波,去除原始采集信号中存在的各种噪声与干扰,再用希尔伯特变换对滤波后的信号取包络,用 FFT 变换做频谱分析,提取轴承的故障特征频率,判断轴承是否发生故障。

何正嘉[20]详细分析了小波分解及小波包分解在轴承故障诊断中的应用,引入自回归谱分析并与小波包分解结合起来,将小波包分解技术与滚动轴承各零部件故障信息的不同频带对应起来,诊断轴承的早期故障,为滚动轴承的去噪、特征提取和故障识别提供了一种新的方法;同时也阐述了谐波分析、小波分形技术在轴承故障诊断中的应用。

张中民、卢文祥等[21]提出了利用正交小波变化诊断轴承故障的方法,首先利用小波分析技术对滚动轴承故障振动信号在各小波空间进行分解,将滚动轴承故障振动信号变换到时间—尺度域,再对各小波空间的小波系数进行包络细化谱分析,最后观察分析各小波系数的包络细化谱图,诊断轴承故障是否存在,并识别轴承的故障模式。

缪荣松[22]分析了滚动轴承非平稳信号的特征,提出了基于小波分解、滤波、重构和 Hilbert 变换包络分析的小波—包络分析方法,利用 db10 小波对非平稳轴承振动信号进行滤波重构,再利用 Hilbert 变换得到包络信号,最后对包络信号做细化谱分析,观察频谱图判断轴承是否发生故障。

于德介、程军圣和杨宇[23]提出了基于 Hilbert 边际谱诊断滚动轴承故障的方法,首先利用 EMD 将滚动轴承的三种状态(正常、外圈故障和内圈故障)的样本信号分解成有限个 IMF,对各个 IMF 分量做 Hilbert 变换得到其边际谱,确定固有频率段并计算频率段内各分量的能量特征值作为三种状态的标准。然后用同样方法计算采集的轴承原始信号的能量特征值,利用 M—距离函数判别轴承的故障模式。

扈炳涛[24]研究了小波去噪和小波包变换提取滚动轴承故障特征的方法，首先对轴承振动信号进行小波去噪，再应用小波包多层分解与重构提取滚动轴承各零部件的故障特征频率和各层最低点能量特征，进而诊断机车轴承是否发生故障。

北京化工大学的冯赫[25]分析了滚动轴承的数学模型，并基于小波分析提出了轴承故障诊断的特征参数法和特征频率法。

近二十年来，设备运行状态在途监控和故障诊断在生产和生活中占据越来越重要的地位，随着大力发展电气控制和自动化技术，现代状态检测与故障诊断技术已经取得了长足的进步，地铁列车轴承的在途故障诊断系统也在逐渐加速发展，在途状态检测与诊断技术也逐渐趋于成熟。轴承作为列车“全状态”获取的重要零部件，其在途状态检测与故障诊断系统要达到如下目的[26]：

(1)通过监测轴承的实时运行状态，能够及时、准确地对各种故障状态或异常状态做出诊断，通过诊断结果指导对设备的运行和维修，从而提高设备运行的安全性和可靠性，把故障可能导致的损失降低到最低水平。

(2)根据检测结果制订合理的维修制度，发挥轴承设计的最大能力，在保障安全和可靠的前提下适当延长滚动轴承的服役期限，提高轴承的利用率，降低运营成本。

(3)通过监测数据分析轴承的故障原因，评估轴承的设计指标，从应用的角度出发，为结构修改和制造工艺提供数据支持，优化轴承的设计。

1.3 悬挂系统故障诊断研究现状

关于城轨车辆悬挂系统状态监测的研究已有了诸多成果。在文献[27,28]中，交互式多模型方法(IMM)与参数估计的方法被成功地应用于车辆悬挂系统的状态监控。文献[29,30]提出了一种鲁棒故障检测观测器的设计方法，并对分布式观测器的设计进行了研究。另有[31～33]等文献也介绍了几种基于模型的悬挂系统故障检测方法。此外，作者在论文[34,35]中研究了基于广义概率比率检验的悬挂系统故障检测方法，并在论文[36]中利用多元时间序列的相似性匹配方法研究了悬挂系统的故障分离问题。

然而基于模型的故障检测方法都存在着一个共同的问题，那就是所使用的模型是否可靠。车辆悬挂系统的动力学特性在垂向与横向上具有耦合作用，悬挂系统部件的非线性，车体的柔性结构等诸多因素决定了我们难以获得一个准确的数学模型，从而限制了这些基于模型的故障诊断方法的应用。尽管文献

[37]在设计观测器时考虑了鲁棒性问题,但干扰矩阵的选取仍然具有不确定因素。此外,车辆建模过程复杂,模型阶数较高,计算负担较大,也成为其推广应用的制约因素。

数据驱动的故障诊断方法近年来得到了广泛的重视与研究,取得了长足的发展。基于多元统计分析的故障诊断方法就是其中最为重要的一种。这类方法利用过程变量的历史数据,利用多元投影方法将多变量的样本空间分解成由主元变量张成的较低维的投影子空间和一个相应的残差子空间,并分别在这两个空间中构造能够反映空间变化的统计量,然后将观测向量分别向这两个子空间投影,并计算相应的统计量指标用于过程监控。常用的多元投影方法包括主元分析(PCA)、偏最小二乘(PLS)、独立主元分析(ICA)及规范变量分析(CVA)等。在城轨车辆悬挂系统性能监控方面,数据驱动的故障诊断同样得到了应用,如文献[38]采用动态主元分析算法(DPCA)与动态规范变量分析算法(DCVA)实现了悬挂系统故障的在线检测,效果令人满意。更进一步,文献[39]以城轨车辆悬挂系统为应用对象,对基于模型的故障检测方法与数据驱动的故障检测方法做了深入而全面的比较研究。

此外,文献[40,41]提出了一种无模型的铁路车辆悬挂系统故障诊断方法,这种无模型的方法利用车辆在运行过程中各个自由度上运动之间的相互关系作为监控对象从而达到故障检测的目的。

上述文献的研究都局限于悬挂系统的故障检测问题,没有涉及故障分离。而且,上述研究大多停留在理论方法研究这一层面,鲜有实际应用成果。

1.4 内容简介

本书主要介绍城轨列车走行部滚动轴承和列车悬挂系统最新的研究成果。其中第2章阐述了轴承的结构和振动机理以及轴承的故障形式及产生原因;第3章建立了不同参数下轴承的动力学模型并对其进行了分析,找出了轴承内部结构和外部原因与征兆间的映射关系,并确定了轴承监测部位与监测参数;第4章则详细介绍了轴承故障成因及类型和轴承故障诊断方法;第5章建立了轴承的非线性动力学方程和非线性动力学模型,以含有内圈划伤缺陷的轴承为例对轴承进行故障诊断;第6章应用AFD方法对轴承进行故障诊断并介绍了AFD算法的使用情况;第7章分析了不同参数对轴承疲劳寿命的影响,构建并验证了时变工况下城轨列车走行部轴承的疲劳寿命评估模型的可靠性;第8章搭建并验证了城轨车辆垂向悬挂系统模型的可靠性,基于SIMPACK软件实现了城轨车辆悬挂系统的在线仿真;第9章详细论述了Kalman滤波器的求解方法和GLRT故障检测方法,并为城轨车辆悬挂系统设计了分布式观测器;第10章以DPCA方法与T-PLS方法为例研究了数据驱动的城轨车辆悬挂系统故障诊断问题,利用贡献图技术讨论了悬挂系统的故障分离问题;第11~13章分别提出了基于D-S证据理论的信息融合等故障分离方法,基于DSmT信息融合的故障分离方法和基于SVM的故障分离方法;第14~16章分别介绍了悬挂系统试验平台的搭建、基于试验平台数据的故障检测和故障分离。

本章参考文献

[1] 曾青中,韩增盛. 城市轨道交通车辆[M]. 成都:西南交通大学出版社,2011.

[2] 徐东. 球轴承疲劳剩余寿命分析与预测方法研究[D]. 湖南:国防科学技术大学,2011.

[3] Liu C. Fault detection of rolling element bearings[D]. Washington:University of Washington, 2005.

[4] Cheung M, Li W. Probabilistic Fatigue and Fracture Analysis of Steel Bridges[J]. Journal of Structural Safety, 2003, 23: 245-262.

[5] Zheng Jinde, Cheng Junsheng, Yang Yu. Generalized empirical mode decomposition and its applications to rolling element bearing fault diagnosis[J]. Mechanical systems and signal processing, 2013, 40(1):136-153.

[6] 吴忠民. 基于DSP的列车滚动轴承故障检测与分析系统研究[D]. 北京:北京交通大学,2007.

[7] 吴德华. 列车滚动轴承故障诊断与监测系统研究[D]. 湖南:中南大学,2005.

[8] Cvetkovic Z. On discrete short-time Fourier analysis[J]. IEEE Transactions on Signal Processing, 2000, 48(9):2628-2640.

[9] 赵新甫. 电机轴承故障在线检测系统研究[D]. 杭州:杭州电子科技大学,2011.

[10] 石丁丁. 基于EMD的异步电动机轴承故障诊断技术的研究[D]. 太原:中北大学,2009.

[11] T. G. Wheeler. Bearing Analysis Equipment Keeps Down Time[J]. Plant Engineering. 1968: 87-89.

[12] J. L. Taylor. Identification of Bearing Defects by Spectral Analysis. Transactions of the ASME[J]. Journal of Mechanical Design,1980,102(4):199-204.

[13] R. B. Randall. Analysis Techniques for Diagnosis of Gear and Bearing Faults [C]. Proceedings of CSMDT. Shenyang China, 1986: 387-393.

[14] Claasen TACM,Mecklenbrauker WFC. The Wigner distribution-a tool for time frequency analysis,Part 1:Continuous time signals[J]. Philips Journal of Research, 1980, 35(3): 217-250.

[15] Mallat S C. A theory for multi-resolution signal decomposition: the wavelet representation[J]. IEEE Transactions on Pattern Recognition and Machine Intelligence, 1989: 674-693.

[16] 余志红,王朝晖,陈志刚. 基于数据挖掘的轴承故障特征模式提取[J]. 轴承,2006(7):30-33.

[17] 张星辉,康建设,刘占军,等. 轴承故障诊断与故障预测方法[J]. 轴承,2011(1):148-152.

[18] 乔保栋,陈果,葛科宇,等. 一种滚动轴承故障知识获取的新方法[J]. 轴承,2011(2):39-44.

[19] 邱阿瑞,尹彤. 电动机滚动轴承的故障诊断[J]. 大电机技术,1996(2):25-29.

[20] 何正嘉. 机械监测诊断中的小波应用技术[J]. 设备管理维修,1998,(8):19-24.

[21] 张中民,张英堂. 基于小波系数包络谱的滚动轴承故障诊断[J]. 振动工程学报 1998,11(1):65-69.

[22] 缪荣松. 基于小波-包络的重载货运列车滚动轴承振动故障诊断[D]. 长沙:中南大学,2011.

[23] 于德介,程军圣,杨宇. 基于 Hilbert 边际谱的滚动轴承故障诊断方法[J]. 振动与冲击,2005,24(1):70-72.

[24] 扈炳涛. 机车轴承工况监测与故障诊断系统开发[D]. 北京:北京交通大学,2008.

[25] 冯赫. 基于小波变换的旋转机械故障诊断方法研究[D]. 北京:北京化工大学,2008.

[26] 贾天丽. 轨道列车走行部滚动轴承故障诊断研究[D]. 北京:北京交通大学,2011.

[27] Y. HAYASHI,H. TSUNASHIMA,Y. MARUMO. Fault detection of railway

vehicle suspension systems using multiple-model approach [J]. Mechanical System for Transportation and Logistics, 2008, 1(1): 88-98.

[28] P. Li, R. Goodall, P. Weston, et al. Estimation of railway vehicle suspension parameters for condition monitoring[J]. Control Engineering Practice, 2006: 43-55.

[29] Xiukun Wei, Limin Jia, Hai Liu. Fault diagnosis filter design for railway vehicle suspension systems based on LMI optimization [J]. An International Interdisciplinary Journal, 2012.

[30] Xiukun Wei, Shuai Lin, Hai Liu. Distributed fault detection observer for rail vehicle suspension systems [C]. Chinese Control and Decision Conference, 2012: 3396-3401.

[31] S. Bruni, R. Goodall, T. X. Mei, et al. Tsunashima. Control and monitoring for railway vehicle dynamics[J]. Vehicle System Dynamics, 2007, 45(7-8): 765-771.

[32] R. Goodall, T. Mei. Advanced control and monitoring for railway vehicle suspensions[C]. International Symposium on Speed-up and Service Technology for Railway and Maglev Systems(STECH'06), 2006: 10-16.

[33] R. Goodall, C. Roberts. Concepts and techniques for railway condition monitoring[C]. IET International Conference on Railway Condition Monitoring, 2006: 90-95.

[34] Xiukun Wei, Hai Liu, Yong Qin. Fault Diagnosis of Rail Vehicle Suspension Systems by Using GLRT [C]. Chinese Control and Decision Conference, 2011: 1932-1936.

[35] Xiukun Wei, Hai Liu, Limin Jia. Fault detection of urban rail vehicle suspension system based on acceleration measurements[C]. IEEE/ASME International Conference on Advanced Intelligent Mechatronics (AIM), 2011: 1129-1134.

[36] Xiukun Wei., Hai Liu, Yong Qin. Fault Isolation of Rail Vehicle Suspension Systems by Using Similarity Measure[C]. International Conference on Intelligent Railway Transportation, 2011: 391-396.

[37] Xiukun Wei, Limin Jia, Hai Liu. Data-driven fault detection of vertical rail vehicle suspension systems[C]. UKACC International Conference on Control, 2012: 589-594.

[38] Xiukun Wei, Limin Jia, Hai Liu. A comparative study on fault detection methods of rail vehicle suspension systems based on acceleration measurements [J]. Vehicle System Dynamics: International Journal of Vehicle Mechanics and Mobility, 2013, 51(5): 700-720.

[39] Mei T. X., Ding X. J. A model-less technique for the fault detection of rail vehicle suspensions[J]. Vehicle System Dynamics, 2008, 46(1): 277-287.

[40] Mei T. X., Ding X. J. Condition monitoring of rail vehicle suspensions based on changes in system dynamic interactions[J]. Vehicle System Dynamics, 2009, 47(9): 1167-1181.

第2章 城轨列车走行部轴承结构和振动机理分析

引发城轨列车走行部轴承故障的原因是多方面的,有些是系统内部原因造成的,有些是系统外部原因造成的。只有对其结构和振动机理进行深入分析和研究,才能有效进行故障诊断。本章系统地阐述了列车走行部轴承的结构和振动机理,并介绍了轴承故障的形式及产生原因,为后续研究奠定了基础。

2.1 城轨列车走行部轴承结构分析

城轨列车走行部轴承是由外圈、内圈、滚动体和保持架四部分组成的,如图2-1所示。

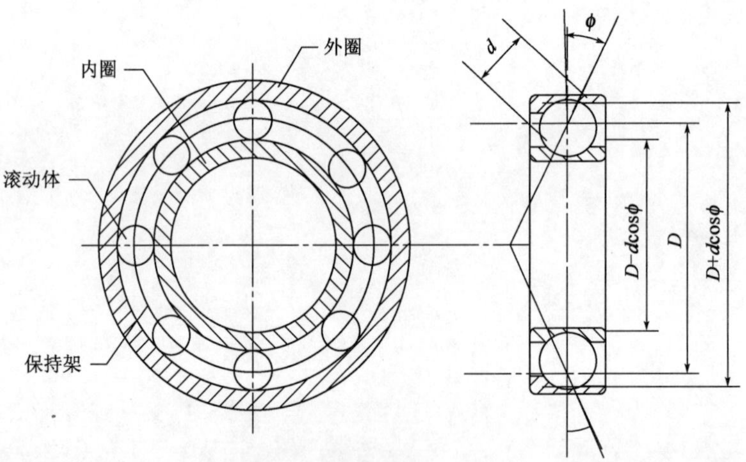

图2-1 轴承结构

城轨列车走行部轴承在工作时,外圈与轴承座或机壳装配在一起,具有支撑作用;内圈与传动轴装配在一起,并与轴共同旋转。滚动体是轴承的核心元件,通过保持架均匀分布在内圈和外圈之间,它将滑动摩擦变为滚动摩擦。滚动轴承按滚动体的不同,可分为圆柱滚动轴承、圆锥滚动轴承、球轴承。保持架的作用是引导滚动体的运动,同时将滚动体均匀分布在轴承内外圈之间,并改善轴承内部载荷分配和润滑性能。与无保持架的轴承相比,带保持架轴承的摩擦阻力较小,适合应用在城轨列车这样的系统上[1]。

2.2 城轨列车走行部轴承振动机理分析

引起城轨列车走行部轴承振动的原因,除了外部激励因素之外,还包括以下几种内部因素:

(1)轴承的结构特点;

(2)加工装配误差;

(3)运行故障。

液动轴承振动产生机理如图 2-2 所示[2,3]。

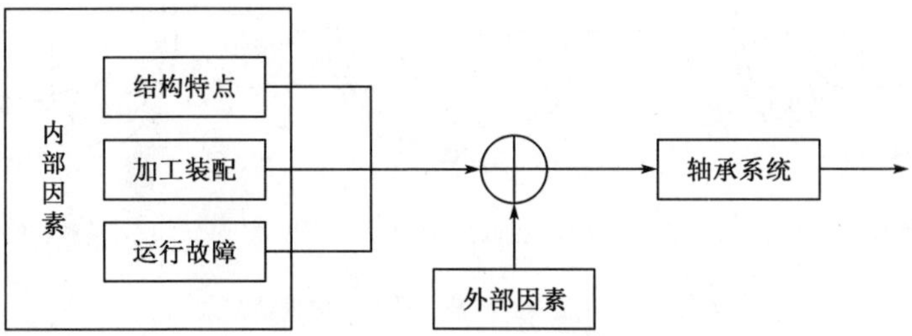

图 2-2 滚动轴承振动产生机理

1)轴承结构特点引起的振动

在城轨列车走行部轴承旋转时,滚动体在内、外圈滚道上滚动,即使无加工装配误差,由于不同位置的滚动体所承受的力以及承载的滚动体数目不同,均会造成承载刚度的变化,引起轴承振动。具体如图 2-3、图 2-4 所示。

2)轴承加工装配误差引起的振动

轴承加工时留下的表面波纹度和装配误差等原因产生交变激振力使轴承系统振动,这些激振力随机性较强,含有多种频率成分,轴承在这些激振力的作用下所产生的振动也具有较强的随机性,如图 2-5 所示。

3)由于轴承使用不当或装配不正确引起的振动

城轨列车走行部轴承在运行过程中出现的故障按振动信号的特征不同,可分为两大类:磨损类故障和表面损伤类故障。

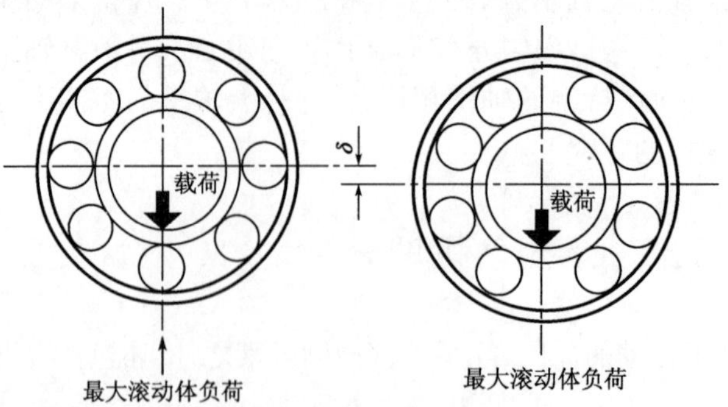

图 2-3　轴承旋转时滚动体上的负荷变化

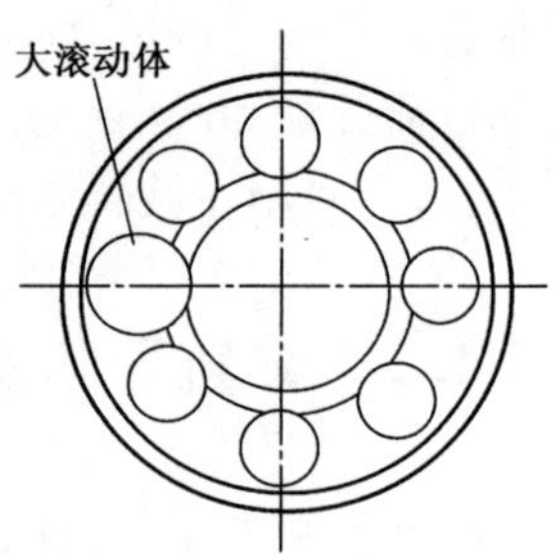

图 2-4　滚动体大小不均匀

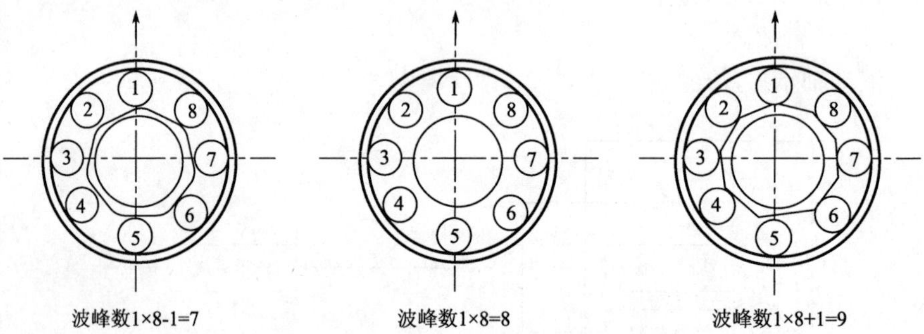

图 2-5　内圈波纹峰数与外圈径向振动关系

(1)磨损类故障

轴承在正常使用情况下,其工作表面磨损是一种渐变性故障;轴承磨损后的振动和正常轴承的振动都是无规则的,且随机性较强;但磨损后的振动幅值明显高于正常轴承的振动幅值,这是磨损类故障的基本特点。

(2)表面损伤类故障

对于具有表面损伤类故障的轴承,当损伤点滚过轴承元件表面时要产生脉冲力,此脉冲力将覆盖轴承系统的高频固有振动频率,从而引起谐振,这是表面损伤类故障的基本特点。

2.3　城轨列车走行部轴承故障形式及原因

城轨列车走行部轴承在运行过程中,装配不当、润滑不良、水分和异物侵入、腐蚀和过载等都可能引起轴承过早损坏。即使不出现上述故障情况,经过一段时间的运转,轴承也会出现疲劳剥落和磨损而不能正常工作。总之,城轨列车走行部轴承失效的原因往往是多因素的,所有设计制造过程的影响因素都会与轴承的失效有关,分析起来比较困难。

城轨列车走行部轴承主要故障形式及产生原因如表2-1所示。

轴承故障形式及产生原因[4] 表2-1

损伤形式	产生原因	损伤特征
疲劳	①轴向载荷过大; ②对中不良; ③保持架的精度不高、圆度误差大; ④装配不当,轴弯曲; ⑤安装时冲击载荷过大,圆柱滚子轴承的装配过盈量太大; ⑥润滑不良; ⑦间隙过小,载荷过大,预压过大	①向心轴承滚道只在一边有表面上的剥落; ②双列轴承在表面上只在一边有剥落; ③滚动体以及滚道接触边缘剥落,深沟球轴承滚道的斜向表面出现剥落; ④在滚动体的圆周方向的对称位置上产生剥落; ⑤滚子轴承的滚道和滚动体靠近端部处表面出现剥落; ⑥受力面较大面积压光和微观剥落; ⑦滚道面和滚动体早期出现表面剥落
胶合	①润滑不良,润滑脂过硬,启动时加速度太大; ②滚道面不平行,转速过高; ③装配不当,轴向载荷过大	①滚道面和滚动体表面出现胶合; ②深沟球轴承的滚道面出现螺旋状胶合; ③滚道面和挡边外出现胶合
磨损	①运输中轴承受到小振幅的运动作用; ②由于配合面间存在小间隙带来的滑动磨损; ③异物荡入,装配不当,润滑欠佳	①类似静压痕; ②有红褐色的磨损粉末出现在配合面上的部分磨损; ③滚道面、凸缘面、滚动体、保护架等磨损; ④圆锥滚子轴承挡边磨损过大
烧伤	装配不当,润滑欠佳	滚道面、挡边面、滚动体面、变色、熔体
腐蚀	①具有腐蚀性的介质、湿气凝结侵入; ②电流通过时产生的电火花熔化; ③轻微振动,装配不当	①轴承内部的配合面等部位生锈腐蚀; ②有搓板状的凹凸出现在滚动面上; ③有黑色或者红色的锈斑出现在表面
破损	①冲击载荷太大,安装不恰当,会造成胶合发展; ②冲击载荷,热处理不恰当,安装不恰当,会造成胶合发展; ③对中不良,安装不恰当,润滑不好,转速太快,异物进入	①内环或者外环会有裂纹产生; ②滚动体产生裂纹; ③保持架断裂

续上表

损伤形式	产 生 原 因	损 伤 特 征
压痕	①静载荷以及冲击载荷都太大,有异物进入; ②安装不恰当,滚道承受了不均匀的载荷	①滚动体、滚道面上有压痕; ②圆柱滚动体轴承的滚动体和套圈接触处有楔形压痕

2.4 本章小结

本章系统地分析了城轨列车走行部轴承的结构和振动机理,并在此基础上介绍了轴承的故障形式及产生原因,为后续列车走行部轴承静力学及动力学模型的建立及分析、疲劳寿命分析和在途故障诊断算法研究提供了支撑。

本章参考文献

[1] 唐德尧. 机车轴承若干故障的诊断与分析[J]. 电力机车与城轨车辆,2005,4.
[2] 梅宏斌. 滚动轴承振动监测与诊断[M]. 北京:机械工业出版社,1996.
[3] 黄采伦. 列车故障在线诊断技术及应用[M]. 北京:国防工业出版社,2006.
[4] 冈本纯三. 球轴承的设计技术[M]. 黄志强,译. 北京:机械工业出版社,2003.

第3章　城轨列车走行部轴承静动力学分析

为保证城轨列车安全运营,必须准确分析城轨列车走行部轴承的内在结构以及外部原因与征兆表现之间的关联关系,这就要求建立能反映城轨列车走行部轴承实际运转状态的力学模型。基于第2章轴承结构和振动机理的分析,本章提出了多因素(径向游隙、转速、载荷、波纹度等)综合作用下的城轨列车走行部轴承静力学及动力学模型,分析了不同参数对系统的影响,得出轴承故障的外在特征表达方式与内部结构和外部原因间的映射关系,并结合轴承应用的现场条件,确定了城轨列车走行部轴承监测位置和监测参数,为后续轴承疲劳寿命分析,轴承的应用和在途故障诊断算法的研究提供支撑。

3.1　城轨列车走行部轴承静力学分析

3.1.1　赫兹弹性接触理论

1)基本假设

Hertz于1881年研究了两个光滑弹性体的接触应力和变形,Hertz在分析处理时做出如下几点假设:

(1)接触物体只产生弹性变形,并服从虎克(Hooke)定律;

(2)负荷垂直于接触表面,即接触表面完全光滑,接触区内不存在摩擦;

(3)接触面的尺寸与接触物体表面的曲率半径相比是很小的。

2)轴承中的接触压力和变形

计算接触问题时,首先据式(3-1)计算辅助变量 $\cos\tau$ [1]:

$$\cos\tau = \frac{\sqrt{(\rho_{11}-\rho_{12})^2 + 2(\rho_{11}-\rho_{12})(\rho_{21}-\rho_{22})\cos2\omega + (\rho_{21}-\rho_{22})^2}}{\Sigma\rho} \tag{3-1}$$

$$\Sigma\rho = \rho_{11} + \rho_{12} + \rho_{21} + \rho_{22} \tag{3-2}$$

式中：ρ_{11}、ρ_{12}、ρ_{21}、ρ_{22}——接触物体的主曲率，分别是半径 R_{11}、R_{12}、R_{21}、R_{22}之倒数，凸面取正值，凹面取负值。

一般滚动轴承的接触角 $\omega=0$，则式(3-1)可以简化为：

$$\cos\tau = \frac{|\rho_{11}-\rho_{12}|+|\rho_{21}-\rho_{22}|}{\sum\rho} \tag{3-3}$$

$\cos\tau$ 确定后，根据赫兹接触理论，接触椭圆的长半轴 a、短半轴 b 和弹性趋近量 δ 的计算式为：

$$a = a^*\left[\frac{3Q(\Phi_1+\Phi_2)}{8\sum\rho}\right]^{1/3} \tag{3-4a}$$

$$b = b^*\left[\frac{3Q(\Phi_1+\Phi_2)}{8\sum\rho}\right]^{1/3} \tag{3-4b}$$

$$\delta = \delta^*\left[\frac{3Q(\Phi_1+\Phi_2)}{8\sum\rho}\right]^{2/3}\frac{\sum\rho}{2} \tag{3-4c}$$

式中：

$$a^* = \left[\frac{2E(e)}{\pi(1-e^2)}\right]^{1/3} \tag{3-5a}$$

$$b^* = \left[\frac{2(1-e^2)E(e)}{\pi}\right]^{1/3} \tag{3-5b}$$

$$\delta^* = \frac{2K(e)}{\pi}\left[\frac{(1-e^2)\pi}{E(e)}\right]^{1/3} \tag{3-5c}$$

$$\Phi_1 = \frac{4(1-1/m_1^2)}{E_1} \tag{3-5d}$$

$$\Phi_2 = \frac{4(1-1/m_2^2)}{E_2} \tag{3-5e}$$

式中：　Q——载荷(N)；

E_1、E_2——材料的弹性模量(MPa)；

$1/m_1$、$1/m_2$——泊松比。

由于式中 a^*、b^*、δ^* 计算烦琐，通常根据辅助变量 $\cos\tau$，查表 3-1 得出。

最大接触应力为：

$$p_{\max} = \frac{3Q}{2\pi ab} \tag{3-6}$$

$\cos\tau$ 与 δ^* 的对应关系如图 3-1 所示。

点 接 触 参 数 表 表 3-1

$\cos\tau$	a^*	b^*	δ^*
0	1	1	1
0.1	1.070 3	0.936 4	0.997 8
0.2	1.149 8	0.877 6	0.991 0
0.3	1.241 7	0.822 4	0.979 2
0.4	1.351 1	0.769 3	0.961 8
0.5	1.485 7	0.717 2	0.937 6
0.6	1.660 7	0.664 1	0.904 5
0.7	1.905 1	0.608 0	0.858 6
0.8	2.291 8	0.544 3	0.791 8
0.9	3.092 8	0.460 7	0.679 9
0.92	3.394 4	0.438 4	0.645 8
0.94	3.824 4	0.411 7	0.603 1
0.96	4.510 7	0.377 9	0.546 3
0.98	5.928 2	0.328 7	0.459 8
0.99	7.759 6	0.286 8	0.384 4
0.992	3.394 4	0.274 4	0.362 0
0.994	9.446 5	0.259 8	0.335 6
0.996	10.930 1	0.241 5	0.302 8
0.998	14.264 5	0.211 3	0.249 0
0.999	18.699 4	0.184 5	0.200 5
0.999 25	20.589 3	0.175 9	0.184 7
0.999 50	23.587 7	0.164 3	0.163 7
0.999 75	29.742 4	0.146 3	0.132 0
0.999 90	37.534 5	0.130 2	0.105 5
1	∞	0	0

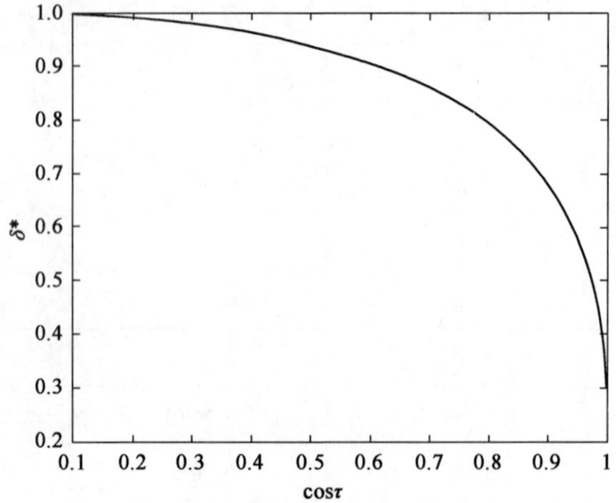

图 3-1　$\cos\tau$ 与 δ^* 的对应关系图

3.1.2　中心轴向载荷下滚动轴承的接触载荷和变形

对轴承施加纯轴向载荷时,可以认为此载荷由所有滚动体平均承担。中心轴向载荷作用下,滚动体的接触载荷和法向接触变形分别为:

$$Q = \frac{F_a}{Z\sin\alpha} \tag{3-7}$$

$$\delta_n = o_i o_e \left(\frac{\cos\alpha^0}{\cos\alpha} - 1 \right) \tag{3-8}$$

式中:F_a——中心轴向载荷;

Z——滚动体数目;

α——工作接触角;

α^0——原始接触角;

$o_i o_e$——内外沟曲率中心距。

由于游隙的存在,实际工作中轴承都有很小的接触角。假设此轴承有内部游隙,如果固定内圈并使外圈沿轴向产生最大可能移动(即全部轴向游隙),便产生接触角。此时,如果外圈没有承受载荷,则称为原始接触角。这时,内外沟曲率中心距为:

$$o_i o_e = r_i + r_e - D_w \tag{3-9}$$

式中:r_i、r_e——分别为内、外圈沟道的曲率半径;

D_w——滚动体直径。

由几何关系可知，原始接触角为：

$$\cos\alpha^0 = 1 - \frac{G_r}{o_io_e} \tag{3-10}$$

式中：G_r——径向游隙。

在载荷作用下，接触区产生变形，接触角将变大。工作接触角与载荷、接触的变形有关，通常需要考虑解除变形的协调关系，通过迭代方程求解。迭代方程如下[2]：

$$\alpha^{i+1} = \alpha^i + \frac{\dfrac{F\alpha}{ZK_n\,(o_io_e)^{1.5}} - \sin\alpha\left(\dfrac{\cos\alpha^0}{\cos\alpha} - 1\right)^{1.5}}{\cos\alpha\left(\dfrac{\cos\alpha^0}{\cos\alpha} - 1\right)^{1.5} + 1.5\tan^2\alpha\left(\dfrac{\cos\alpha^0}{\cos\alpha} - 1\right)^{0.5}\cos\alpha^0} \tag{3-11}$$

式中：K_n——接触刚度。

3.1.3 联合载荷下滚动轴承的载荷分布

假设轴承的游隙为零，轴承同时承受径向载荷和轴向载荷分别为 F_r 和 F_a 作用时，轴承产生的径向变形量和轴向变形量分别为 u_r 和 u_a，如图 3-2 所示。α 和 α'分别为轴承初始接触角和受负荷后接触角；P_i 和 P_i'分别为受负荷前和受负荷后内圈沟曲率中心的位置；P_o 和 P_o'分别是受到负荷前与受到负荷后外圈沟曲率中心的位置，两者的位置是重合的[3]。

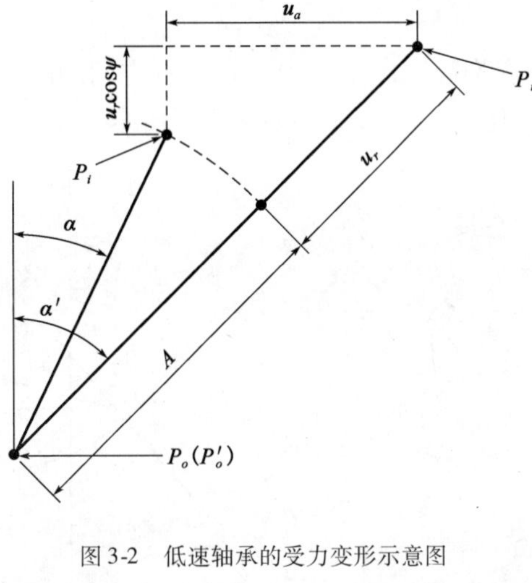

图 3-2 低速轴承的受力变形示意图

图中：ψ 为滚动轴承位置角，其定义为径向负荷 F_r 与轴承中心和滚动体连线间的夹角，如图 3-3 所示。

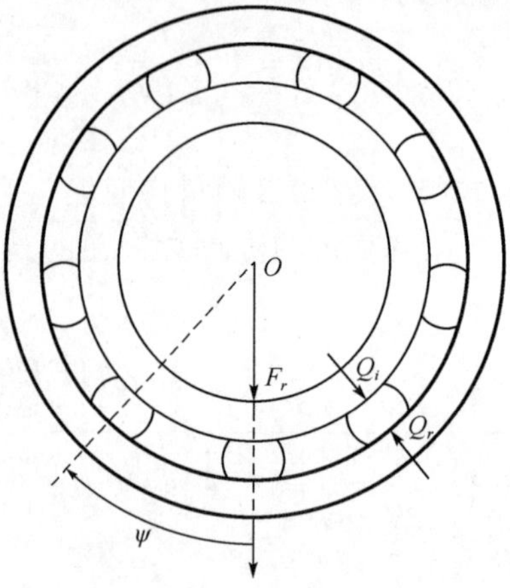

图 3-3 滚动轴承位置角的示意图

由图 3-2 和图 3-3 可知，当忽略陀螺力矩和离心力两者的影响时，滚动体与内、外圈的接触力和接触角都相等。

由图 3-2 可知，位置角为 ψ 时，滚动体的变形量 u_n 为：

$$u_n = A\{[(\sin\alpha + \bar{u}_a)^2 + (\cos\alpha + \bar{u}_r\cos\psi)^2]^{\frac{1}{2}} - 1\} \tag{3-12}$$

$$\bar{u}_r = \frac{u_r}{A}, \bar{u}_a = \frac{u_a}{A}$$

式中：A——内圈、外圈沟曲率的半径中心点两者之间的距离。

滚动体在负荷作用下的变形情况如图 3-4 所示。

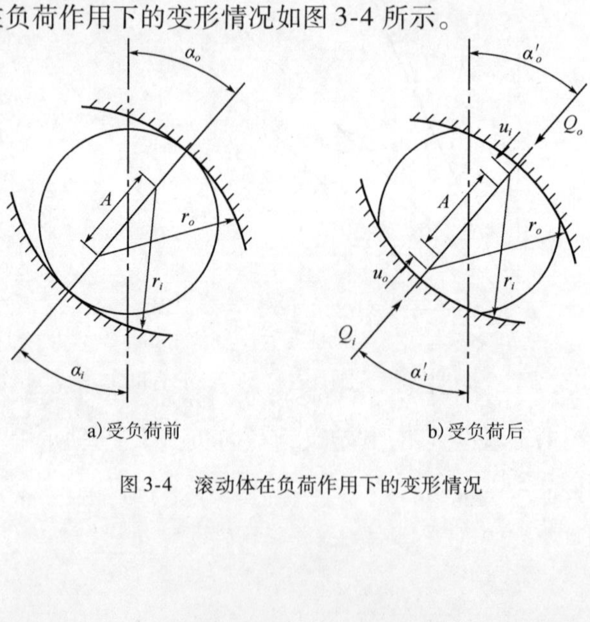

a) 受负荷前　　b) 受负荷后

图 3-4 滚动体在负荷作用下的变形情况

由图 3-4 可知,内、外圈沟曲率半径中心点二者之间的距离 A 为:

$$A = r_i + r_o - D_b = (f_i + f_o - 1)D_b \tag{3-13}$$

当位置角是 ψ 时,滚动体与内、外圈的实际接触角 α' 为:

$$\sin\alpha' = \frac{\sin\alpha + \bar{u}_a}{[(\sin\alpha + \bar{u}_a)^2 + (\cos\alpha + \bar{u}_r\cos\psi)^2]^{1/2}} \tag{3-14a}$$

$$\cos\alpha' = \frac{\cos\alpha + \bar{u}_r\cos\psi}{[(\sin\alpha + \bar{u}_a)^2 + (\cos\alpha + \bar{u}_r\cos\psi)^2]^{1/2}} \tag{3-14b}$$

根据 Hertz 接触定理,可知:

$$Q = K_n u_n^{3/2} \tag{3-15}$$

式中:$K_n = \left[\frac{1}{(1/K_i)^{2/3} + (1/K_o)^{2/3}}\right]^{3/2}$。

将式(3-12)代入式(3-15),可得位置角为 ψ_j 时,滚动体的接触力为:

$$Q_{\psi_j} = K_n A^{3/2}\{[(\sin\alpha + \bar{u}_a)^2 + (\cos\alpha + \bar{u}_r\cos\psi)^2]^{1/2} - 1\}^{3/2} \tag{3-16}$$

静力平衡时,轴承的径向和轴向负荷如下:

$$F_r = \sum_{j=1}^{N_b} Q_{\psi_j}\cos\alpha\cos\psi_j \tag{3-17a}$$

$$F_a = \sum_{j=1}^{N_b} Q_{\psi_j}\sin\alpha \tag{3-17b}$$

式中:N_b——滚动体数目。

将式(3-14)和式(3-16)代入式(3-17a),可得[4]:

$$F_r - K_n A^{3/2}\sum_{j=1}^{N_b}\frac{\{[(\sin\alpha + \bar{u}_a)^2 + (\cos\alpha + \bar{u}_r\cos\psi_j)^2]^{1/2} - 1\}^{3/2}(\cos\alpha + \bar{u}_r\cos\psi_j)\cos\psi_j}{[(\sin\alpha + \bar{u}_a)^2 + (\cos\alpha + \bar{u}_r\cos\psi_j)^2]^{1/2}} = 0 \tag{3-18}$$

将式(3-13)和式(3-16)代入式(3-17b),可得:

$$F_a - K_n A^{3/2}\sum_{j=1}^{N_b}\frac{\{[(\sin\alpha + \bar{u}_a)^2 + (\cos\alpha + \bar{u}_r\cos\psi_j)^2]^{1/2} - 1\}^{3/2}(\sin\alpha + \bar{u}_a)}{[(\sin\alpha + \bar{u}_a)^2 + (\cos\alpha + \bar{u}_r\cos\psi_j)^2]^{1/2}} = 0 \tag{3-19}$$

采用 Newton-Raphson 迭代法,求解由式(3-18)和式(3-19)组成的非线性方程组,可得在径向力 F_r、轴向力 F_a 作用下,轴承的径向变形 u_r 和轴向变形 u_a。

以 B218 轴承为例[5],对联合载荷下滚动轴承的载荷分布进行研究。轴承的结构参数如表 3-2 所示。

轴承设计、材料参数[5]　　表 3-2

参 数 名 称	符 号	B218
内环滚道直径(mm)	d_i	102.8
外环滚道直径(mm)	d_o	147.4
滚珠直径(mm)	D_b	22.2
滚珠数量(个)	N_b	16
内环沟曲率半径(mm)	r_i	11.6
外环沟曲率半径(mm)	r_o	11.6
轴承内环直径(mm)	D_i	90
轴承外环直径(mm)	D_o	160
初始接触角(°)	α	40

不同径向负荷下轴承的径向变形如图 3-5 所示。

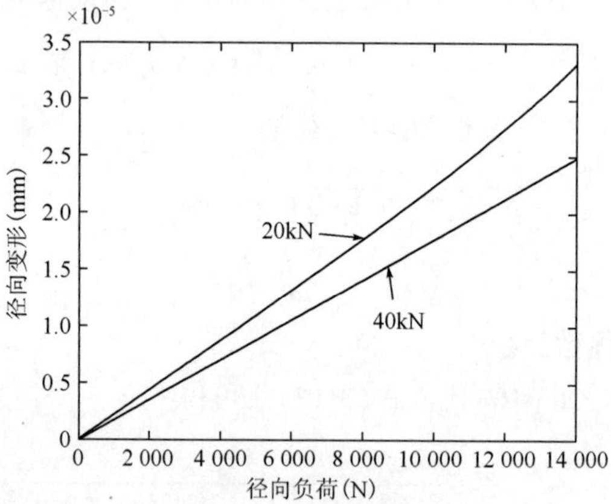

图 3-5　不同径向负荷下的径向变形

从图 3-5 中可以看出,轴向负荷 F_a 分别为 20 000N 和 40 000N 时,不同径向负荷下轴承径向变形情况。随着径向负荷增加,轴承的径向变形增大。不同轴向负荷下轴承的轴向变形如图 3-6 所示。

从图 3-6 中可以看出,径向负荷 F_r 分别为 3 000N 和 10 000N 时,不同轴向负荷下轴承轴向变形情况。随着轴向负荷增加,轴承的轴向变形增大。不同轴向负荷下轴承的径向变形如图 3-7 所示。

从图 3-7 中可以看出,径向负荷 F_r 分别为 3 000N 和 10 000N 时,不同轴向负荷下轴承的径向变形。可以看出:当轴向负荷增加时,轴承的径向位移变小;随着轴承的径向负荷变大时,径向位移也变小。不同径向负荷下轴承的轴向变形如图 3-8 所示。

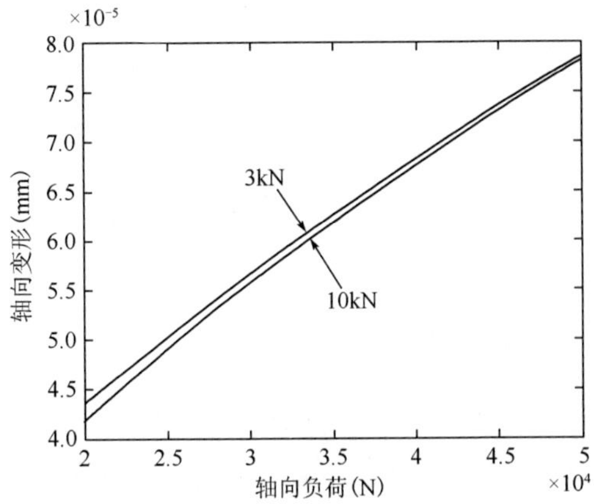

图 3-6 不同轴向负荷下的轴向变形

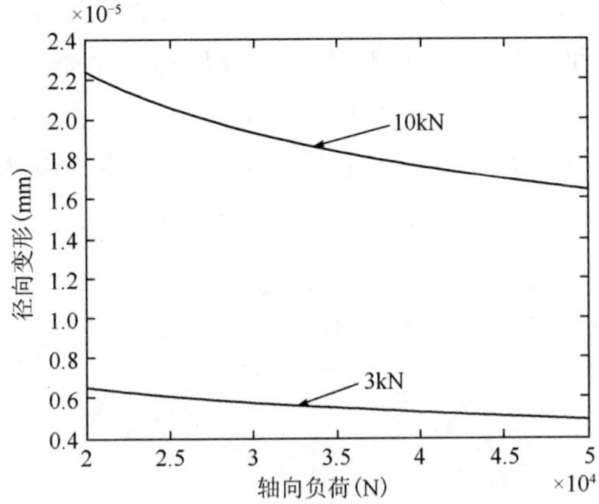

图 3-7 不同轴向负荷下的径向变形

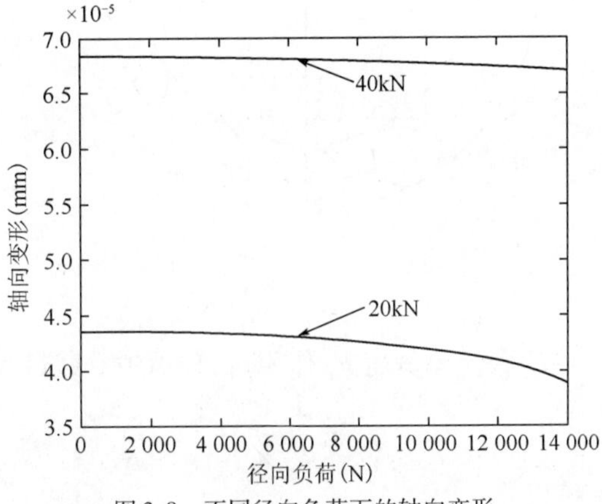

图 3-8 不同径向负荷下的轴向变形

从图3-8中可以看出，轴向负荷 F_a 分别为20 000N和40 000N时，不同径向负荷下轴承的轴向变形情况。随着径向负荷增加，轴承的轴向位移减小；当轴向负荷较大时，轴承的轴向位移较大。

3.2 城轨列车走行部轴承动力学分析

3.2.1 轴承中载荷分布

轴承中的载荷通过滚动体由一个套圈传递到另一个套圈。将确定外部载荷作用时轴承内部各滚动体所受力的分布情况，称为滚动轴承中的载荷分布[6]。

城轨列车走行部轴承主要承受径向载荷，故在建立轴承振动模型时，只考虑径向载荷的作用。下面分析径向载荷作用下轴承中载荷的分布，考虑无径向游隙和有径向游隙两种情况，为后面建立振动模型奠定基础。

无径向游隙时，轴承的负荷分布最早是由斯特贝克(Stribeck)研究的。如图3-9所示，在径向载荷 F_r 作用下，上半圈的滚动体不承受载荷，只有下半圈的滚动体承受负荷。

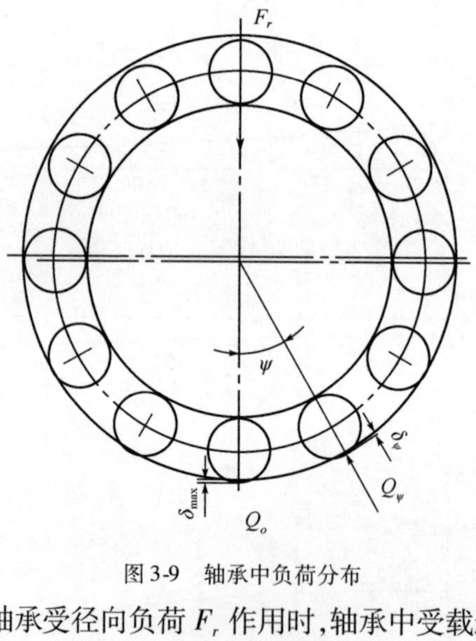

图3-9 轴承中负荷分布

无径向游隙时，轴承受径向负荷 F_r 作用时，轴承中受载最大的滚动体负荷为：

$$Q_0 = \frac{4.37F_r}{Z} \tag{3-20}$$

式中：Z——滚动体数目。

有径向游隙时,受负荷区域将减小,滚动体的接触负荷增加,此时可近似计算轴承中受载最大的滚动体负荷:

$$Q_0 = \frac{5F_r}{Z} \tag{3-21}$$

不考虑套圈的弯曲变形,则角度 ψ 处的变形协调条件为:

$$\delta_\psi = \delta_{\max}\cos\psi \tag{3-22}$$

式中:ψ——滚动体中心线与径向载荷作用线的夹角;

δ_ψ——滚动体中心线与径向负荷作用线夹角为 ψ 处的总弹性变形量;

$\delta_{\max}$——滚动体最大弹性变形量。

接触载荷和变形量的关系为:

$$Q_\psi = K_n\delta_\psi^{\ 3/2} \tag{3-23}$$

式中:K_n——接触刚度;

Q_ψ——与载荷作用线夹角为 ψ 位置的滚动体承受的接触载荷。

由式(3-22)、式(3-23)可以得到:

$$\frac{Q_\psi}{Q_0} = \left(\frac{\delta_\psi}{\delta_{\max}}\right)^{3/2} = (\cos\psi)^{3/2} \tag{3-24}$$

即:

$$Q_\psi = Q_0(\cos\psi)^{3/2} \tag{3-25}$$

3.2.2 轴承运动学分析

滚动轴承的运动学关系比较复杂,尤其是滚动体的运动规律。一般滚动体不仅要绕自身轴线旋转,同时又绕轴承的轴线公转。在滚动时,滚动体还会有一定的滑动;高速运转时,由于陀螺力矩还会产生运动,轴承的结构参数、工作条件、润滑及加工精度都会影响轴承的运动学关系。此处介绍的轴承运动学关系是简单运动关系。滚动轴承运动示意图如图 3-10 所示。

假设轴承的内、外圈一起旋转,按照顺时针的方向为正,内、外圈旋转速度分别为 N_i 和 N_e,且设滚动体与滚道间的滚动是纯滚动,则滚动体上 A 点圆周线的速度和内圈圆周线的速度 V_A 相同,滚动体上 B 点圆周线上的速度和外圈上的圆周线的速度 V_B 相同。因此,C 点的滚动体公转线速度 V_C 为 V_A 和 V_B 的平均值,即:

$$\begin{aligned} V_C &= \frac{V_A + V_B}{2} = \frac{\pi(d_m - D_w\cos\alpha)N_i + \pi(d_m + D_w\cos\alpha)N_e}{2} \\ &= \frac{\pi d_m}{2}\left[(N_e + N_i) + (N_e - N_i)\frac{D_w}{d_m}\cos\alpha\right] \end{aligned} \tag{3-26}$$

式中：D_w——滚动体直径；

d_m——滚动体节圆直径；

α——接触角。

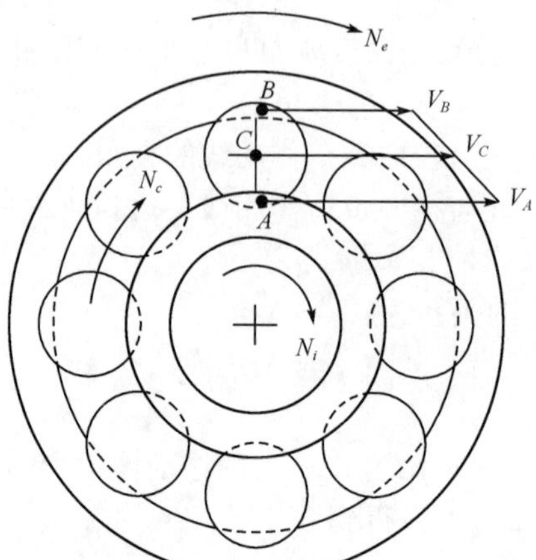

图 3-10 滚动轴承运动示意图

3.2.3 轴承振动模型

如图 3-11 所示，假设轴承系统内圈转动，外圈不动。滚动轴承振动的基本形式是滚动体滚动引起的弹性接触振动，它是由结构决定的轴承的固有特性[7]。

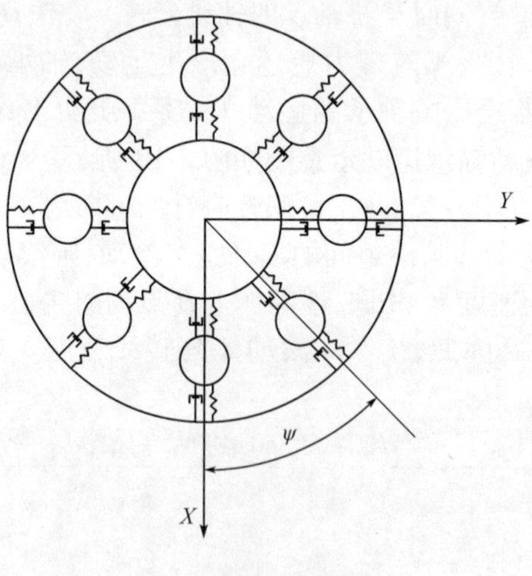

图 3-11 轴承振动模型

滚动体是滚动轴承中最活跃的零件,是影响轴承振动的最重要因素。为了控制轴承的振动水平,就必须控制所用滚动体所引起的振动。因此,轴承的振动方程是建立在滚动体振动的基础之上的。

由于滚动轴承结构参数多且关系极其复杂,所以为了简洁方便,对轴承做如下的假设:

(1)轴承的外圈固定不动,内圈随轴转动,滚动体均匀分布并且沿着滚道做纯滚动运动;

(2)所有变形均为弹性变形,且变形符合 Hertz 弹性接触理论;

(3)考虑滚动体质量,忽略保持架影响;

(4)不考虑加工误差和温升热效应。

第 j 个滚动体接触点的角位移为:

$$\psi_j = \frac{2\pi}{Z}(j-1) + w_c t \quad (j = 1,2,\cdots,Z) \tag{3-27}$$

式中:w_c——滚动体的公转角速度。

当第 j 个滚动体位于角 ψ_j 时,其弹性接触变形量:

$$\sigma_j = [(x_j\cos\psi_j + y_j\sin\psi_j)\cos\alpha - \varepsilon]_+ \tag{3-28}$$

式中:x_j——滚动体中心在垂直方向上的位移;

y_j——滚动体中心在水平方向上的位移;

ε——径向游隙;

α——接触角。

下标"+"表示:当 $\delta_j \leqslant 0$ 时,第 j 个滚动体没有产生接触变形;当 $\delta_j \geqslant 0$ 时,接触弹性变形为 δ_j。

将式(3-28)代入式(3-23),得到第 j 个滚动体的非线性接触力:

$$Q_j = K_n[(x_j\cos\psi_j + y_j\sin\psi_j)\cos\alpha - \varepsilon]_+^{3/2} \tag{3-29}$$

则其在水平和垂直方向的接触力分别为:

$$Q_{xj} = K_n\cos\psi_j[(x_j\cos\psi_j + y_j\sin\psi_j)\cos\alpha - \varepsilon]_+^{3/2} \tag{3-30}$$

$$Q_{yj} = K_n\sin\psi_j[(x_j\cos\psi_j + y_j\sin\psi_j)\cos\alpha - \varepsilon]_+^{3/2} \tag{3-31}$$

拉格朗日方程是建立系统振动微分方程的普遍方法。利用拉格朗日方程可以得到用广义坐标表示的振动系统的运动微分方程。对一个自由度为 n 的系统,拉格朗日方程可以表示为[8]:

$$\frac{\mathrm{d}}{\mathrm{d}t}\left(\frac{\partial T}{\partial \dot{q}_j}\right)-\frac{\partial T}{\partial q_j}+\frac{\partial U}{\partial q_j}+\frac{\partial D}{\partial q_j}=Q_j \tag{3-32}$$

式中：T——系统动能；

U——系统势能；

D——系统能量耗散函数，对黏性阻尼，瑞利耗散函数与速度平方成正比；

Q_j——相对于广义坐标 q_j 的非保守广义力。

根据拉格朗日方程建立第 j 个滚动体的振动方程为：

$$\begin{cases} m\ddot{x}_j+c\dot{x}_j+K_n\cos\psi_j[(x_j\cos\psi_j+y_j\sin\psi_j)\cos\alpha-\varepsilon]_+^{3/2}=Q_{\psi_j}\cos\psi_j \\ m\ddot{y}_j+c\dot{y}_j+K_n\sin\psi_j[(x_j\cos\psi_j+y_j\sin\psi_j)\cos\alpha-\varepsilon]_+^{3/2}=Q_{\psi_j}\sin\psi_j \end{cases} \tag{3-33}$$

式中：m——滚动体的质量；

c——由于油膜和摩擦造成的黏滞阻尼。

3.2.4 径向游隙的影响

游隙定义为一个套圈固定，另一个套圈不受外加载荷时，沿径向或轴向从一个极限位置到另一个极限位置的移动量[9]，按其移动方向分别称为径向游隙或轴向游隙。游隙是滚动轴承的主要结构参数之一，它对轴承振动将有重要的影响。轴承制造厂生产出的轴承原始游隙应符合标准规定。标准规定了各类轴承的游隙组别和各组的游隙值。

下面分别取径向游隙为 10μm、15μm、20μm 来分析径向游隙对轴承振动位移的影响。

图 3-12 所示为轴承滚动体数目为 9，径向载荷为 5 000N，转速为 300rad/s，径向游隙分别为 10μm、15μm、20μm 时轴承的振动位移。通过对比可以发现，径向游隙为 10μm 时，轴承 X 轴振动位移幅值最高为 0.050 5mm，轴承 Y 轴振动位移幅值最高为 0.009 2mm；径向游隙为 15μm 时，轴承 X 轴振动位移幅值最高为 0.055 5mm，轴承 Y 轴振动位移幅值最高为 0.013 6mm；径向游隙为 20μm 时，轴承 X 轴振动位移幅值最高为 0.062mm，轴承 Y 轴振动位移幅值最高为 0.018mm。可以看出随着径向游隙的增加，轴承 X 轴和 Y 轴振动位移幅值也随之增大。

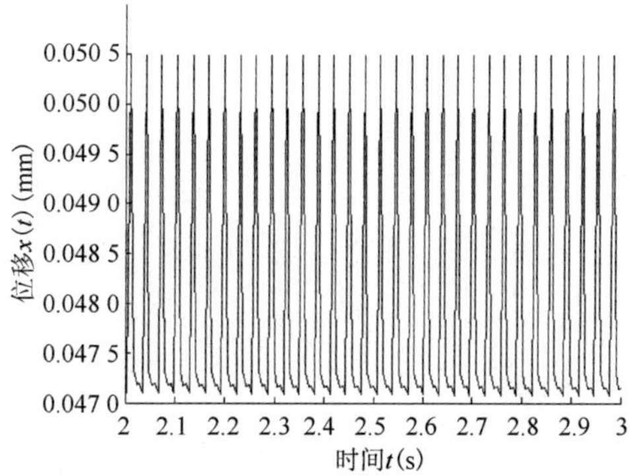

a) 径向游隙为0.010mm时X轴位移

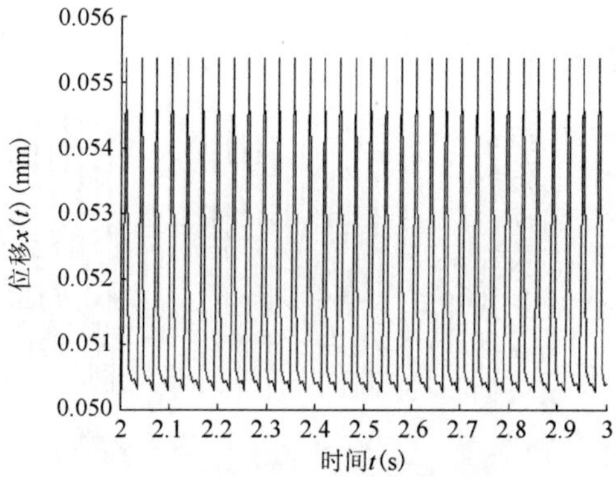

b) 径向游隙为0.015mm时X轴位移

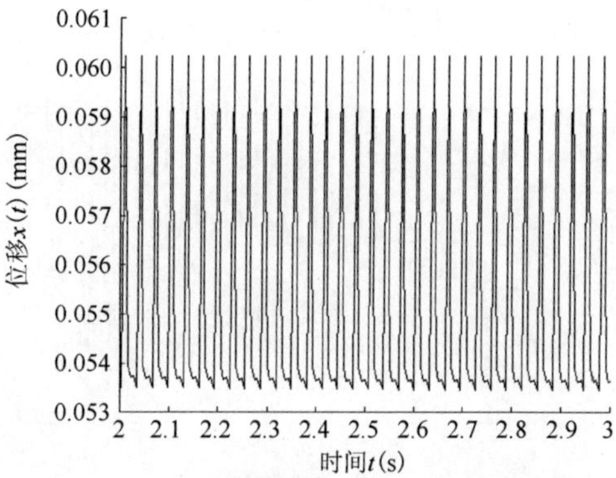

c) 径向游隙为0.020mm时X轴位移

图 3-12

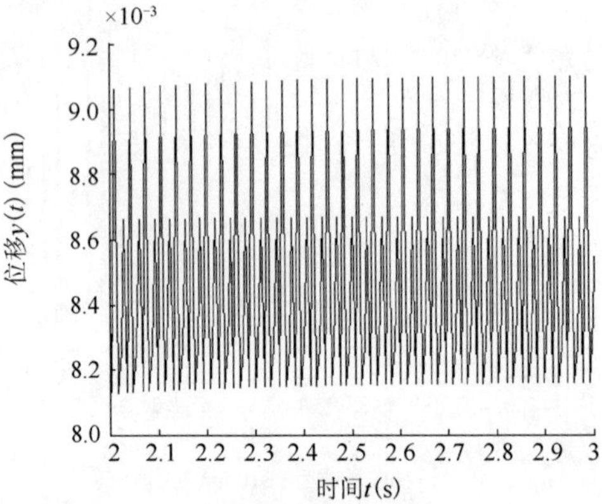

d)径向游隙为0.010mm时Y轴位移

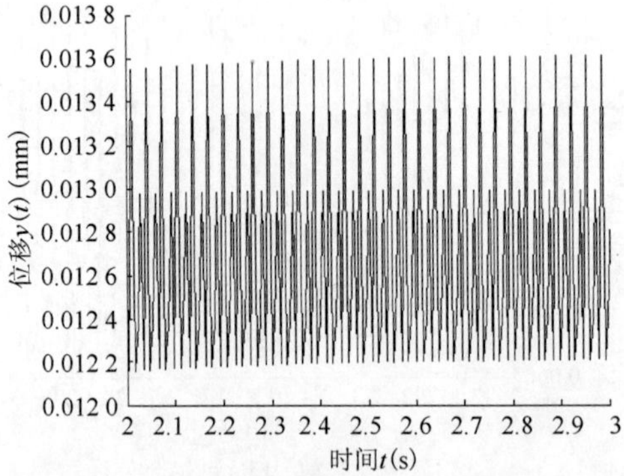

e)径向游隙为0.015mm时Y轴位移

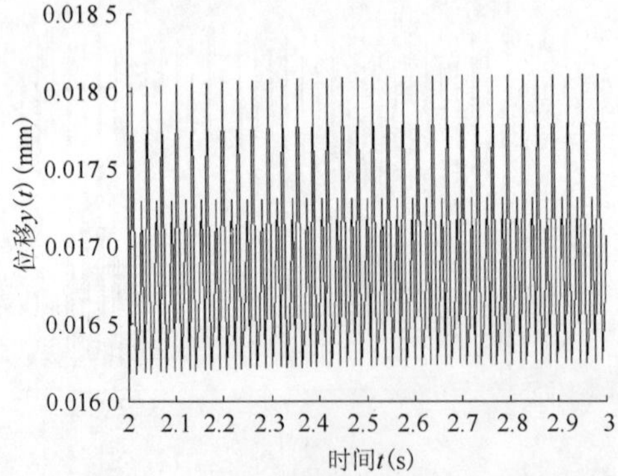

f)径向游隙为0.020mm时Y轴位移

图3-12　径向游隙对轴承振动的影响

3.2.5 转速的影响

图 3-13 为轴承滚动体数目为 9，径向游隙为 10μm，径向载荷为 5 000N，转速分别为 100rad/s、200rad/s、300rad/s 时轴承的振动位移。通过对比可以发现，转速为 100rad/s 时，轴承 X 轴振动位移幅值最高为 0. 050 1mm，轴承 Y 轴振动位移幅值最高为 0. 008 7mm；转速为 200rad/s 时，轴承 X 轴振动位移幅值最高为0. 050 3mm，轴承 Y 轴振动位移幅值最高为0. 008 7mm；转速为 300rad/s 时，轴承 X 轴振动位移幅值最高为 0. 050 5mm，轴承 Y 轴振动位移幅值最高为 0. 009 1mm。可以看出随着转速的增加，轴承 X 轴和 Y 轴振动位移幅值也随之增大。

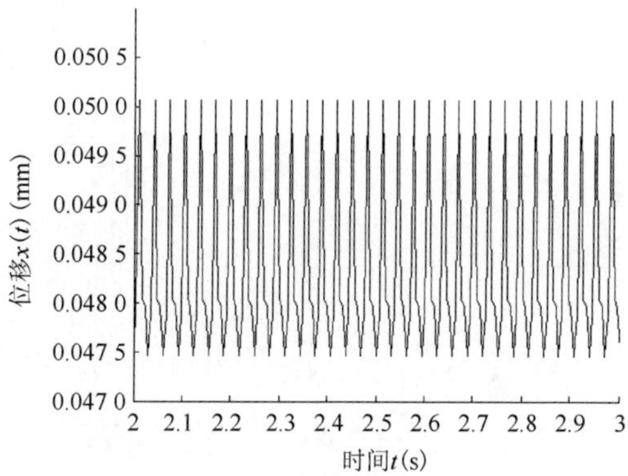

a) 转速为100rad/s时X轴位移

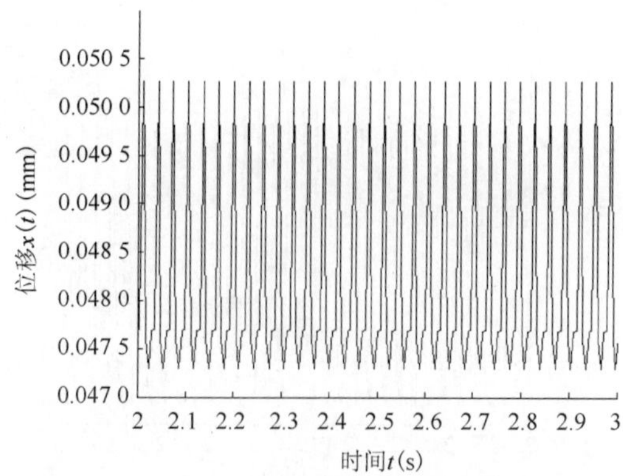

b) 转速为200rad/s时X轴位移

图 3-13

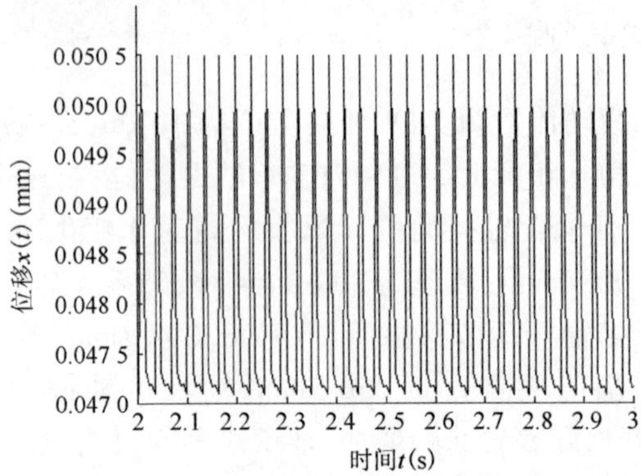

c)转速为300rad/s时X轴位移

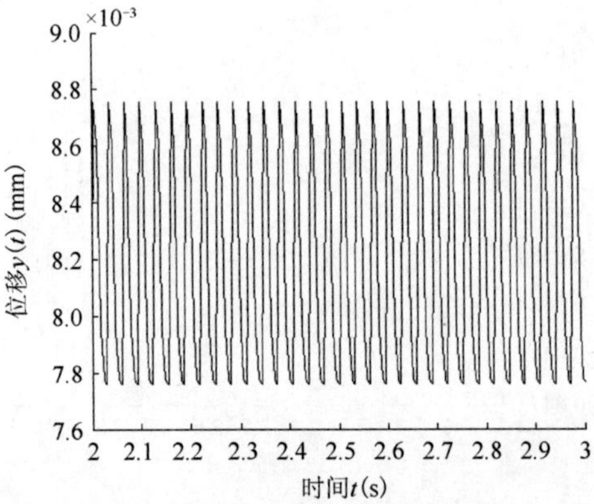

d)转速为100rad/s时Y轴位移

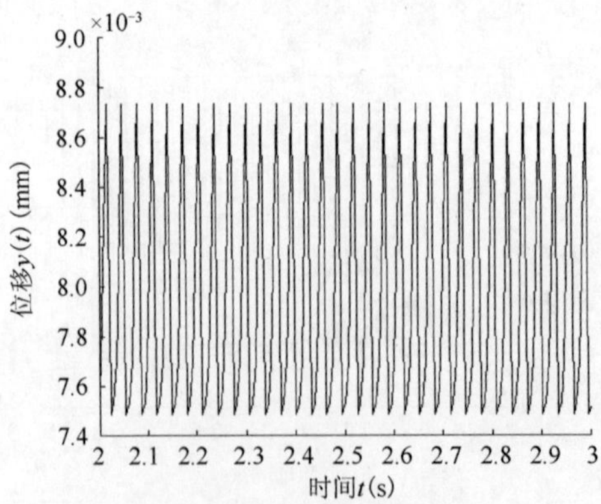

e)转速为200rad/s时Y轴位移

图 3-13

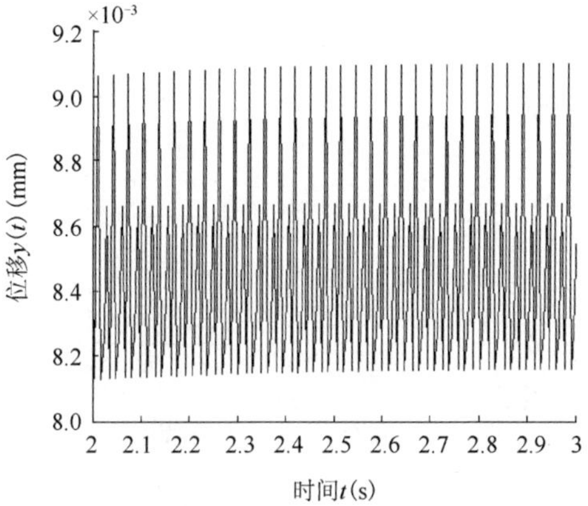

f）转速为300rad/s时Y轴位移

图 3-13　转速对轴承振动的影响

3.2.6　载荷的影响

图 3-14 为轴承滚动体数目为 9，转速为 300rad/s，径向游隙为 10μm，径向载荷分别为 5 000N、10 000N、15 000N 时轴承的振动位移。通过对比可以发现，径向载荷为 5 000N 时，轴承 X 轴振动位移幅值最高为 0.050 5mm，轴承 Y 轴振动位移幅值最高为0.009 1mm；径向载荷 10 000N 时，轴承 X 轴振动位移幅值最高为 0.074 5mm，轴承 Y 轴振动位移幅值最高为 0.009 4mm；径向载荷 15 000N 时，轴承 X 轴振动位移幅值最高为 0.094 6mm，轴承 Y 轴振动位移幅值最高为 0.009 6mm；可以看出随着径向载荷的增加，轴承 X 轴和 Y 轴振动位移幅值也随之增大。

3.2.7　表面波纹度激励下的轴承振动模型

表面波纹度是指间距大于表面粗糙度但小于表面几何形状误差的表面几何不平度，属于微观和宏观之间的几何误差，是磨削加工过程中由于机床—工件—砂轮系统的振动而在零件表面上形成的具有一定周期性的高低起伏。表面波纹度直接影响零件表面的机械性能，如零件的接触刚度、疲劳强度、结合强度、耐磨性、抗振性和密封性等[11]。

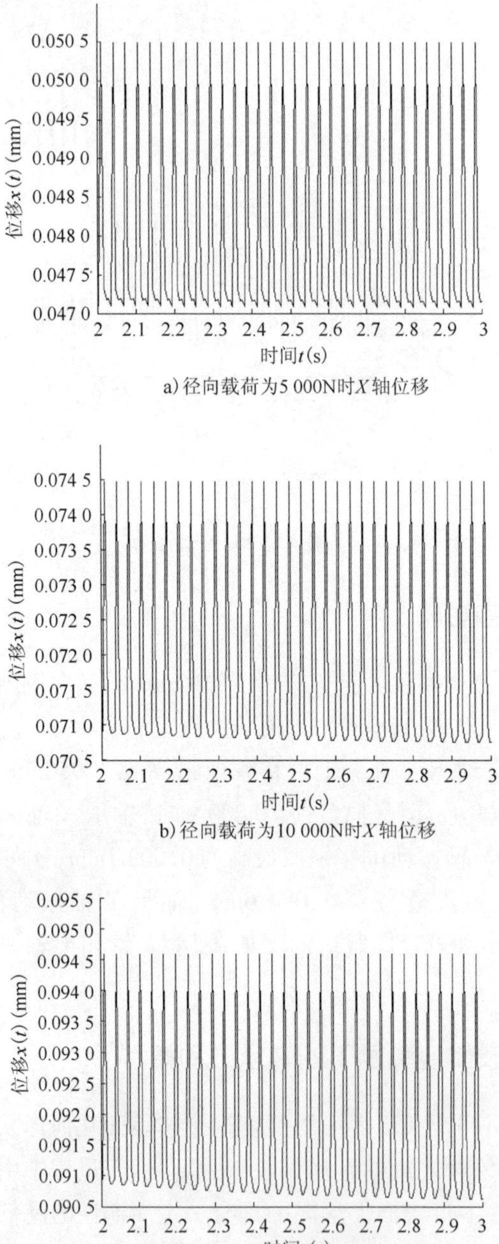

a) 径向载荷为5 000N时X轴位移

b) 径向载荷为10 000N时X轴位移

c) 径向载荷为15 000N时X轴位移

图 3-14

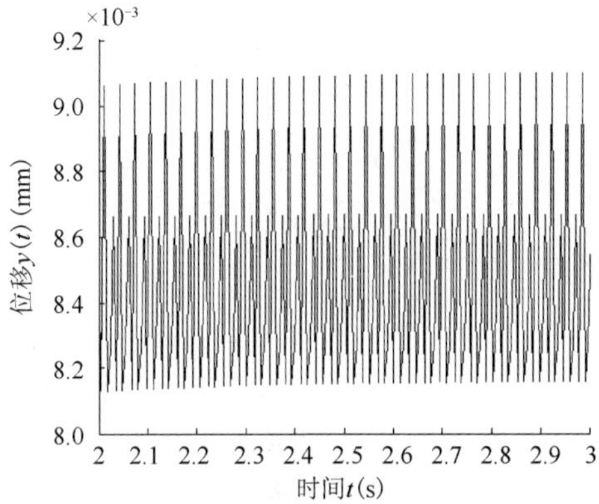

d)径向载荷为5 000N时Y轴位移

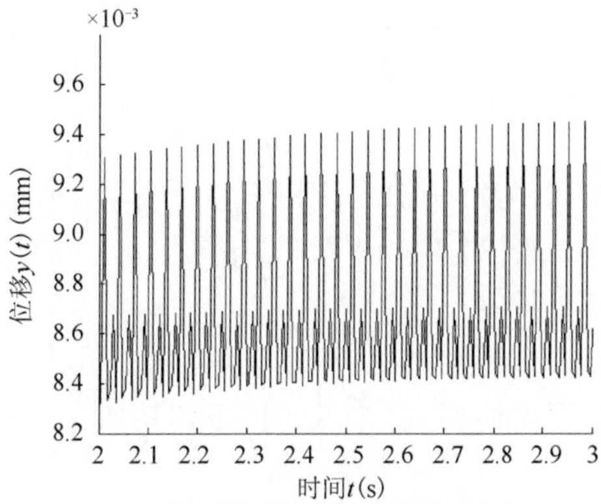

e)径向载荷为10 000N时Y轴位移

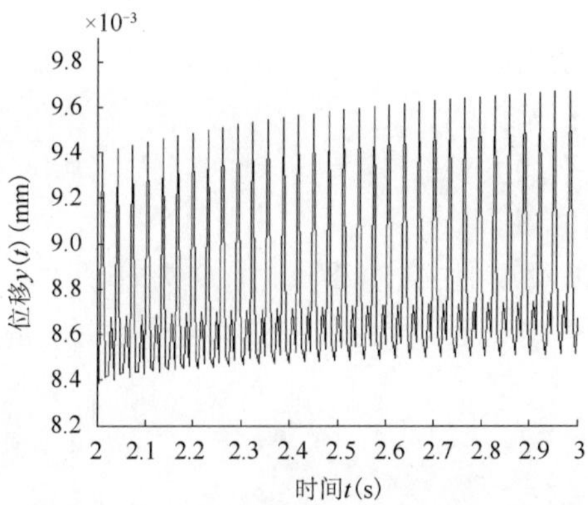

f)径向载荷为15 000N时Y轴位移

图3-14　径向载荷对轴承振动的影响

1)波纹度激励下的轴承振动

根据 Hertz 弹性接触理论,当第 j 个滚动体载荷为 Q_j 时,与其法向接触变形 σ 的关系为:

$$\sigma = GQ_j^{2/3} \tag{3-34}$$

式中,$G=2.84\times10^{-4}\sum\rho^{1/3}\sigma^*$,$\sum\rho$ 是曲率和,σ^* 的值可由文献[10]计算得出。对于内圈、外圈接触分别有:

$$\sigma_i = G_iQ_j^{2/3} \tag{3-35a}$$

$$\sigma_e = G_eQ_j^{2/3} \tag{3-35b}$$

式中:σ_i、σ_e——分别是内、外圈的接触变形量;

G_i、G_e——σ_i 和 σ_e 分别对应的柔度系数。

滚动体和内、外圈间总的法向趋近量为:

$$\sigma_j = \sigma_i + \sigma_e = (G_i + G_e)Q_j^{2/3} = G_bQ_j^{2/3} \tag{3-36}$$

则有:

$$Q_j = K_b\sigma_j^{3/2} \tag{3-37}$$

式中:K_b——刚度系数,若为钢制轴承,则:

$$K_b = 2.1343\times10^5(\sigma_i^*\sum\rho_i^{1/3} + \sigma_e^*\sum\rho_e^{1/3}) \tag{3-38}$$

2)波纹度模型

假设轴承外圈静止,内圈转动,且存在波纹,则轴承波纹度可用正弦函数表示,如图 3-15 所示,当滚动体运动到 s 处时,考虑初始振幅的影响,则相应的波纹度 Γ 为[12]:

$$\Gamma_s = \Gamma_0 + \Gamma_{\max}\sin\left(\frac{2\pi s}{\lambda} + \beta\right) \tag{3-39}$$

式中:$\Gamma_{\max}$——波纹度最大幅值;

Γ_0——波纹度初始振幅;

λ——波纹度平均波长;

β——初始相位角。

当轴承外圈存在波纹度时,在图 3-15 中,O 为轴承中心,C 为滚动体中心,D_e 为外圈直径,D_m 是平均直径,N_z 为所有波纹度个数,N_b 是滚动体数目。

$$\lambda = \frac{\pi D_e}{N_z} \tag{3-40a}$$

$$s = \frac{D_e\varphi_j}{2} \tag{3-40b}$$

接触点角位移 Q_j 为:

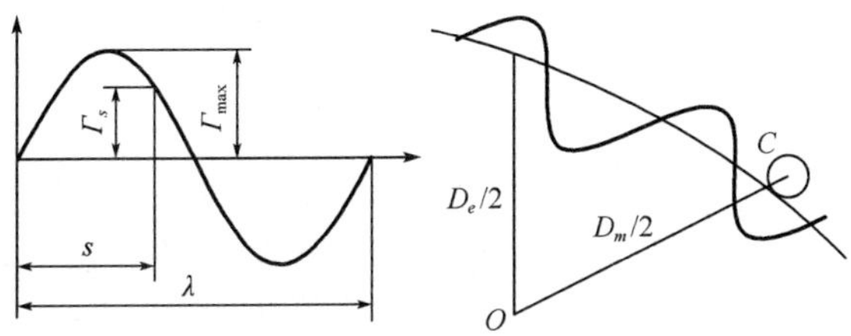

图 3-15　波纹度示意图

$$Q_j = \frac{2\pi}{N_b}(j-1) + (\omega_c - \omega_\varepsilon)t \qquad (j = 1,2,\cdots,N_b) \tag{3-41}$$

滚动体的公转角速度为：

$$\omega_c = \frac{1}{2}\left[(\omega_i + \omega_o) + (\omega_i - \omega_o)\frac{D_b}{D_m}\cos\alpha\right] \tag{3-42}$$

式中：ω_i——轴承内圈角速度；

ω_o——轴承外圈角速度。

则第 j 个滚动体的振动方程为：

$$\begin{cases} m\ddot{x}_j + c\dot{x}_j + K_n\cos\psi_j[(x_j\cos\psi_j + y_j\sin\psi_j)\cos\alpha - \varepsilon + \Gamma_s]_+^{3/2} = Q_{\psi_j}\cos\psi_j \\ m\ddot{y}_j + c\dot{y}_j + K_n\sin\psi_j[(x_j\cos\psi_j + y_j\sin\psi_j)\cos\alpha - \varepsilon + \Gamma_s]_+^{3/2} = Q_{\psi_j}\sin\psi_j \end{cases} \tag{3-43}$$

图 3-16 为轴承滚动体数目为 9，转速为 300rad/s，径向游隙为 10μm，径向载荷为 5 000N，波纹度个数为 5 时轴承的振动位移。通过对比可以发现，无波纹度与有波纹度时轴承振动信号差别比较大，且有波纹度比无波纹度时轴承 X 轴、Y 轴位移幅值大。

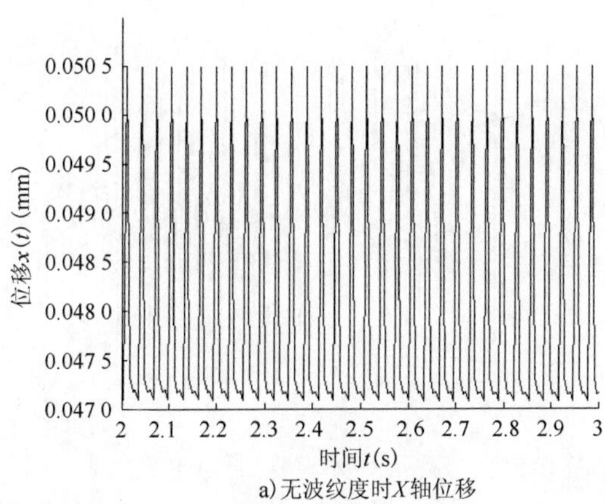

a) 无波纹度时X轴位移

图　3-16

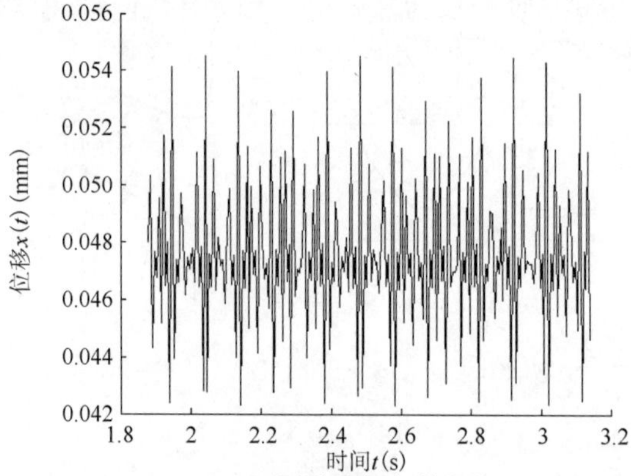

b) 有波纹度时X轴位移

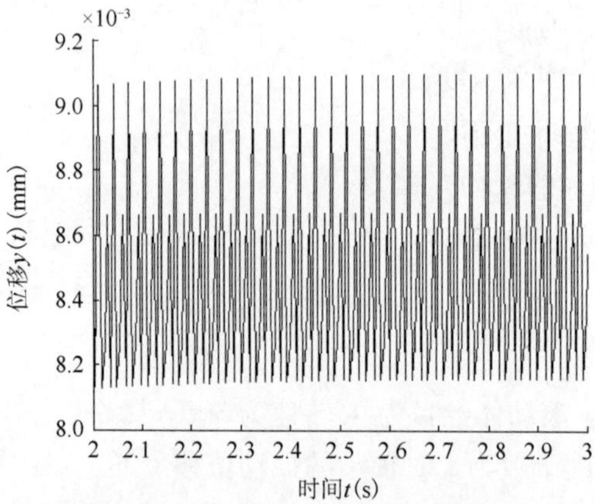

c) 无波纹度时Y轴位移

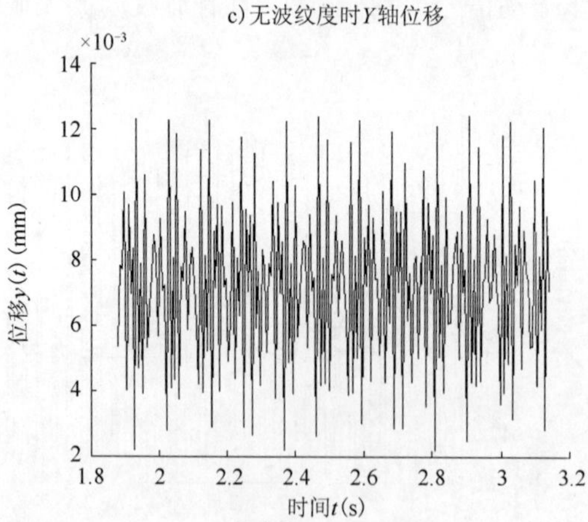

d) 有波纹度时Y轴位移

图 3-16　波纹度为 5 时的振动位移

图3-17为轴承滚动体数目为9，转速为300rad/s，径向游隙为10μm，径向载荷为5 000N，波纹度个数分别为5、8、12时轴承的振动位移。通过对比可以发现，波纹度个数为5时，轴承X轴振动位移幅值最高为0.055mm，轴承Y轴振动位移幅值最高为0.012 5mm；波纹度个数为8时，轴承X轴振动位移幅值最高为0.054 5mm，轴承Y轴振动位移幅值最高为0.012 1mm；波纹度个数为12，轴承X轴振动位移幅值最高为0.055mm，轴承Y轴振动位移幅值最高为0.012mm。可以看出随着波纹度个数的增加，轴承X轴和Y轴振动位移幅值并未随之增大。

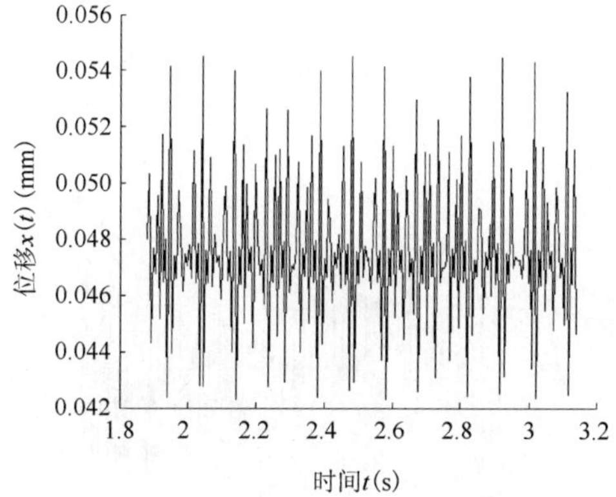

a)波纹度个数为5时X轴位移

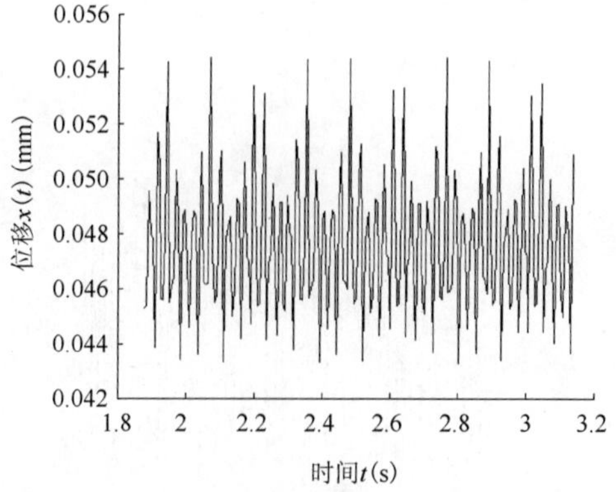

b)波纹度个数为8时X轴位移

图 3-17

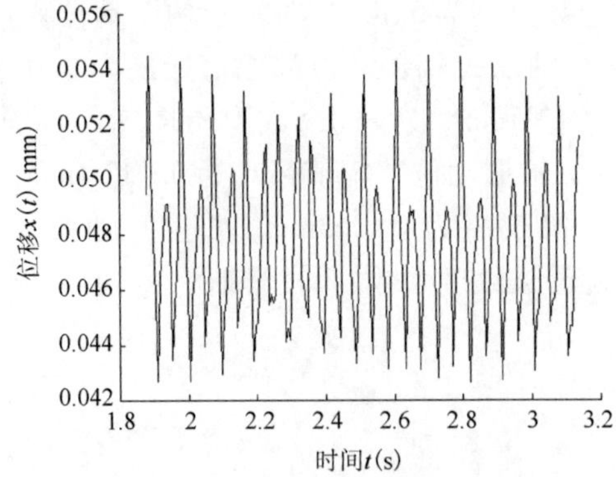

c)波纹度个数为12时X轴位移

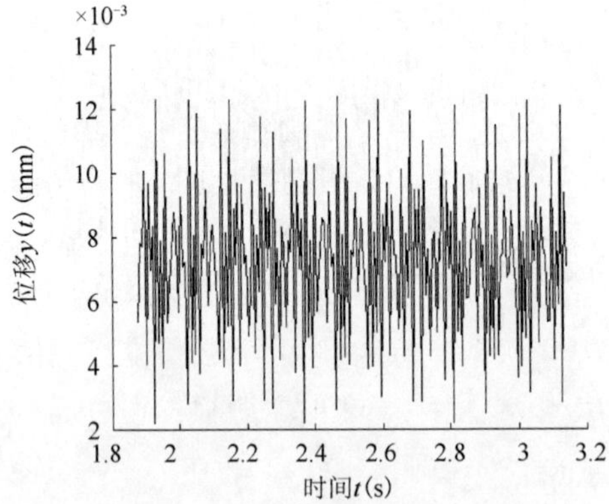

d)波纹度个数为5时Y轴位移

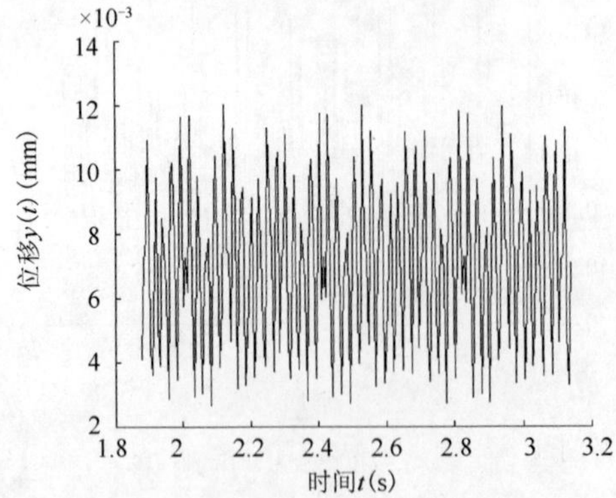

e)波纹度个数为8时Y轴位移

图 3-17

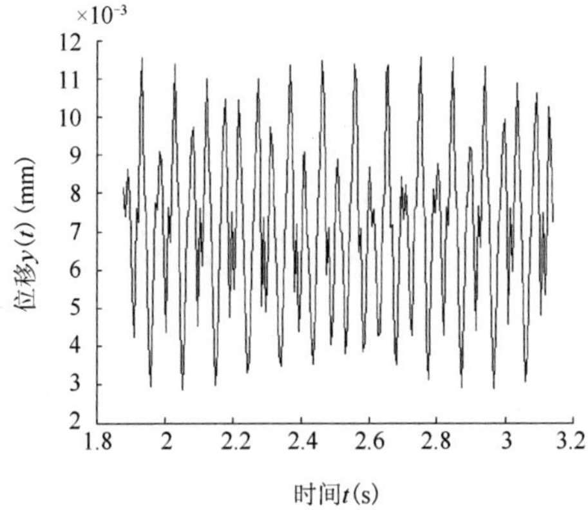

f)波纹度个数为12时Y轴位移

图 3-17 波纹度个数对轴承振动的影响

图 3-18 为轴承滚动体数目为 9,转速为 300rad/s,径向游隙为 10μm,径向载荷为 5 000N,波纹度个数为 5,波纹最大幅值分别为 0.005mm、0.02mm、0.04mm 时轴承的振动位移。通过对比可以发现,波纹最大幅值为 0.005mm 时,轴承 X 轴振动位移幅值最高为 0.054 5mm,轴承 Y 轴振动位移幅值最高为 0.012 5mm;波纹最大幅值为 0.02mm 时,轴承 X 轴振动位移幅值最高为 0.07mm,轴承 Y 轴振动位移幅值最高为0.03mm;波纹最大幅值为 0.04mm,轴承 X 轴振动位移幅值最高为 0.09mm,轴承 Y 轴振动位移幅值最高为 0.05mm;可以看出随着波纹最大幅值的增加,轴承 X 轴和 Y 轴振动位移幅值随之增大。

3.2.8 试验验证

1)转速的影响

图 3-19a)为速度 1 560r/s 时轴承振动加速度值,图 3-19b)为速度 2 100r/s 时轴承振动加速度值,图 3-19c)为速度 3 300r/s 时轴承振动加速度值。通过对比可以发现,1 560r/s 时,轴承振动加速度幅值最高为 0.015m·s^{-2};2 100r/s 时,轴承振动加速度幅值最高为 0.023m·s^{-2};3 300r/s 时,轴承振动加速度幅值最高为 0.03m·s^{-2}。可以看出随着转速的增加,轴承振动位移也随之增大,由此验证了所建动力学模型的正确性。

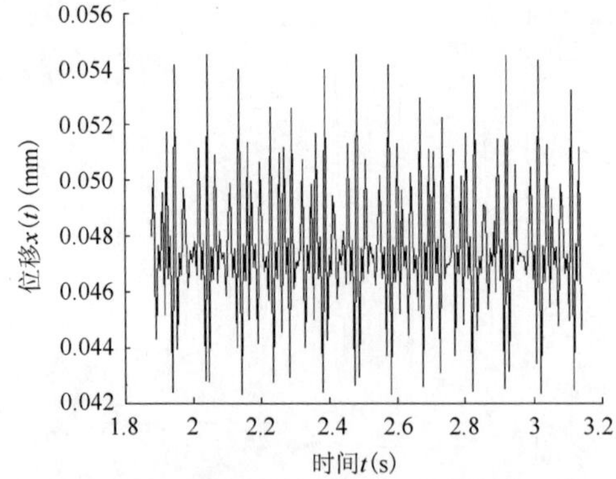

a)波纹最大0.005mm时X轴位移

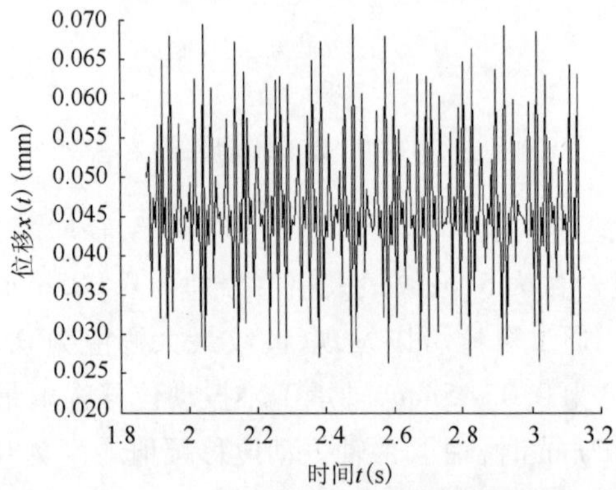

b)波纹最大0.02mm时X轴位移

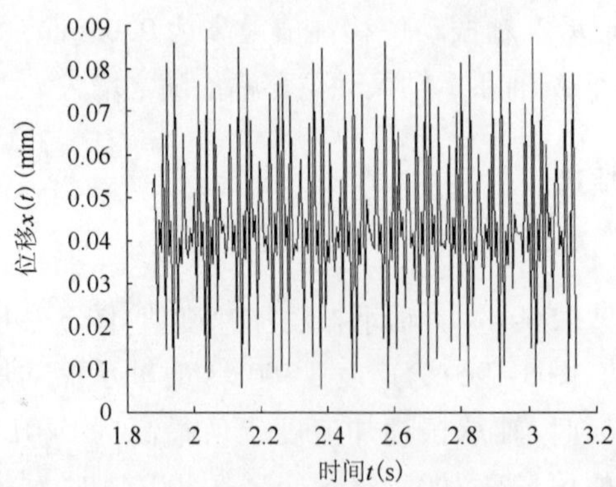

c)波纹最大0.04mm时X轴位移

图 3-18

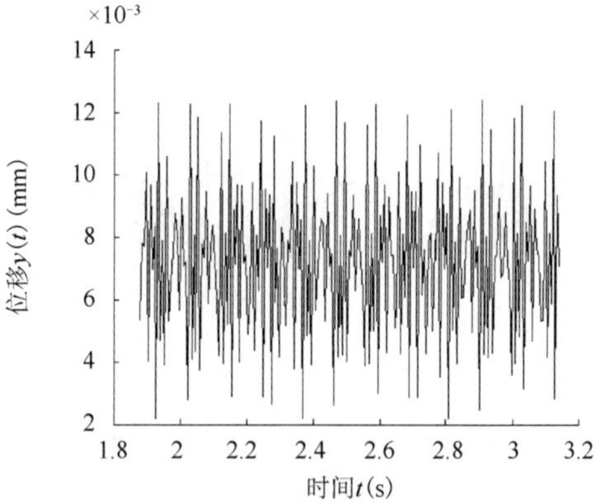

d）波纹最大0.005mm时Y轴位移

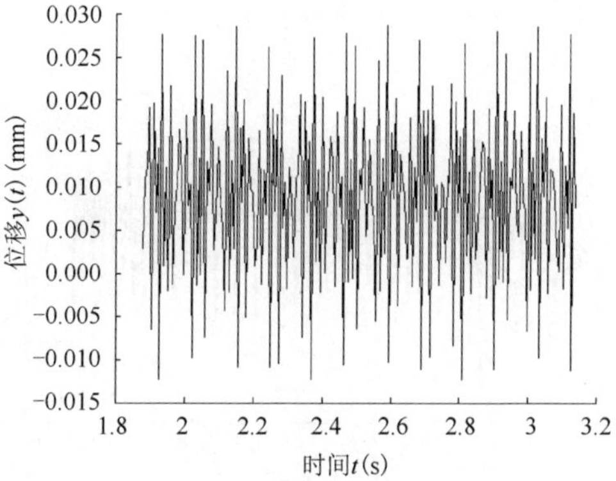

e）波纹最大0.02mm时Y轴位移

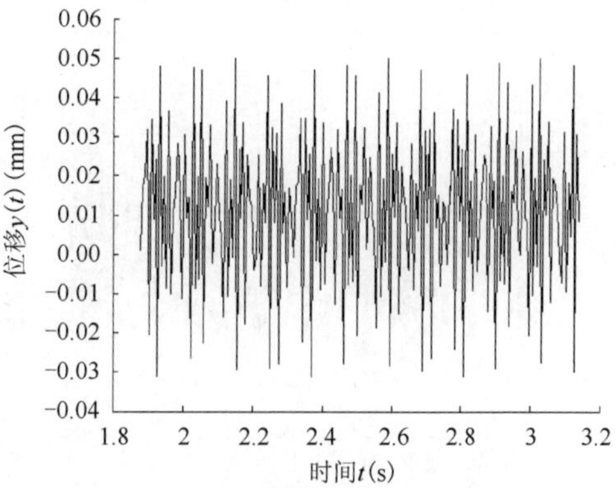

f）波纹最大0.04mm时Y轴位移

图 3-18 波纹最大幅值对轴承振动的影响

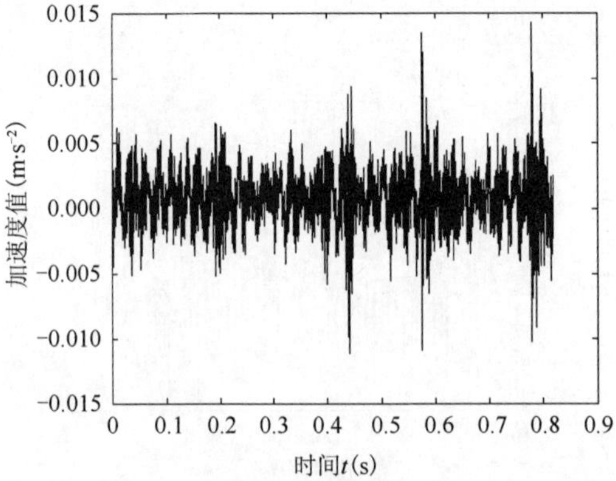

a)转速为1 560r/s

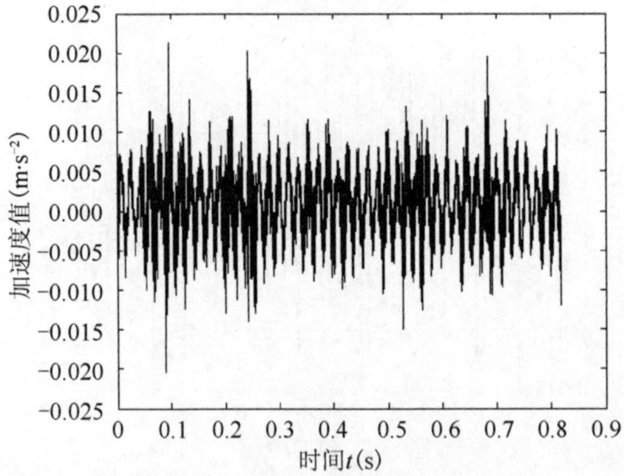

b)转速为2 100r/s

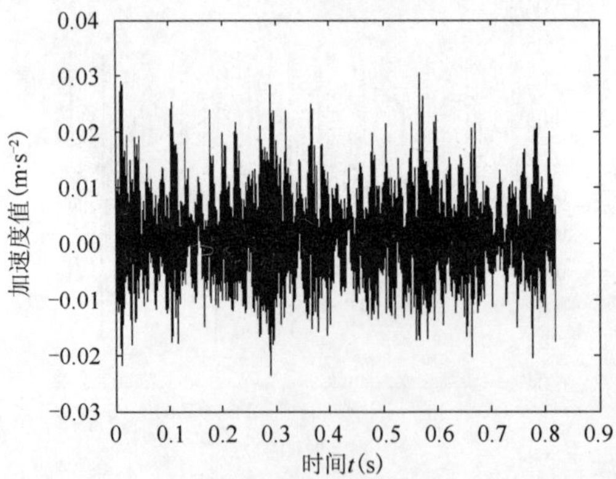

c)转速为3 300r/s

图 3-19　转速对轴承振动的影响

2)载荷的影响

图 3-20a)为无载荷时轴承振动加速度值,图 3-20b)为载荷 34N 时轴承振动加速度值,图 3-20c)为载荷 75N 时轴承振动加速度值。通过对比可以发现,无载荷时,轴承振动加速度幅值最高为 0.015m · s^{-2};载荷 34N 时,轴承振动加速度幅值最高为 0.02m · s^{-2};载荷 75N 时,轴承振动加速度幅值最高为 0.023m · s^{-2}。可以看出随着载荷的增加,轴承振动位移也随之增大,由此验证了所建动力学模型的正确性。

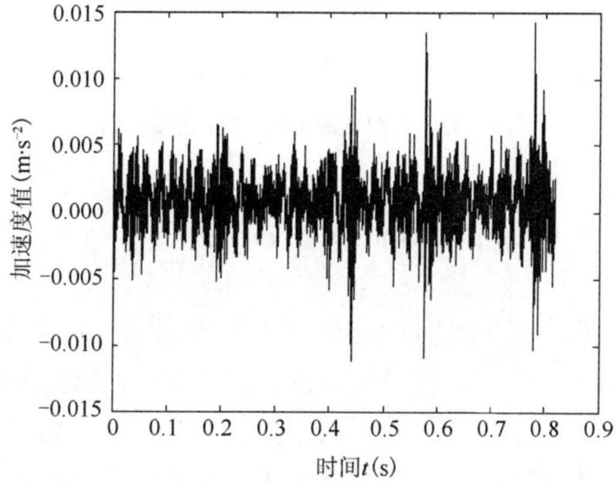

a)无载荷

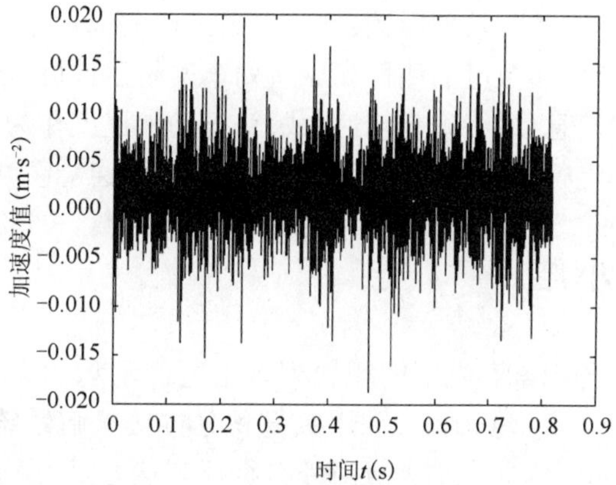

b)载荷为34N

图 3-20

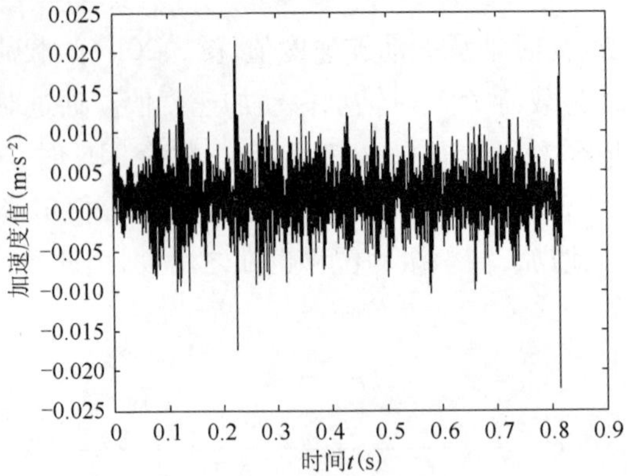

c)载荷为75N

图 3-20 径向载荷对轴承振动的影响

3.3 城轨列车走行部轴承监测参数

城轨列车走行部轴承在运转过程中提供的信息很多,但不是每一种信息都对工况监视有积极的意义。要选择能实时采集且能敏感地反映轴承状态变化的信息,即确定有意义的特征信号。特征信号蕴含了轴承运转状态最本质的信息,特征信号的获取不仅与所选择的信号类型有关,而且还与传感器的选择、测点位置等有关。通过对城轨列车走行部轴承静、动力学分析发现,径向游隙、转速、载荷、波纹度都对轴承振动有较大影响,这些参数的监测都对分析轴承寿命与故障具有实际意义,但考虑参数可监测性和城轨列车安装条件可行性,并结合城轨列车现有转速和载荷信息,最终确定转速、载荷、振动加速度作为监测参数,并安装复合传感器于列车走行部轴箱座上获取振动加速度信息。

3.4 本章小结

本章建立了多种因素影响下的城轨列车走行部轴承动力学模型,在所建列车走行部轴承动力学模型基础上,采用数值积分方法求解系统响应。分析了不同参数对系统的影响,建立了轴承故障外在特征表达方式,找出了轴承内部结构和外部原因与征兆间的映射关系。同时基于上述理论分析,结合城轨列车运营环境,确定了轴承监测部位与监测参数,为轴承疲劳寿命分析和在途故障诊断算法研究奠定了基础。

本章参考文献

[1] 张建水. 结构参数对轴承振动噪声的影响[D]. 太原科技大学,2013.
[2] 唐云冰. 航空发动机高速滚动轴承力学特性研究[D]. 南京航空航天大学,2005.
[3] T. A. Harris. 滚动轴承分析 - 轴承技术的高等概念[M]. 罗继伟,译. 北京:机械工业出版社,2009.
[4] 陈雄. 角接触球轴承静力学与动力学分析[D]. 南京:南京航空航天大学,2007.
[5] 王新荣. 有限元法基础及 ANSYS 应用[M]. 北京:科学出版社,2008.
[6] 赵连春. 球轴承的弹性接触振动[J]. 机械工程学报,2003,39(5):60-64.
[7] SingiresuS. Rao. 机械振动[M]. 李欣业,译. 北京:清华大学出版社,2009.
[8] 张文平. 基于表面特征的滚动轴承振动模型研究[J]. 哈尔滨工程大学学报,2007(28):528-531.
[9] 陈龙. 滚动轴承应用技术[M]. 北京:机械工业出版社,2010.
[10] 邵建敏. 表面波纹度对球轴承振动影响的模拟分析[J]. 郑州工学院学报,1994,15(3):67-72.
[11] 中华人民共和国行业标准. JB/T 9924—2014 磨削表面波纹度[S]. 北京:机械工业出版社,2014.
[12] Lundberg G. Dynamic capacity of roller bearing[J]. Acta Polytech. Mech. Eng., 1952, 2.

第 4 章　常用的轴承故障诊断方法概述

滚动轴承故障诊断作为机械故障诊断中最重要的一部分,其状态监测诊断技术主要包括状态信号采集、状态特征提取与状态模式识别三个基本方面[1,2]。轴承故障诊断理论与方法已经发展了半个多世纪,各种技术、理论与方法在轴承故障诊断中得到应用,本章将按照轴承故障诊断的过程详细介绍故障诊断过程中用到的相关理论与方法。

4.1　轴承故障的类型及成因

滚动轴承故障类型有多种,可以分为分布式和集中式两类,包括磨损、腐蚀、疲劳剥落、塑性变形、断裂、胶合、保持架损坏等。分布式故障主要来源于制造误差或者安装不当;集中式故障主要包括轴承元件表面有裂纹、凹点、剥落等缺陷[3]。滚动轴承的故障诊断主要针对集中式故障,这种故障几乎都表现为轴承元件表面的缺陷,振动信号中存在着冲击脉冲,信号中的高频成分会明显增多,从而导致轴承信号的幅值、方差、峭度等时域参数和频域能量分布发生变化。下面详细介绍轴承的几种典型故障及其成因。

1)磨损

磨损是指轴承零部件几何尺寸或者体积变小。磨损会使轴承的游隙增大,零部件表面粗糙度增加,噪声和振动加剧,降低甚至失去轴承的设计功能。微振磨损会在轴承的接触面形成波纹状的痕迹。轴承磨损的原因主要是由于灰尘、异物侵入和润滑不良,磨损是轴承最大的缺陷形式之一。

2)疲劳剥落

疲劳剥落是指在轴承长期运转过程中,零部件的接触表面因为疲劳而产生剥落坑,进而产生大片剥落的现象。疲劳剥落会导致噪声和振动变大,增加轴承信号的冲击载荷,轴承的寿命一般是指疲劳寿命,轴承寿命终结指其零部件表面出现 $0.5mm^2$ 的剥落坑。疲劳剥落的原因是轴承运转过程中,零部件受到交变载荷的作用,在零部件表面下最大剪应力处会形成裂纹,随着时间的累积裂纹会扩大到表面,从而导致疲劳剥落,疲劳剥落也是滚动轴承失效的主要原因。

3)塑性变形

塑性变形是指轴承在外力作用下产生形变,而当施加的外力撤除或消失后不能恢复原状的一种物理现象,它会加剧轴承的噪声和振动。塑性变形的原因是轴承受到过大载荷或运转温度过高,或者异物侵入。

4)腐蚀

腐蚀是指轴承在运转过程中由于与其所处环境介质发生化学、电化学作用而引起的变质和破坏,它会导致轴承元件表面凹凸不平,套圈表面产生锈斑。腐蚀产生的原因主要有三方面:①水和酸性液体侵入轴承引起的化学腐蚀;②电流通过零部件表面接触点产生火花而引起的电腐蚀;③轴承套圈微小相对运动导致的微振腐蚀。腐蚀是滚动轴承最严重的问题之一,它会降低轴承的运转质量甚至导致轴承功能丧失。

5)胶合

胶合是指轴承零部件一个接触表面上的金属黏附到另一个表面上的现象。胶合的原因包括润滑不良、高速重载、温度过高等。

6)保持架损坏

保持架损坏是指轴承的保持架变形而失去设计功能的现象,它会增加轴承运转的阻力,卡死滚动体,加剧噪声和振动,提高中轴承的运转温度。保持架损坏的原因主要是装配或使用不当。

4.2 轴承故障监测技术

轴承运行状态监测与故障诊断技术发展了半个多世纪,诊断方式随着科学技术和理论研究的发展而不断进步。滚动轴承如果发生故障,在运转过程中会产生噪声和振动、温度升高、元件接触表面材料剥落等现象,根据故障监测方式和分析信号性质的不同,将滚动轴承的监测和诊断技术分为以下几种:温度监测技术、声学监测技术、油膜电阻监测技术和振动监测技术。温度监测技术是通过红外线温度检测系统采集和分析轴承运转过程中的温度来诊断轴承是否发生故障。声学监测技术是通过采集和分析轴承元件故障接触面弹性冲击产生的声发射信号来诊断轴承是否发生故障。油膜电阻监测技术是通过测量分析轴承滚动体与内外圈之间油膜的电阻值来诊断轴承是否发生故障。振动监测技术是通过采集和分析处理轴承运转过程中的振动信号,提取表征轴承故障的特征参数,诊断轴承是否发生故障。

4.2.1 温度监测技术

我国最早用于轴承状态监测的就是温度监测技术，它的原理是：存在缺陷的轴承在运转过程中摩擦力增加会导致轴承温度升高，利用红外线轴温检测系统监测轴承的温度变化来诊断轴承是否发生故障[4]。红外线轴温监测系统基本单元有探头、监测站主机和中央处理系统等。我国从 1978 年生产了轴温探测仪应用至今，红外线轴温探测网络在铁路上每 20 ~ 30km 布设 1 台无人值守探测设备，在线监测每个车轴的轴承温度，再由监测站主机通过无线通信或者网络技术将检测信息传输到中央处理系统进行分析，实现了列车轴温全过程跟踪和监控，防止热切轴，保障了铁路行车安全。

轴温监测技术对发现车辆热轴，防止热切轴非常有效，但是单独采用轴温检测法对于轴承初期的表面剥落、裂纹、压痕等局部损伤不能有效诊断，容易受到天气等因素影响而误判，监测设备的维修需要大量专业人员，具有一定局限性。

4.2.2 声学监测技术

声学监测技术是指利用声发射（Acoustic Emission，AE）技术检测轴承元件接触表面弹性冲击释放的应变能量，将应变能转化为电信号，通过分析处理电信号，诊断轴承是否发生故障的技术。声发射又称应力波发射，是材料或零部件受力作用产生变形、断裂，或内部应力超过极限而进入不可逆的塑性变形阶段，以瞬态弹性波形式释放应变能的现象。声发射信号可分为两种类型：突发型和连续型。突发型由时间上可以分开的脉冲组成，连续型由许多小的突发型信号组成。

轴承声学监测技术的具体过程如下：轴承运转过程中，接触表面缺陷会引起接触面的弹性冲击产生声发射信号，信号中含有丰富的碰撞磨损信息，由声发射传感器采集声发射信号并转为电信号，由前置放大器对信号进行增幅，由滤波器对信号进行滤波，再采用强有力的后期智能化信号处理技术将故障信息提取出来，信号分析方法主要包括参数分析法和波形分析法。声发射技术是典型的无损检测技术，可以检测轴承内部结构缺陷或潜在缺陷运动变化，并可以采用多声道技术，即在被检测部件周围安装多路换能器，判断缺陷的严重性，定位故障源。

声发射监测技术检测的对象是轴承故障本身发出的 20kHz 左右的高频应力波信号，信号不容易受到干扰，它可以监测到外力作用下缺陷的活动情况，而且这种无损检测的方式不会影响轴承的运行状态。但不是所有的轴承故障都在运转中产生异常噪声，因此不能被声学系统识别，声发射传感器检测的信号信噪比较低,提取故障信息难度较大,在某些情况下限制了声发射技术的应用。

4.2.3 油膜电阻监测技术

油膜电阻监测技术是指通过监测内圈和外圈之间的电阻诊断轴承是否发生故障的技术。轴承运转过程中,滚动体与内圈、外圈之间形成的油膜会使内圈和外圈之间有很大的电阻,如果元件接触表面存在缺陷,就会破坏油膜而使内圈和外圈之间电阻变小,通过监控电阻的大小就可以诊断出轴承的状态。油膜电阻法对检测磨损、腐蚀等轴承缺陷非常有效,但不适用于检测密封的轴承系统,因此应用面不广。

4.2.4 振动监测技术

在各种轴承故障监测方法中振动监测技术是目前最常用的一种方法。如果轴承元件的表面有缺陷,在运转过程中缺陷与其他元件表面接触时会产生周期性的脉冲信号,振动监测技术就是在轴承座上安装振动加速度传感器来采集轴承原始信号,通过对振动信号的分析提取出这种周期性信号,诊断轴承是否发生故障,实现对滚动轴承运行状态的监测与诊断。振动信号对绝大部分轴承故障都很敏感,故障会引发轴承振动增加或者改变振动特征。将传感器安装在轴承座上,是因为轴承座离轴承最近,采集的信号越能真实准确地反映滚动轴承的振动状态。

轴承振动产生的机理如图4-1所示,轴承的工作环境会影响振动监测故障诊断的精确度,轴承运转时其他设备的振动也会传到轴承座,引起传感器的振动。为了提高故障识别的精确度,有必要滤除轴承原始采集信号中由其他设备引发的振动,即背景噪声。具体方法一般是在距离轴承座较远的位置再安装一个振动传感器采集背景信号,从原始信号中滤掉背景信号,就能得到接近轴承运转状态的信号。

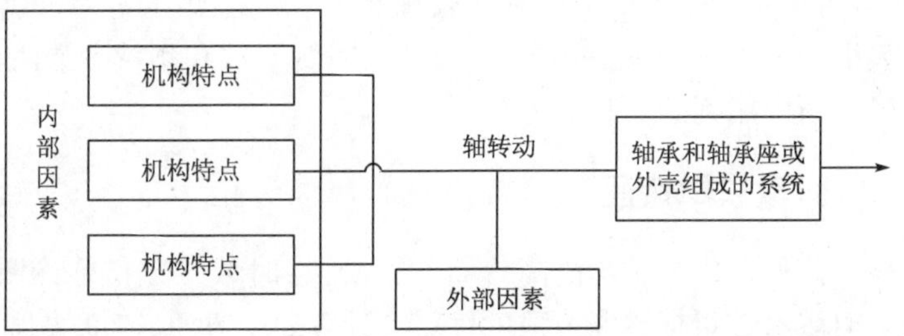

图4-1 轴承振动产生机理

振动监测技术可以发现早期轴承故障,信号采集与处理技术非常成熟,因此故障诊断结果可信度高,适用面广,但是不能发现轴承内部的微小裂纹。

对比前面四种滚动轴承故障诊断技术,可以看出,温度监测技术在我国使用最早,监测轴承温度一定程度上能防止燃轴事故发生,但红外线轴温探测系统[5]需要复杂的网络系统,增加了系统的不可靠度,而且温度对大部分轴承故障并不敏感,轴温超限报警时,轴承通常已经发生比较严重的损伤。声学监测技术的检测时间短,灵敏度很高,但是信号分析难度大。油膜电阻监测技术应用面窄,很难应用于轴承实时监测与智能故障诊断中。振动监测技术简单实用,检测设备成本较低,对绝大部分轴承故障都很敏感,是目前轴承故障诊断方法研究的重点,是以后轴承故障研究发展的主要趋势之一。本书主要研究基于振动监测技术的轴承故障诊断方法。

4.3 表征轴承运行状态的特征参数

上一节分析了几种轴承故障监测方式,指出了基于振动监测技术的优势。在采集了轴承的原始振动信号之后,接着就要计算信号的特征参数。因为滚动轴承发生故障时,其振动信号中的许多统计特征参量都会随故障的性质及大小发生变化,因此可以作为故障诊断的依据。表征轴承在线运行状态的特征参数有很多,应用比较广泛的时域参数主要包括峰值(Peak)、有效值(Root Mean Square)、波形因子(Shape Factor)、峰值因子(Crest Factor)、脉冲因子(Impulse Factor)、偏度(Skewness)、峭度(Kurtosis)、裕度因子(Clearance Factor)等;频域参数主要包括 FC 频率、均方频率(MSF)、均方根频率(RMSF)、频率方差(VF)和频率标准差(RVF)等[6-8]。每个类型的参数都有自身对应的敏感的故障类型,例如,峰值参数对于元件表面损伤类故障比较敏感;而均方根值参数对磨损类故障有效,可以反映轴承总体的劣化状况;峰值因子既考虑了峰值又考虑了均方根值,所以对这两种类型的故障都比较敏感[9];偏度、峭度等对冲击类故障比较敏感。表征轴承状态的参数很多,可以分为时域参数和频域参数两种,下面介绍轴承故障诊断中用到的两种类型特征参数。

4.3.1 时域故障特征

基于振动信号分析的轴承故障诊断开始阶段,时域参数指标诊断方法占有重要地位。时域参数指标诊断方法的优点是计算简单方便,速度快,用少数指标就能表征机车轴承的状态,结果直观。轴承诊断中常用的时域特征参数分为有量纲故障特征和无量纲故障特征，具体的参数介绍如下。

1）有量纲故障特征参数

在轴承故障诊断中，有量纲特征参数一般与轴承故障的严重程度密切相关，可以直接用于分析故障情况，轴承的故障越严重，有量纲参数的值就会越大，但是有量纲特征参数诊断轴承故障时受载荷、转速等运转环境的影响比较大。常用的量纲特征参数主要包括峰值、有效值(RMS)、方根幅值、绝对平均值等[10]。各项有量纲参数的计算方式如下。假设离散信号为$\{x_i\}$，$i=1,2,3,\cdots,N$，那么：

(1)峰值(Peak)计算公式为：

$$\text{Peak} = 0.5\times[\max(x_i)-\min(x_i)] \tag{4-1}$$

峰值是轴承振动信号中正最大幅值和负最大幅值之差，反映了信号的强度，峰值一般能诊断出具有瞬时冲击的故障类型，如轴承元件表面早期的点蚀、损伤等。

(2)有效值(RMS)计算公式为：

$$\text{RMS} = \sqrt{\frac{1}{N}\sum_{i=1}^{N}(x_i-\bar{x})^2} \tag{4-2}$$

其中，$\bar{x}$为时域信号x_i的平均值。有效值是信号对于时间的平均值，反映了信号的强度和能量，一般随着故障的发展，有效值会慢慢增加。

(3)方根幅值x_r的计算公式为：

$$x_r = \left(\frac{1}{N}\sum_{i=1}^{N}\sqrt{|x_i|}\right)^2 \tag{4-3}$$

(4)绝对平均值$|\bar{x}|$的计算公式为：

$$|\bar{x}| = \frac{1}{N}\sum_{i=1}^{N}|x_i| \tag{4-4}$$

2）无量纲故障特征参数

无量纲故障特征参数指没有或没法用具体的单位去量化的参数，通常表示信号本身的一些性质。在轴承故障诊断中，常用的无量纲参数有偏度、峭度、峰值因子、脉冲因子、裕度因子等。

(1)偏度α的计算公式为：

$$\alpha = \frac{1}{N}\sum_{i=1}^{N}(x_i-\bar{x})^3 \tag{4-5}$$

(2)峭度β的计算公式为：

$$\beta = \frac{1}{N}\sum_{i=1}^{N}(x_i-\bar{x})^4 \tag{4-6}$$

(3)峰值因子CrestFactor的计算公式为：

$$\text{CrestFactor} = \text{Peak}/\text{RMS} \tag{4-7}$$

(4)波形因子 S 的计算公式为：

$$S = \frac{x_{rms}}{|\bar{x}|} \tag{4-8}$$

(5)脉冲因子 I 的计算公式为：

$$I = \frac{\text{Peak}}{|\bar{x}|} \tag{4-9}$$

(6)裕度因子 L 的计算公式为：

$$L = \frac{\text{Peak}}{x_r} \tag{4-10}$$

时域参数诊断轴承故障时，其抗干扰性较差，容易产生误判等问题[11]，如均方根值可以反映轴承总体的劣化状况，但是当传感器采集的信号中含有噪声时，则会影响诊断结果；峰值、偏度和峭度等对冲击很敏感，但是当有其他冲击干扰时，也会影响它们的诊断结果；同时时域参数只对发展初期的故障敏感，当故障逐渐稳定时，时域参数会逐渐趋于平稳，甚至与正常轴承的值相同，从而失去故障诊断能力[12]。通常，为了提高轴承故障诊断结果的可信度，必须对轴承的原始采集信号进行滤波等预处理，同时计算几个参数，利用多参数综合诊断降低干扰信号的随机性，提高诊断的准确度。

4.3.2 频域特征参数

频域参数反映的是信号频率特征的一些参数，常用的参数包括功率谱、重心频率、均方根频率等。下面简单介绍几个频域参数指标。

(1)重心频率 FC 的计算公式为：

$$\text{FC} = \frac{\sum_{i=1}^{n}[f_i \cdot S(f_i)]}{\sum_{i=0}^{n} S(f_i)} \tag{4-11}$$

(2)均方频率 MSF 的计算公式为：

$$\text{MSF} = \frac{\sum_{i=1}^{n}[f_i^{\ 2} \cdot S(f_i)]}{\sum_{i=0}^{n} S(f_i)} \tag{4-12}$$

(3)均方根频率 RMSF 的计算公式为：

$$\text{RMSF} = \sqrt{\text{MSF}} \tag{4-13}$$

(4)频率方差 VF 的计算公式为：

$$\mathrm{VF}=\frac{\sum_{i=1}^{n}(f-FC)^{2}\cdot S(f_i)}{\sum_{i=0}^{n}S(f_i)} \tag{4-14}$$

(5)频率标准差 RVF 的计算公式为：

$$\mathrm{RVF}=\sqrt{\mathrm{VF}} \tag{4-15}$$

在轴承故障诊断中，频域参数用得比较少，但是频谱分析应用很广，因为轴承发生故障时，其振动信号的频谱图或功率谱中会出现很明显的特征[13]，不用计算频率特征参数已经可以通过经验观察出轴承是否发生故障。故障特征频率也是轴承故障的明显特征。当轴承的旋转速度是定值时，轴承的故障特征频率是一个定值，故障特征频率对早期故障很敏感且准确，所以通常用故障特征频率诊断轴承故障而不采用频率参数，且频率参数与轴承故障之间的内在关联研究甚少，而时域特征参数对故障的早期阶段研究较多。

4.4 轴承信号处理方法

轴承信号的状态特征提取是轴承监测诊断技术的关键，状态特征提取方法以现代信号处理技术为基础，其目的是通过对滚动轴承状态信号的分析和处理，提取能表征轴承运行状态的特征量，为诊断和辨识故障奠定基础。常用的特征提取方法[14-18]包括时域参数分析、快速傅里叶变换、频谱分析、时间序列分析、魏格纳—维尔分布、小波分析、希尔伯特—黄变换、共振解调、模式识别等方法。状态提取方法是随着信号处理方法的发展而发展的，新方法的使用通常会促进滚动轴承故障诊断技术的发展。本书后面章节所用到的信号处理方法包括以下几种。

4.4.1 傅里叶变换

傅里叶变换(Fourier Transform)是一种线性的积分变换，将满足一定条件的函数表示为三角函数(正弦或余弦函数)之和或者表示为三角函数积分的线性组合。分解信号的方法有很多种，其目的是为了简化原始的信号，便于提取原始信号中的一些特征，用三角函数来表示原始信号较简单。正余弦拥有原始信号所不具有的一些良好性质，如三角函数信号的倒数、积分、傅里叶变换仍然是三角函数，信号的频率和波的形状都不会变化，只有幅度和相位可能发生偏移，而且三角函数可以以任意小的误差逼近原始信号，这就保证了信号不会失真。

函数$f(t)$的傅里叶变换的公式为：

$$F(w)=\int_{-\infty}^{+\infty}f(t)\mathrm{e}^{-iwt}\mathrm{d}t=\frac{1}{2\pi}<f(t),\mathrm{e}^{-iwt}> \tag{4-16}$$

傅里叶变换的本质是内积,所以傅里叶变换可以理解为$f(t)$在e^{iwt}上的投影,积分值是时间从负无穷到正无穷的积分,就是把信号每个时间在w的分量叠加起来,可以理解为$f(t)$在e^{iwt}上投影的叠加,叠加的结果就是频率为w的分量,也就是频谱。傅里叶变换逆变换的公式为:

$$F(t) = \frac{1}{2\pi}\int_{-\infty}^{+\infty} f(w)\mathrm{e}^{-iwt}\mathrm{d}t = \frac{1}{2\pi} < f(t), \mathrm{e}^{-iwt} > \tag{4-17}$$

在信号处理中,时域的信号有时候看起来是“杂乱无章”的,但是在频域上信号却是极有规律的。傅里叶变换的物理意义是把没有明显特征的时域信号转为有明显规律的频域信号,可以更清晰地观察信号的频域特征。如信号$f(t) = 0.5 \times \sin 20 \times \pi \times t + 2 \times \sin 80 \times \pi \times t$,其时域波形如图4-2所示。

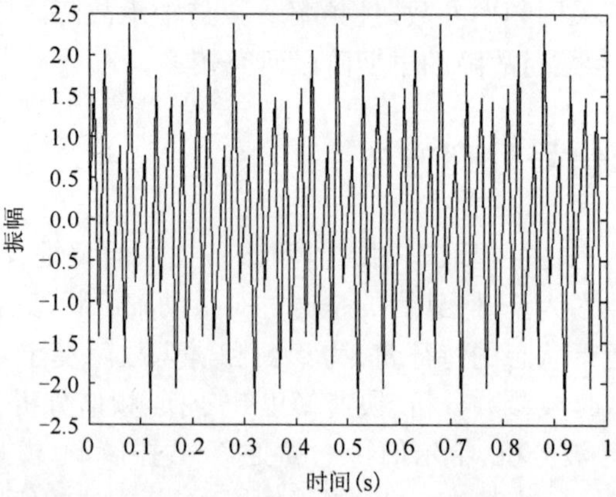

图4-2 信号$f(t) = 0.5 \times \sin 20 \times \pi \times t + 2 \times \sin 80 \times \pi \times t$的时域信号

信号$f(t)$经过傅里叶变换之后,其频域图像如图4-3所示。

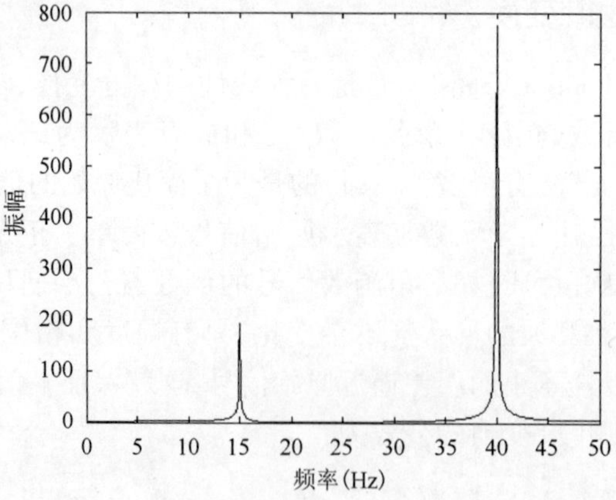

图4-3 信号$f(t) = 0.5 \times \sin 20 \times \pi \times t + 2 \times \sin 80 \times \pi \times t$频域信号

傅里叶变换在数学领域中是最基本、具有奠基性的一种变换，它具有良好的数学性质，在数字信号处理中是非常重要的分析工具，快速傅里叶变换、小波变换等都可以理解为傅里叶变换的一种改进，其本质是一样的。傅里叶变换应用的领域很广，在各种基础学科如物理学、光学，应用学科如信号处理、结构动力学、海洋学、通信等领域都有应用。傅里叶变换虽然应用很广，但是在工程应用中有两个明显的缺点：一是计算量大，耗时长；二是不能表达瞬时频率。

4.4.2 短时傅里叶变换

短时傅里叶变换(STFT)是和傅里叶变换相关的一种数学变换，用以确定时变信号局部区域正弦波的频率与相位。对于离散时间信号 $x(k)$，$k=1,2,\cdots$，它的 STFT 定义为：

$$\mathrm{STFT}(k,w_j) = \sum_{l\in Z} x(l)h(k-l)\mathrm{e}^{-iwl} \tag{4-18}$$

其中，$h(t)$为离散窗函数，$w_j=2\pi j/N$，$j=0,1,\cdots,N-1$，N为信号采样点数。STFT 的思想是选择一个时频局部化的窗函数，假定分析窗函数 $y(k)$ 在一个短时间间隔内是平稳的，移动窗函数，使 $x(k)y(k)$ 在不同位置、相同长度的时间内是平稳信号，通过分析出各个时间段内的信号而获取整个信号的特征。STFT 窗函数的选择很关键，分析平稳信号时，窗函数要选择宽的；分析高频信号时，窗函数要选择窄的，最优窗的选择是 STFT 研究的一个重点。下面介绍一种最优窗的选择办法。

利用最大化信号成分在时频域上局部集中性的方法选取最优窗函数参数，首先选定一个窗函数，如取汉宁窗、海明窗或者高斯窗，然后从频率上优化窗长，对于每一个频带 w_j 选择窗长使得信号在 w_j 所在的一个窄频段的局部集中性达到最大，从而使得时频域内不同信号成分之间的交迭达到最小。假设 $\mathrm{STFT}_l(k,w_j)$ 是取窗长为常数 l 的窗函数所得到的 STFT 结果，那么局部集中性[19]可以定义为：

$$C(w_j,l) = \sum_i \sum_j \| \mathrm{STFT}_l(k,w_j)v(w_i-w_j) \|^4 * \left[\sum_i \sum_j \| \mathrm{STFT}_l(k,w_j)v(w_i-w_j) \|^2 \right]^{-2} \tag{4-19}$$

式中 $v(w_i-w_j)$ 是以 w_j 为中心的局部化权函数。定义在频带 w_j 的最佳窗长为：

$$l = \arg\max_l C(w_j l) \tag{4-20}$$

带有局部故障的轴承振动信号中，故障高频瞬态信息和其他信号分布在信号不同的频段里，信号中平稳的谐波成分在低频段，而故障信息则分布在高频段。利用局部集中性优化窗长的方法,在选取最优窗长时窗长由具有局部优势的信号成分决定,这就使得平稳信号和瞬态信号都能根据自身特点确定一个最优窗长,保障了轴承故障信息的瞬态信号在其所属频段内占据主导地位,得到最清晰的时频分布,从而可以清楚地发现隐藏的故障特征。

4.4.3 小波变换

小波变换的概念是由法国从事石油信号处理的工程师 J. Morlet 在 1974 年首先提出的,可以看作是傅里叶变换的发展,因为它们都是用一族函数来表示一个信号或函数。傅里叶变换是将一个连续平稳的时域信号表示为不同频率的三角函数的线性叠加,而小波变换则是通过对母小波的伸缩和平移来实现的。小波变换实质上是一种窗口大小固定、时频窗都可以改变的时频分析方法,在低频部分具有较高的频率分辨率和较低的时间分辨率,在高频部分具有较高的时间分辨率和较低的频率分辨率。小波变换这种对信号的自适应性,使小波分析在一定程度上解决了傅里叶变换存在的问题。傅里叶分析可以处理稳定不变的信号,但是在处理实际应用中的绝大多数非稳定信号时,小波变换的优势比傅里叶分析大得多。小波变换可以分为连续小波变换和离散小波变换两种。

1)连续小波变换

给定有限能量的时变信号 $x(t) \in L^2(R)$,则该信号的小波变换(Wavelet transform)定义为:

$$\mathrm{WT}_x(a,b) = \frac{1}{\sqrt{a}}\int x(t)\psi_{a,b}^*(t)\,\mathrm{d}t = \langle x(t),\psi_{a,b}(t)\rangle \tag{4-21}$$

式中:a、b——可以变化的常数;

t——连续变量;

$\psi_{a,b}^*(t)$——小波基。

小波基定义如下:给定一个基本函数 $\psi(t) \in L^2(R)$,令:

$$\psi_{a,b}(t) = \frac{1}{\sqrt{|a|}}\psi\left(\frac{t-b}{a}\right) \tag{4-22}$$

式中,a、b 均为常数($a \neq 0$,$a>0$ 或 $a<0$)。显然 $\psi_{a,b}(t)$ 是基本函数 $\psi(t)$ 平移伸缩后得到的,a、b 不断地变化,可得到一组函数 $\psi_{a,b}(t)$。$\psi(t)$ 通常叫作母小波,a 被称为尺度参数,用来控制信号的伸缩;b 被称为位移参数,用来控制信号的位置。参数 a 的物理意义可以理解如下:a 可以认为是频率的量度,a 值较小时表示从信号中提取高频分量,中心频率较大;a 值比较大时则表示提取低频分量,中心频率变小。

小波变换对于信号的局部特性分析的最主要优势体现在利用 a、b 控制时间窗，在信号变化较慢的地方，即低频成分，它的频率范围比较窄，此时小波变换的尺度参数 a 可以取较大的值，分析信号在一个较长时间段内的性质；反之，信号发生突变的地方，即高频成分，频率范围比较宽，小波的尺度参数 a 可以取较小的值，分析信号的局部特征，这种性质被称为小波变换的变焦特性。连续小波变换计算分以下几步：

(1)根据检测的波形信号特点选定一个波形相似的小波，计算该时刻的小波变换系数 C。C 表示小波与处在分析时段内的信号波形相似程度，C 越大，表示两者的波形相似程度越高。

(2)调整位移参数 b，平移小波覆盖整个信号，重复(1)步骤。

(3)调整尺度参数 a，伸缩尺度，根据信号的特征分析变换分辨率，再重复(1)、(2)步骤。

(4)重复(1)~(3)步骤，计算所有尺度的连续小波变换系数。

从上述的计算过程可以看出，连续小波变换计算信号在每个尺度下的小波系数，会产生巨大的数据量，计算的复杂度非常高[20]。而且 $\psi_{a,b}(t)$ 中的尺度参数 a 和位移参数 b 是连续变化的，导致了 $\psi_{a,b}(t)$ 彼此之间线性相关，从而导致小波变换结果 $\mathrm{WT}_x(a,b)$ 之间也相关，会出现大量的信息冗余。因此，要将小波变换运用到实际中去，必须对 $\psi_{a,b}(t)$ 进行离散化，只选择部分尺度和位移来进行计算，而且现实中采集的信号都是离散的，离散化之后的小波分析才能与现实信号相结合。

2)离散小波变换

离散小波变换是连续小波变换的离散化，顾名思义就是离散的输入以及离散的输出，本质上是通过对尺度参数 a 和位移参数 b 离散化处理来降低信息冗余，给定有限能量的时变信号 $x(t)\in L^2(R)$，其离散小波变换(Discrete Wavelet Transform)定义为：

$$Wx(j,k) = a_0^{\frac{-j}{2}}\int x(t)\psi^*(a_0^{-j}t-k)\mathrm{d}t \tag{4-23}$$

小波变换的一般流程如图 4-4 所示。

4.4.4 小波包分析

小波包分析是小波分析的发展。在小波分解过程中，一般是将低频系数分解为两部分，一个近似系数向量和一个细节系数向量，在两个连续的近似系数中丢失的信息可以在细节系数中得到，接着将近似系数向量进一步分解为两个部

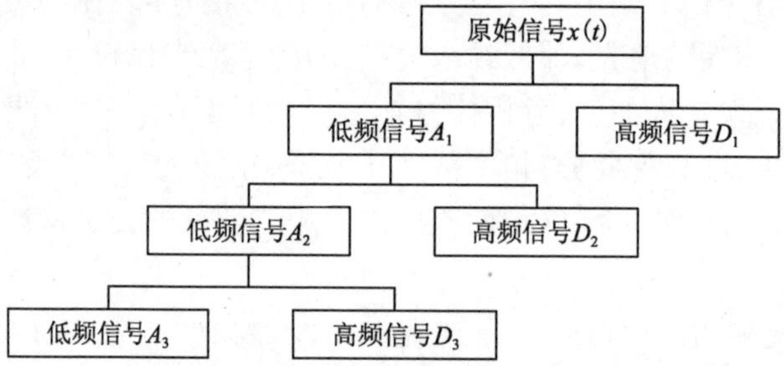

图4-4　小波分析示意图

分,而细节系数向量不再分解。在小波包分解中,每一个细节系数向量也使用近似系数向量分解的方法分为两部分,提高了信号的时频分辨率,克服了小波分解在高频段的频率分辨率较差的缺点。

小波包分解过程中,尺度函数表征了信号的低频特征,小波函数表征了信号的高频特征,对于给定的信号,小波包的尺度函数与小波函数为:

$$\begin{cases}\mu_0(x) = \sum_{k \in Z} h(k)\mu_0(2x - k) \\ \mu_1(x) = \sum_{k \in Z} g(k)\mu_0(2x - k)\end{cases} \tag{4-24}$$

式中:$\mu_0(x) = \varphi(x)$;

$\mu_1(x) = \psi(x)$;

$h(k)$——高通滤波器;

$g(k)$——低通滤波器。

当分解有多层时,则有:

$$\begin{cases}\mu_{2l}(x) = \sum_{k \in Z} h(k)\mu_l(2x - k) \\ \mu_{2l+1}(x) = \sum_{k \in Z} g(k)\mu_l(2x - k)\end{cases} \tag{4-25}$$

其中,$\mu_n(x)$,$n = 2l$ 或者 $2l + 1$,$l = 0,1,\cdots$,称为正交尺度函数 $\mu_0(x) = \varphi(x)$ 的小波包,上式即为信号的小波包分解。从式中可以看出,小波包分解每次对低频分量和高频分量都进行分解,得到了两个序列,相比只针对低频分量的小波分解大大提高了信号高频分量的频率分辨率。结合小波分析、求和公式,归一化系数有:

$$\begin{cases}c_{2l}(n) = \sqrt{2} \sum_{k \in Z} h(k) c_l(2n - k) \\ c_{2l+1}(n) = \sqrt{2} \sum_{k \in Z} g(k) c_l(2n - k)\end{cases} \tag{4-26}$$

小波包分解的一般流程如图4-5所示。

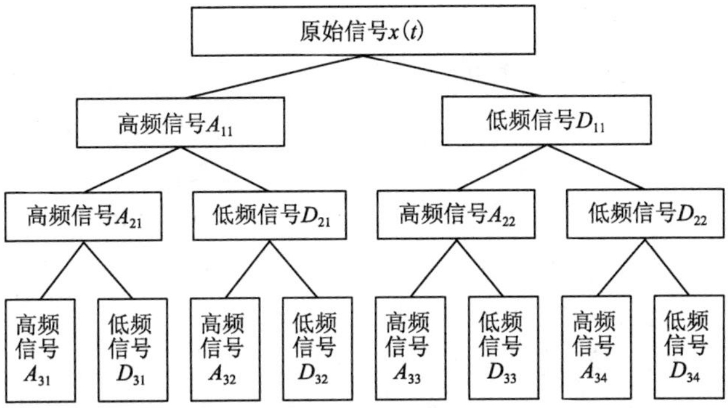

图4-5 小波包分解流程图

4.4.5 希尔伯特变换

信号的希尔伯特变换(Hilbert Transform)是指将信号与$1/\pi t$做卷积,结果可以理解为输入信号的脉冲响应为$1/\pi t$的线性时不变系统的输出。设$x(t)$为一个连续时间信号,则其希尔伯特变换为:

$$\left\{\hat{x}(t) = \frac{1}{\pi}\int_{-\infty}^{\infty}\frac{x(t)}{t-\tau}\mathrm{d}\tau\right\} \tag{4-27}$$

希尔伯特变换的原理是让振动信号产生一个相移,与原信号形成一个解析信号,即原信号的包络信号。由$x(t)$及希尔伯特变换量$\hat{x}(t)\in L^2(R)$可以构成信号$x(t)$的解析信号$z(t)$:

$$z(t) = x(t) + i\hat{x}(t) = A(t)\mathrm{e}^{i\varphi(t)} \tag{4-28}$$

式中:$A(t)=\sqrt{x^2(t)+\hat{x}^2(t)}$;

$\varphi(t)=\arctan\dfrac{\hat{x}(t)}{x(t)}$。

幅值$A(t)$便是给定信号$x(t)$的包络,即调制信号。由以上的变换过程可知,希尔伯特变换将信号变为解析信号,得到的解析信号的实部就是实信号本身,解析信号的虚部是实信号的希尔伯特变换。

在轴承故障诊断中,故障产生的冲击脉冲,激起轴承系统的高频固有振动,轴承系统中的噪声信号主要集中在低频段,高频部分的频率成分相对要简单一些,比较适合进行包络解调,对包络信号做傅里叶分析,就可以得到其希尔伯特变换包络频谱。

4.4.6 共振解调技术

共振是人们司空见惯的物理现象,任何一个系统,当有外力施加在系统上时,如果外力的激励频率与物体的固有频率相同,则会导致系统产生很大振动的现象。即使系统的激励频率不同于其固有频率,只要外作用力的高阶频率落在以系统固有频率为中心的一个通带内,也会导致系统产生很大的振动[21]。

共振解调技术,又称冲击脉冲技术或者包络检波技术,是对 1 000Hz 以内低频冲击所激起的数十倍于冲击频率的高频共振波形进行包络检波,去除高频衰减振动的频率成分,获得只包含特征信息的低频包络信号的技术[22]。该技术已经广泛应用于机械系统在线监控与故障诊断。基于共振解调技术的滚动轴承故障诊断,就是在轴承运转过程中元件故障的低频冲击会引发故障冲击波的高频分量,解调该高频共振波就可以获得一个去除低频干扰后的共振解调波,再对共振解调波进行时频转换得到解调波的频谱图,通过观察分析频谱图的特征,就可以诊断轴承是否发生故障并判断故障部位。

4.4.7 基于神经网络模式识别技术的轴承故障诊断方法

模式识别是指对表征事物或现象的各种形式的(数值的、文字的和逻辑关系的)信息进行处理和分析,以对事物或现象进行描述、辨认、分类和解释的过程。轴承故障模式诊断与识别是轴承故障诊断的最终目的,诊断是判断轴承的运行状态,识别是对故障模式进行分类。

模式识别从 20 世纪 20 年代发展至今,已广泛应用于各个领域,并在实际应用中取得了显著的成果,其应用于轴承故障诊断已有数十年之久,利用计算机对轴承的故障进行分类,在错误概率最小的条件下,使识别的结果尽量与轴承的运行状态一致。

通常将轴承的类型分为正常、外圈故障、内圈故障、滚珠故障四种,在轴承故障识别过程中,首先采集样本数据,采集大量的四种轴承类型数据构成样本空间,然后分别提取四种类型数据的特征参数,由其构成特征空间,最后在最短的时间内从特征数据中提取出对故障诊断贡献最大的特征,得到准确的轴承故障诊断结果[23]。

神经网络因其具有非线性、并行分布、学习归纳等能力,已成为模式识别的一种重要方法。而神经网络作为模式识别的重要方法应用于轴承故障诊断开始于 20 世纪 80 年代末。基于模式识别的轴承故障诊断步骤是根据需要事先对轴承可能发生的故障模式进行分类,通过监测数据分析将轴承的在线运转状态和故障特征参数,通过样本数据的学习,获得并记忆各种故障模式类别。神经网络是一种自适应的模式识别技术,它的优势在于只要样本量足够多,就可以通过自身的学习机制形成所需要的分类准则,而不需要提前给定模式的判别条件,而且训练好的网络的特性由其学习或训练所决定,影响的主观因素少,能充分体现轴承的运转状态。

4.5 基于轴承模型的故障诊断方法

基于模型的故障诊断方法首先是建立轴承系统的数学机理模型,然后在建立好的模型上研究轴承的故障诊断,目前轴承系统动力学模型的研究还停留在模型建立阶段。本书提出了一种基于受力分析的轴承非线性动力学模型,并验证了模型的有效性。

4.5.1 静力学模型

静力学模型从数学上解释就是求力和力矩平衡非线性方程组的解,已知轴承载荷和旋转角速度,就可以写出所有轴承零部件的力、力矩平衡方程,再求解这些联立的非线性代数方程即可得到模型的解[24,25]。计算静力学模型时,假设滚动体只在一个平面上运动,轴承的零部件之间只有相对滚动而不存在滑动,滚动体自转时绕自己的对称轴滚动,而且内、外圈的旋转角速度已知,如图4-6所示。

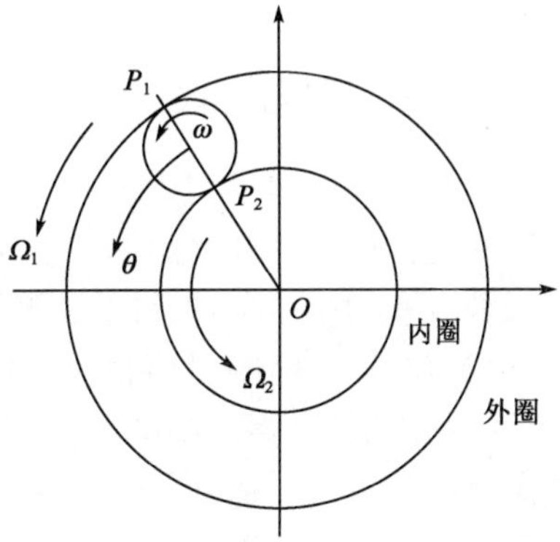

图4-6 轴承运转平面图

图中,外圈角速度为Ω_1、半径为c_1;内圈角速度为Ω_2、半径为c_2;滚子自转角速度为ω、公转角速度为θ,滚子半径为r,则有方程:

$$\begin{cases} c_1\dot{\theta} + r\omega = c_1\Omega_1 \\ c_2\dot{\theta} + r\omega = c_2\Omega_2 \end{cases} \tag{4-29}$$

写成矩阵形式则为:

$$\begin{bmatrix} c_1 & r \\ c_2 & r \end{bmatrix}\begin{Bmatrix} \dot{\theta} \\ \omega \end{Bmatrix} = \begin{Bmatrix} c_1\Omega_1 \\ c_2\Omega_2 \end{Bmatrix} \tag{4-30}$$

两个方程中包含两个未知数,因此可由内、外圈角速度计算出滚子自转、公转角速度。

假设F_r为滚动轴承所受的径向载荷力,则根据滚子的角度可以计算出径向力作用下每个滚子所受到的静态载荷力。静力学模型对计算轴承载荷分布、刚度和预测疲劳寿命非常有效[26]，而且计算量不大。但是静力学模型有其自身的缺陷，主要包括以下几点。

(1)轴承元件的加速度为零，速度为常数，这与现实轴承的运转不符。

(2)不考虑轴承元件之间润滑作用对受力的影响。

(3)不考虑轴承保持架与内、外圈之间的接触，而这种接触在运转速度快的时候会影响轴承元件的受力。

(4)不考虑滚子的实时受力变化，实际上滚子在不同角度所受的载荷力是不一样的。

(5)轴承静力学模型尽管有缺陷，但它能有效地计算轴承的载荷分布和刚度，它的解可为动力学模型提供较好的初始条件，所以仍普遍用于滚动轴承的设计。

4.5.2 动力学模型

轴承的动力学模型要求对每一轴承元件建立其运动微分方程，由轴承元件之间相互作用的力和力矩确定各元件的加速度，利用静力学模型计算的结果给定微分方程的初始条件，计算出微分方程组的解。滚动轴承元件之间的相互作用包括滚动体与内圈、外圈之间的相互作用，滚动体与保持架之间的相互作用，保持架与内圈、外圈之间的相互作用，外圈与轴承座之间的相互作用，内圈与轴之间的相互作用。通常假设轴承元件之间的接触满足弹性赫兹接触理论。求解轴承动力学方程的极大难点[27]不仅在于作用于元件上的力与几何位置、形状和接触几何形状等因素有关，而且与轴承元件的旋转状态有关。

轴承的动力学模型理论上应考虑的因素包括滚动体与内、外圈接触效果，滚动体—保持架接触效果，保持架—滚道接触效果，润滑油阻力，滚动体倾斜，保持架不稳定，轴承元件的材料性质，运行条件如速度、载荷、未对准和预加载等，能真实地模拟轴承运转状况的动态特征。国外对滚动轴承动力学的分析研究起步较早，我国开始于20世纪90年代，至今的动力学模型研究也已取得不小的成就。

4.6 本章小结

本章详细介绍了轴承的故障类型，故障的表现形式，针对不同表现形式的信号采集技术，表征轴承故障的特征参数，以及提取故障特征参数的信号处理技术。其中信号处理技术是诊断滚动轴承故障的关键技术，先进、高效的信号处理技术会提高地铁轴承故障诊断的效率与精度。

本章参考文献

[1] 毛怀东,陈家骥.滚动轴承故障诊断参数的研究[D].第三届全国机械设备故障诊断学术会议论文集,1991,592-597.

[2] 刘永斌.基于非线性信号分析的滚动轴承状态监测诊断研究[M].合肥:中国科学技术大学,2011.

[3] HARRIS T A,KOTZALAS M N. Advanced concepts of bearing technology (rolling bearing analysis)[M]. 5th ed. New York: Taylor& Francis, 2006.

[4] 周仕仁,钟声,章鹏.列车滚轴轴承故障诊断研究现状分析[J].中国铁路,2009,11:35-39.

[5] James E,Berry. How to track rolling element bearing health with vibration signature analysis[M]. 1991.

[6] Gustafsson O. G. ,Tallian T. Detection of damage in assembled rolling bearings [J]. Trans. of ASLE, 1962,5:197-209.

[7] Wheeler EG. Bearing analysis equipment keeps downtime down[J]. Plant Engineering. 1968.

[8] Martin R. Detection of ball bearing malfunctions. Instruments and Control Systems[J]. 1976.

[9] Martin R. Angelo, Brel Kjaer. Vibration monitoring of machines[J]. British Maritime Technology, 1989.

[10] 吴俊伟.Laplace小波在机车轴承故障诊断中的应用研究[J].北京:北京交通大学,2009.

[11] Ronald W, Jacobs. Detection of mechanical faults in rotary blowers[R]. Proceeding of Machinery Vibration Monitoring and Analysis Meeting, 1983.

[12] Y Kim Paul, Cowe I. R. G. A review of rolling element bearing health monitoring[R]. Proceeding of Machinery Vibration Monitoring and Analysis Meeting, 1983.

[13] 岳建海,裘正定.信号处理技术在滚动轴承故障诊断中的应用与发展[J].信号处理,2005,2(21):185-190.

[14] 徐尹格,颜玉玲.相关技术在滚动轴承故障诊断中的应用[J].应用数学和力学,1992,13(7):593-598.

[15] 汪林海.滚动轴承在线故障诊断冲击脉冲计[D].上海:上海大学,2009.

[16] 赵佳萌.基于声信号小波变换的滚动轴承故障诊断[D].北京:北京交通大学,2009.
[17] 林选.基于小波包和EMD相结合的电机轴承故障诊断[D].太原:太原理工大学,2010.
[18] 于明月.第二代小波变换在旋转机械故障诊断中的应用研究[D].南京:南京航空航天大学,2008.
[19] 丁夏完.滚动轴承故障智能诊断方法的研究及应用[D].北京:中央民族大学,2006.
[20] 曾刚.滚动轴承微弱故障信号检测方法研究[D].成都:成都理工大学,2010.
[21] 张弛哲.共振解调技术在牵引电机轴承故障诊断中的应用[D].北京:北京交通大学,2011.
[22] 范凯.基于LabWindows的泥浆泵故障诊断系统开发[D].青岛:石油大学(华东),2003.
[23] 郭宙.滚动轴承故障模式识别方法研究[D].北京:北京化工大学,2011.
[24] 欧阳土中.滚动轴承动力学分析中的理论问题(一)[J].轴承,1996,4:14-19,34.
[25] 高红斌.基于静动力学的滚动轴承故障模型分析及物理模拟[D].太原:太原理工大学,2006.
[26] 陈雄.角接触球轴承静力学与动力学分析[D].南京:南京航空航天大学,2007.
[27] 欧阳土中.滚动轴承动力学分析中的理论问题(二)[J].轴承,1996,5:10-16.

第5章 基于动力学模型的轴承故障诊断方法

到目前为止,许多学者对滚动轴承缺陷的非线性动力学问题进行了研究,提出了多种缺陷冲击模型,分析了不同缺陷对滚动轴承动力学特性的影响,但是迄今为止的大多数故障模型都是着重于描述故障,即建立一种能够仿真故障的模型,分析相关参数对模型的影响,而不是建立一种普遍适用的轴承模型,然后用整个轴承的模型来分析和研究故障,进而解决故障诊断问题。现有模型计算的结果多用专业软件仿真得到,并未能有效地将故障冲击融入滚动轴承非线性动力学方程中,无法有效地描述含缺陷滚动轴承运转过程中的动力学问题,本章结合轴承的物理结构,通过分析轴承所受到的内力和外力,建立了轴承非线性动力学模型,然后将故障在模型中表示出来,最后验证了模型的有效性。

建立轴承动力学模型的主要意义在于:

(1)揭示轴承动力学和运动学机理;

(2)揭示不同类型故障与轴承外特性之间的联系;

(3)为发展数据诊断的方法提供支撑;

(4)为基于模型的轴承故障诊断方法提供理论基础;

(5)为诊断系统设计提供理论支持。

5.1 滚动轴承缺陷的非线性动力学机理分析

滚动轴承缺陷的动力学分析是以静力学分析的 Hertz 弹性理论和牛顿第二定律为基础,而且经过数十年的研究,提出了许多有关轴承的机理模型、非线性动力学模型、集中式缺陷仿真模型,本章从轴承运动学和动力学角度分析其非线性动力学问题。轴承单个滚子与内圈、外圈的接触模型用弹簧—质量—阻尼系统表示,分析载荷力的分布以及在载荷力作用下,内圈、外圈和单个滚子在其法线方向上的振动。在此基础上,可以计算单个滚子对内圈和外圈的作用力,结合径向载荷力和随机干扰力,建立内圈、外圈和滚子的轴承系统的非线性动力学模型,并用该模型计算出在综合力作用下内圈、外圈的无故障振动位移和加速度信号。在非线性动力学模型内植入内圈单表面故障,分析有故障情形下模型的内圈、外圈振动位移和加速度信号。

5.1.1 滚动轴承受力分析

轴承一般包含下面几个部分:内圈、外圈、滚子和保持架。描述轴承特性的关键几何参数主要包括滚动体的数量、滚子直径、内圈直径、外圈直径和接触角。

在对滚动轴承的故障建模之前,首先假设:

(1)轴承为一个弹簧—质量—阻尼系统。

(2)轴承滚动体之间的接触为弹性赫兹接触,接触过程中考虑滚动体和滚道微小弹性形变而忽略塑性形变。

(3)轴承的滚动体、内圈、外圈和转子仅在轴承平面运动。

(4)轴承运转过程中整个轴承的温度视为不变,内圈、外圈和滚动体上面的故障都为划伤。

(5)所有滚子都是球形的并且直径相等,任意相邻两个滚子间的角度是相等的。

图 5-1　轴承直观图

轴承的剖面直观图与模型如图 5-1 所示,这个基本的平面模型是由 Sunnersjo[1] 提出的。ω_i、ω_o 和 ω_m 分别表示轴承内圈、外圈和滚子的旋转角速度。图中的轴承系统主要包括内圈、外圈、滚动体和保持架。保持架是部分地包裹全部或部分滚动体并随之运动的轴承零件,用以隔离滚动体,引导滚动体并将其保持在轴承内。在轴承旋转过程中,保持架与滚动体之间常出现碰撞,受力方向是沿着轴承旋转方向的切线方向,而轴承的动力学模型中主要是计算轴承旋转法线方向上的振动位移与加速度,因此,在动力学模型分析中,一般情形先不考虑保持架的受力。

先对滚动轴承进行受力分析。轴承的外圈通常固定在轴承座上,外圈外表面受力是被动受力,由于外圈未被固定而承受了部分力。轴承外圈是圆形且材质强度很大的钢,外部的力很难传递到滚珠与内圈,引起外圈振动的力主要还是来源于内圈与滚动体。滚动体处于内圈与外圈之间,不与非轴承系统的其他设备发生接触,它本身也不产生主动力。内圈内表面与轴连接,外表面与滚动体连接,内表面承受了轴上传过来的径向载荷力,然后通过外表面传到滚动体,再传到外圈,因此内表面受到的径向载荷力是引起轴承系统法向振动的原始力。因为轴的冲击,轴承内圈也会受到轴上传来的轴向力,这个力的方向与轴承振动的法线方向垂直,因此通常我们在建立模型时,以考虑轴承模型时以法线方向的位移、加速度为主,先不考虑轴向力对模型的影响,以后完善模型时,再考虑细节对振动的影响。

给轴承系统一个径向载荷时,由于材料的细微接触变形以及轴承游隙的存在,轴承会出现承载区,如图 5-2 所示。承载区的范围与轴承游隙的大小、轴承的材质以及径向载荷力的大小有关。静态情形下,只有当滚子处于阴影部分时才会受到载荷力的作用,承载区的受力分布与角度有关,而且越靠近轴承的底端,滚子受到的载荷力越大,载荷强度的分布可以用 Stribeck 方程表示[2]:

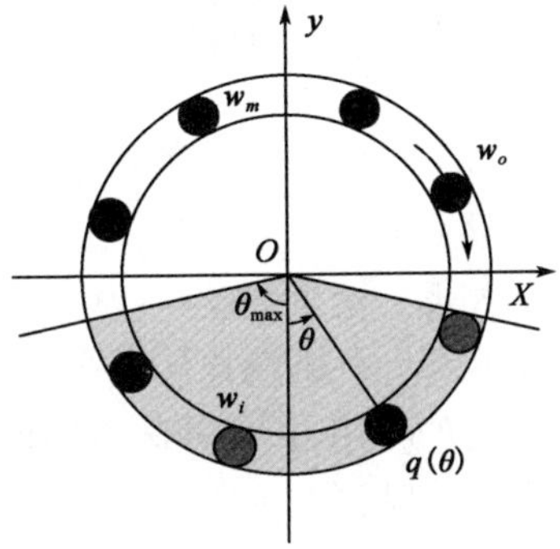

图 5-2 轴承载荷的直观分布

$$q(\theta) = q_{max}\left(1 - \frac{1-\cos\theta}{2\varepsilon}\right)^n \tag{5-1}$$

式中:q_{max}——最大载荷强度;

ε——载荷分布因子。

q_{max}、ε 和 θ_{max} 是关于轴承径向间隙和外加负载的函数。

球轴承的 n 值取 1.5,滚子轴承的 n 值取 10/9,如果轴承的间隙为正,则 $\varepsilon < 0.5$,$\theta_{max} < \pi/2$。

因此,静态情形下载荷力随时间变化的方程为:

$$q(t) = \begin{cases} q_{max}\left(1 - \frac{1-\cos\theta}{2\varepsilon}\right)^n & (\theta < \theta_{max}) \\ 0 & (\theta \geq \theta_{max}) \end{cases} \tag{5-2}$$

从上面轴承力的传递过程可知,轴承的载荷力直接作用于内圈,内圈将载荷力传递于承载区的滚珠,再传递到外圈,因此轴承的单个滚子与内圈、外圈的接触模型可以用弹簧—质量—阻尼系统表示,如图 5-3 所示。

通常情形下,轴承的外圈固定,内圈旋转,则承载区在外圈的角度是一定的,如图 5-2 所示。径向载荷直接作用于内圈,载荷力分布函数由 Stribeck 方程给出。轴承在内圈旋转过程中,滚子因为与内圈的滚动摩擦,会在滚道内随着内圈

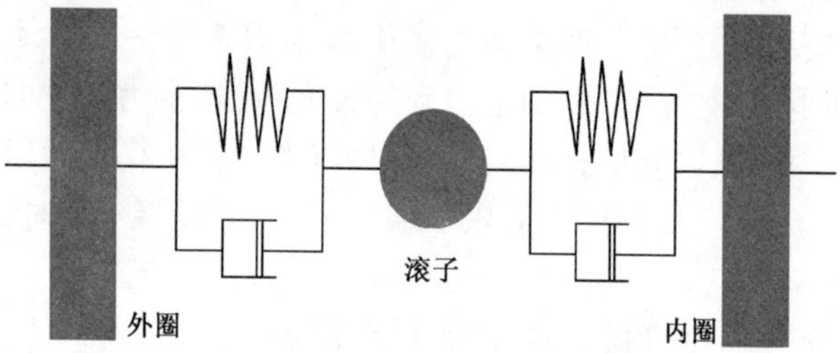

图 5-3　单个滚子和轴承外圈、内圈的接触模型

的转动而转动，方向与内圈转动方向一致，同时发生自转，自转方向与内圈转动方向相反。滚子运动过程中，当运动到非承载区时，轴承滚子不受力的作用，滚子与内圈和外圈的接触不产生振动。运动到承载区时，滚子受到内圈传递径向载荷力的作用，在承载区不同地方受到大小不相同的力。当轴承安装完毕之后，轴承的承载区就确定了，滚子在随着内圈运动的过程中，进入承载区的滚子数量是随着时间变化的，承压滚子数和滚子位置的变化都引起内圈、滚子和外圈受力的变化。因此，分析轴承的受力时，必须确定承载区的滚子数。轴承的滚子总数 n 为奇数时，则处于承载区的滚子数为$(n-1)/2$或者$(n+1)/2$；轴承的滚子数为偶数时，则处于承载区的滚子数为$(n-2)/2$和$n/2$。

图 5-2 中假设总滚子数为 n，x 轴下方滚子为第 1 个滚子，则顺时针方向第 k 个滚子 t 时刻是否处于承载区可以根据下式判定：

$$A_k(t)=\begin{cases}0 & \mathrm{mod}(\theta_k,2\pi)\in[0,\theta_{\max}]\cup[2\pi-\theta_{\max},2\pi]\\ 1 & \mathrm{mod}(\theta_k,2\pi)\in[\theta_{\max},2\pi-\theta_{\max}]\end{cases}\tag{5-3}$$

式中：θ_k——第 k 个滚子与 x 轴的实时夹角；

$\theta_{\max}$——承载区的最大角。

$\Lambda_k(t)$为 1 时表示第 k 个滚子 t 时刻处于承载区；$\Lambda_k(t)$为 0 时表示第 k 个滚子 t 时刻处于非承载区。

5.1.2　故障特征描述

一般情况下，轴和内圈之间为过盈配合，因此将轴和内圈作为一个整体进行分析。外圈与轴承座固定，因此将轴与外圈当作一个整体进行分析。

假设轴承在一个稳定转速下运转，轴承运转过程的摩擦力均被动力克服，在不考虑润滑油涡流的作用下建立轴承非线性动力学方程。若轴承在一个稳定的驱动力下平稳运转在 oxy 平面内，并以逆时针方向为正方向。通常情况下，轴承

外圈固定，内圈与转轴一起旋转，此时外圈旋转角速度 ω_o 为 0。设初始状态 x 轴正方向与 x 轴正方向下方的第一个滚子夹角为 φ_o，如图 5-4 所示，则第一个滚子与 x 轴的实时夹角为 $\varphi_o + \omega_i t$；第 k 个滚子与 x 轴正方向的实时夹角可表示为 $\varphi_o + \omega_i t + (2k\pi/n)$，其中，$k$ 为 $[0, n-1]$ 的整数。轴承系统轴心位移与 y 轴正方向夹角为 $\mathrm{sym}(z)\arctan(|y|/x)$，其中 sym(·)为提取正/负符号函数。

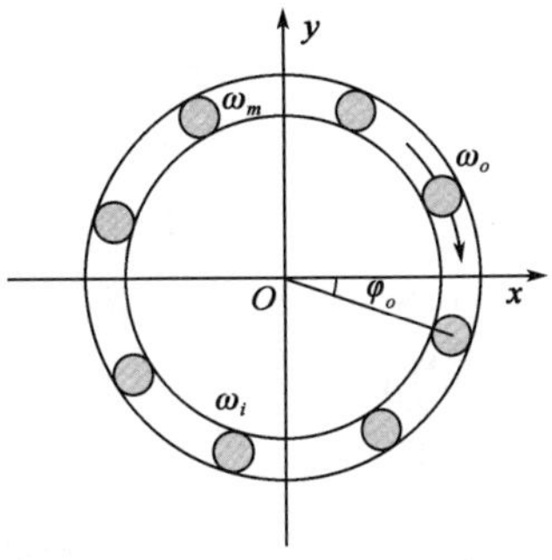

图 5-4 轴承的简化物理模型

当轴承的内圈外表面、外圈内表面或者滚子表面出现故障时，故障与其他表面接触会产生振动，这个振动可以用脉冲函数表示。当轴承以恒定的速度旋转时，脉冲函数会以一个固定频率周期性出现，这个频率由轴承的几何参数和轴承轴的旋转速率决定，不同部位的频率大小不一样，其计算公式如下：

$$f_o = \frac{D - d\cos A}{2D} \times Z \times f_n \tag{5-4}$$

$$f_i = \frac{D + d\cos A}{2D} \times Z \times f_n \tag{5-5}$$

$$f_b = \frac{D^2 - d^2\cos^2 A}{2Dd} \times f_n \tag{5-6}$$

式中：f_o——外圈的故障特征频率；

f_i——内圈的故障特征频率；

f_b——滚子的故障特征频率；

D——节圆直径；

d——滚子直径；

A——滚子接触角；

Z——滚子数量；

f_n——轴承内圈与外圈的相对转速频率。

故障特征频率是轴承故障很重要的特征。在轴承的故障初期，故障特征频率的能量小，很可能被其他信号覆盖，要从巨大能量的复合信号中提取出微弱能量的故障信号是轴承故障诊断的一个难题。如果从故障信号中找到了故障特征频率。那么轴承肯定有故障，因为特征频率是噪声干扰的可能性极小，目前通过频域分析诊断轴承故障的研究工作，几乎都在研究怎样从众多的信号中找到故障特征频率。

5.2 滚动轴承的非线性动力学模型

整个轴承系统受力分析包括外圈、滚子和内圈的受力分析，单个滚子受到内圈和外圈的作用力，内圈受到轴的径向载荷力和滚子的反作用力，外圈受到滚子和轴承座的作用力。内圈的径向载荷力是已知的，首先分析单个滚子在内圈载荷力传递下的运动方程，然后用滚子受到的力反推内圈和外圈的运动方程。

5.2.1 单个滚子的非线性动力学模型

如图 5-2 所示，先计算单个滚子在其法线方向上的受力。假设载荷力为 F，在承载区的第 k 个滚子与 x 轴的夹角为 θ_k，则在该方向上内圈传递给滚子的力为 $F(\theta_k)$。通过这个力可以计算内圈、外圈以及滚子在这个方向上的位移。假设第 k 个滚子内圈位移为 x_{k1}，滚子位移为 x_{k2}，外圈位移为 x_{k3}，则根据牛顿第二定理，有下式成立：

$$\begin{cases} m_i\ddot{x}_{k1} = F(\theta_k) - c_1x_{k1} - d_2(\dot{x}_{k1} - \dot{x}_{k2}) - c_2(x_{k1} - x_{k2}) \\ m_b\ddot{x}_{k2} = -c_2(x_{k1} + x_{k2}) - d_2(\dot{x}_{k2} - \dot{x}_{k1}) - c_3(x_{k2} - x_{k3}) - d_2(\dot{x}_{k2} - \dot{x}_{k3}) \\ m_o\ddot{x}_{k3} = -c_3(x_{k3} - x_{k2}) - d_3(\dot{x}_{k3} - \dot{x}_{k2}) - c_4x_{k3} \end{cases} \tag{5-7}$$

式中：c_1——内圈与轴之间的弹性系数；

c_2——内圈与滚子之间的弹性系数；

c_3——滚子与外圈之间的弹性系数；

c_4——外圈与轴承架之间的弹性系数；

d_2——内圈与滚子之间的阻尼系数；

d_3——滚子与外圈之间的阻尼系数；

m_i、m_b、m_o——轴承内圈、滚子和外圈的质量；

$F(\theta_k)$——载荷力在第 k 个滚子法线方向的分力。

整理式(5-7)可得：

$$\begin{cases} m_i\ddot{x}_{k1} + d_1\dot{x}_{k1} - d_1\dot{x}_{k2} + (c_1 + c_2)x_{k1} - c_2x_{k2} = F(\theta_k) \\ m_b\ddot{x}_{k2} - d_1\dot{x}_{k1} + (d_1 + d_2)\dot{x}_{k2} - d_2\dot{x}_{k3} - c_2x_{k1} + (c_2 + c_3)x_{k2} - c_3x_{k3} = 0 \\ m_o\ddot{x}_{k3} - d_2\dot{x}_{k2} + d_2\dot{x}_{k3} - c_3x_{k2} + (c_3 + c_4)x_{k3} = 0 \end{cases} \tag{5-8}$$

式(5-8)可以写为一般形式为：

$$M\ddot{X} + D\dot{X} + CX = Q \tag{5-9}$$

式中：$X = (x_{k1}, x_{k2}, x_{k3})'$；

$$M = \begin{bmatrix} m_i & 0 & 0 \\ 0 & m_b & 0 \\ 0 & 0 & m_o \end{bmatrix};$$

$$D = \begin{bmatrix} d_1 & -d_1 & 0 \\ -d_1 & d_1 + d_2 & -d_2 \\ 0 & -d_2 & d_2 \end{bmatrix};$$

$$C = \begin{bmatrix} c_1 + c_2 & -c_2 & 0 \\ -c_2 & c_2 + c_3 & -c_3 \\ 0 & -c_3 & c_3 + c_4 \end{bmatrix};$$

$$Q = \begin{bmatrix} F(\theta_k) \\ 0 \\ 0 \end{bmatrix}。$$

因为在上式中，矩阵 M、D、C、Q 都是已知的常数矩阵，所以式(5-8)是一个关于未知量 X 的含有3个未知量的二阶常微分方程组，解之可得在载荷作用力下内圈、滚子以及外圈的位移 x_{k1}、x_{k2}、x_{k3}。

式(5-8)的解析解是很难算出来的，而且也没有必要算出其解析解，现实应用中数值解就可以满足实际的需求。式(5-8)的数值解法主要有：Matlab 自带的常微分方程数值解法 ode23、ode45 等，龙格—库塔法，改进的 Newmark 时间积分技术，改进的 Newmark-β 方法等。除此之外，还可以把轴承的相关参数及公式导入专业的软件中去，利用软件建立轴承的模型，计算出轴承的位移信号振动信号。

5.2.2 轴承系统的非线性动力学模型

整个轴承系统的受力如图5-5所示。

图5-5是一个直观的力的相互作用关系模型。实际上，内圈、外圈都是圆形的。系统的振动是内圈、外圈和滚子相互作用的结果，上节中把单个滚子的受力模型推导了出来，这为内圈和外圈的受力模型推导奠定了基础。内圈受到轴的作用力和滚子的作用力，并且只有处于承载区的滚子，才会对内圈产生力的作用，而处于非承载区的滚子是不考虑与内圈、外圈之间力相互作用的；同样，外圈受到保持架与承载区滚子的作用力；轴承承载区的滚子受到内圈和外圈的作用力，因为角度不同，每个处于承载区的滚子在其法线方向上受到的力的大小不同，其位移也不相同。

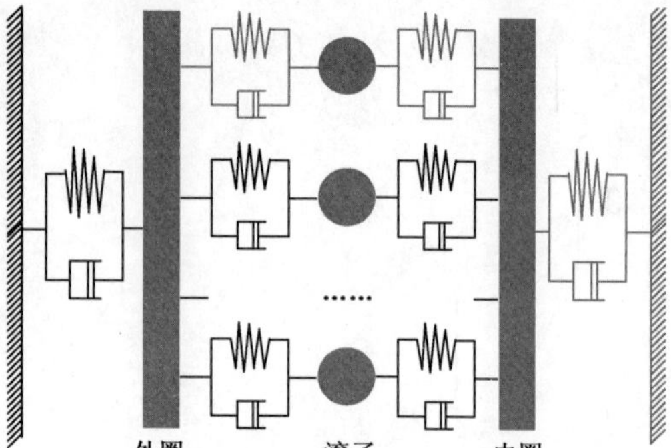

图 5-5　轴承外圈、内圈和滚子的接触模型

下面分别推导轴承系统内圈、外圈和滚子的非线性动力学模型。

1)内圈的非线性动力学方程

轴承内圈的受力主要是载荷力、滚子的作用力、细小的扰动力以及自身重力。因为自身重力是个不随时间变化而变化的常量,系统运转时一直存在,可以不考虑其对振动信号的影响。在载荷力、承载区滚子接触力的作用下,内圈在其法线方向上产生振动,如图 5-6 所示,其中滚子与内圈接触的虚线表示该滚子处于非承载区,实线表示该滚子处于承载区。

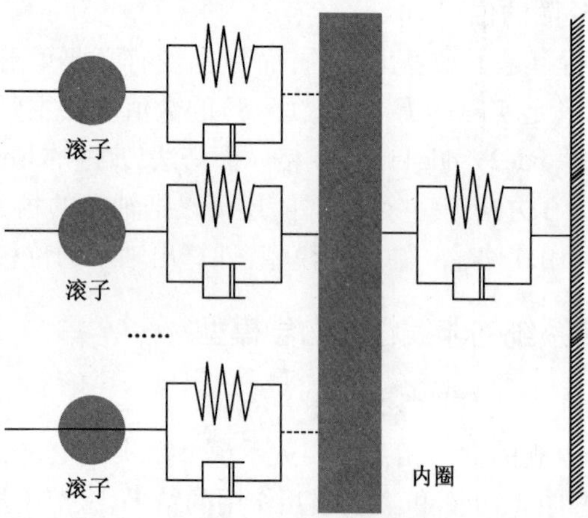

图 5-6　内圈受力分析图

因此,轴承内圈受力与位移的运动方程为:

$$\begin{cases} m_i\ddot{x} + 2D_1\dot{x} + 2k_1x = F_u \times \cos(\theta_k) + \sum_{k=1}^{n}\Lambda_k(\theta_k) \times \left(c_2x_{k1} + d_1\frac{d}{dt}x_{k1}\right)\cos(\theta_k) \\ m_i\ddot{y} + 2D_1\dot{y} + 2k_1y = F_u \times \sin(\theta_k) + F + \sum_{k=1}^{n}\Lambda_k(\theta_k) \times \left(c_2x_{k1} + d_1\frac{d}{dt}x_{k1}\right)\sin(\theta_k) \end{cases} \quad (5\text{-}10)$$

式中：m_i——内圈质量；

x——内圈轴心 x 轴位移；

y——内圈轴心 y 轴位移；

Λ_k——滚子是否处于承载区的判定函数；

θ_k——第 k 个滚子与 x 轴的实时夹角；

n——滚子数；

D_1——内圈与系统的综合阻尼，由内圈与轴、内圈滚子之间的阻尼以及承载区滚子数量决定；

k_1——内圈与系统之间的弹性系数，由内圈与轴、内圈滚子之间的弹性系数以及承载区滚子数量决定；

x_{k1}——内圈在其运动法线方向的位移；

F_u——轴承系统的扰动力；

F——径向载荷。

载荷在 x 轴方向的作用力是关于 y 轴对称的，相互抵消，因此 x 轴方向位移不受径向载荷力的影响。

2）外圈的非线性动力学方程

轴承外圈的受力主要是滚子的作用力、轴承座的支撑力、细小的扰动力和自身重力。同样，自身重力是个不随时间变化而变化的常量，可以不用考虑其对振动信号的影响。在载荷力、承载区滚子接触力的作用下，内圈在其法线方向上产生振动，如图 5-7 所示，其中滚子与内圈接触的虚线表示该滚子处于非承载区，实线表示该滚子处于承载区。

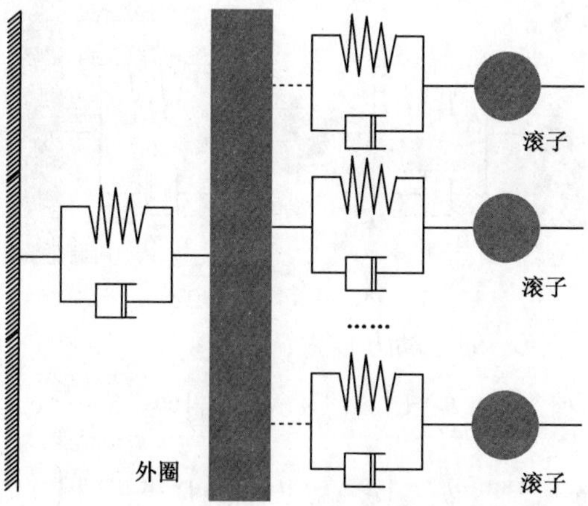

图 5-7 外圈受力分析图

因此,轴承外圈受力与位移的运动方程为:

$$\begin{cases} m_o\ddot{x} + 2D_2\dot{x} + 2k_2x = F_u \times \cos(\theta_k) + \sum_{k=1}^{n}\left(c_3x_{k2} + d_2\dfrac{d}{dt}x_{k2}\right) \times \cos(\theta_k) \\ m_o\ddot{y} + 2D_2\dot{y} + 2k_2y = F_u \times \sin(\theta_k) + \sum_{k=1}^{n}\left(c_3x_{k2} + d_2\dfrac{d}{dt}x_{k2}\right) \times \sin(\theta_k) \end{cases} \tag{5-11}$$

式中:m_o——外圈质量;

x——外圈轴心位移;

y——外圈轴心 y 轴位移;

θ_k——第 k 个滚子与 x 轴的实时夹角;

n——滚子数;

D_2——外圈与系统的综合阻尼,由外圈与轴承座、外圈与滚子之间的阻尼以及承载区滚子数量决定;

k_2——外圈与系统之间的弹性系数,由内圈与轴、内圈滚子之间的弹性系数以及承载区滚子数量决定;

x_{k2}——外圈在其运动法线方向的位移;

F_u——轴承系统的扰动力。

3)滚子的非线性动力学方程

轴承滚子的受力主要包括内圈作用力、外圈作用力、细小的扰动力和自身重力。自身重力是个不随时间变化而变化的常量,可以不用考虑其对振动信号的影响。在内圈作用力、外圈作用力、细小的扰动力作用下,第 k 个滚子在其法线方向上产生振动,如图 5-8 所示。

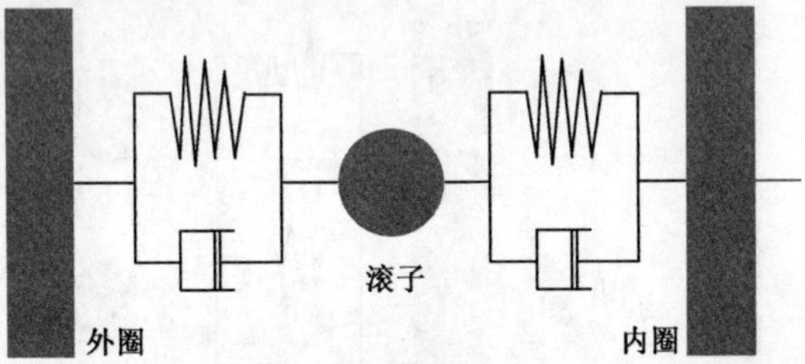

图 5-8　滚子受力分析图

则滚子的受力与位移的运动方程为:

$$\begin{cases} m_b\ddot{x} + D_3\dot{x} + k_3x = 2F_u \times \cos(\theta_k) + \left(c_2x_{k1} + d_2\dfrac{d}{dt}x_{k1}\right)\cos(\theta_k) + \left(c_3x_{k3} + d_3\dfrac{d}{dt}x_{k3}\right)\cos(\theta_k) \\ m_b\ddot{y} + D_3\dot{y} + k_3y = 2F_u \times \sin(\theta_k) + \left(c_2x_{k1} + d_2\dfrac{d}{dt}x_{k1}\right)\sin(\theta_k) + \left(c_3x_{k3} + d_3\dfrac{d}{dt}x_{k3}\right)\sin(\theta_k) \end{cases} \tag{5-12}$$

式中：m_b——滚子质量；

x——滚子法向 x 轴位移；

y——滚子法向 y 轴位移；

θ_k——第 k 个滚子与 x 轴的实时夹角；

D_3——滚子与系统的综合阻尼，由滚子与轴承内、外圈的阻尼决定；

k_3——滚子与系统之间的弹性系数，由滚子与轴承内外圈的弹性系数决定；

x_{k1}——内圈在其运动法线方向的位移；

x_{k3}——外圈在其运动法线方向的位移；

F_u——轴承系统的扰动力。

5.2.3 含有单表面故障的轴承系统的非线性动力学模型

1）内圈有故障的轴承非线性动力学模型

轴承内圈如果发生故障，当内圈故障点与滚子在承载区接触时会产生一个冲击 I_d。构建轴承内圈的非线性动力学模型时，必须准确判定冲击函数 I_d 发生的时间和持续的时间，本文模型先考虑 I_d 发生的时间，持续时间模型以后再完善。I_d 的发生时间与两个因素相关，第一，故障点是否处于承载区，第二，内圈故障是否与滚子发生接触。为了判定故障点是否处于承载区，引入判定函数 $\Lambda_i(t)$；判定故障点是否与滚子发生接触，引入判定函数 $S_i(t)$；在非承载区即使故障点与滚子发生接触，也不会出现脉冲，因此包含了内圈故障信息的轴承内圈的运动方程为：

$$\begin{cases} m_i\ddot{x} + 2c_1\dot{x} + 2k_1 x = F_u \times \cos(\theta_k) + \\ \Lambda_i(t)S_i(t) \times I_d\cos\theta_k + \sum\limits_{k=1}^{n}\Lambda_k(\theta_k) \times \left(c_2 x_{k2} + d_1 \dfrac{\mathrm{d}}{\mathrm{d}t}x_{k2}\right)\cos(\theta_k) \\ m_i\ddot{y} + 2c_1\dot{y} + 2k_1 y = F_u \times \sin(\theta_k) + \\ F + \Lambda_i(t)S_i(t) \times I_d\sin\theta_k + \sum\limits_{k=1}^{n}\Lambda_k(\theta_k) \times \left(c_2 x_{k2} + d_1 \dfrac{\mathrm{d}}{\mathrm{d}t}x_{k2}\right)\sin(\theta_k) \end{cases} \tag{5-13}$$

下面确定判定函数 $\Lambda_i(t)$ 和 $S_i(t)$。

首先计算 $\Lambda_i(t)$。假设在 t_0 时刻，轴承内圈故障点刚好进入承载区，内圈旋转角速度为 w_i，承载区与 x 轴交角为 θ，如图 5-3 所示，则：

$$\Lambda_i(t)=\begin{cases}1 & t_0+k\times\dfrac{2\pi}{w_i}\leqslant t\leqslant t_0+k\times\dfrac{2\pi}{w_i}+\dfrac{\pi-2\theta}{w_i}\\[2ex] 0 & t_0+k\times\dfrac{2\pi}{w_i}+\dfrac{\pi-2\theta}{w_i}<t<t_0+(k+1)\times\dfrac{2\pi}{w_i}\end{cases}\qquad(k=0,1,2,3\cdots)$$

(5-14)

$\Lambda_i(t)$取值为1时，表示内圈故障点处于承载区，$\Lambda_i(t)$取值为0时，表示内圈故障点处于非承载区。

下面确定函数$S_i(t)$。假设在t_0时刻，内圈故障点与某个滚子接触，设故障点与下一个滚子的接触发生在t_1时刻，则有：

$$w_i(t_1-t_0)-\frac{w_i(t_1-t_0)r_i}{r_i+2r_b}=\frac{2\pi}{n}\tag{5-15}$$

解之得：

$$t_1=t_0+\frac{(r_i+2r_b)\pi}{nw_ir_b}\tag{5-16}$$

即内圈故障点与滚子接触的时间间隔为：

$$\frac{(r_i+2r_b)\pi}{nw_ir_b}$$

式中：r_i——内圈半径；

r_b——滚子半径；

n——滚子数。

假设内圈故障在其切线方向上的长度为l，轴承内圈半径为r_i，则内圈故障的圆心角为$2\arcsin(l/2r_i)$，即内圈故障点与滚子的接触的圆心角为$2\arcsin(l/2r_i)$，内圈在以角速度w_i旋转过程中，滚子也在旋转，其旋转角速度为$w_ir_i/(r_i+2r_b)$，于是，某个滚子经过故障点的时间为$2\arcsin(l/2r_i)/[w_i-w_ir_i/(r_i+2r_b)]$，即$(r_i+2r_b)\arcsin(l/2r_i)/(r_bw_i)$。因此假设$t_0$时刻内圈与滚子接触，则判定函数为：

$$S_i(t)=\begin{cases}1 & t_0+\dfrac{(r_i+2r_b)\pi}{nw_ir_b}k<t\leqslant t_0+\dfrac{(r_i+2r_b)\pi}{nw_ir_b}k+\dfrac{(r_i+2r_b)\arcsin\left(\dfrac{l}{2ri}\right)}{r_bw_i}\\[3ex] 0 & t_0+\dfrac{(r_i+2r_b)\pi}{nw_ir_b}k+\dfrac{(r_i+2r_b)\arcsin\left(\dfrac{l}{2ri}\right)}{r_bw_i}<t\leqslant t_0+\dfrac{(r_i+2r_b)\pi}{nw_ir_b}(k+1)\end{cases}$$

(5-17)

$$k = 0,1,2,3,4,\cdots$$

$S_i(t)$取值为1时，表示内圈故障点与滚子发生接触，$S_i(t)$取值为0时，表示内圈故障点与滚子不发生接触。

2）外圈有故障的轴承非线性动力学模型

如果轴承外圈发生故障，且故障点不在承载区，则即使滚子与故障点接触也不产生冲击；假设故障发生在承载区，则外圈故障点与滚子接触时会产生一个冲击 I_d。为了判定故障点是否与滚子发生接触，引入判定函数 $S(t)$；因此包含了外圈故障信息的轴承的运动方程为：

$$\begin{cases} m_0\ddot{x} + 2c_4\dot{x} + 2k_4x = F_u \times \cos(\theta_k) + \\ S_o(\theta_k) \times I_d \times \cos(\theta_k) + \sum_{k=1}^{n}\left[c_3x_{k2} + d_2\dfrac{\mathrm{d}}{\mathrm{d}t}x_{k2}\right] \times \cos(\theta_k) \\ m_0\ddot{y} + 2c_4\dot{y} + 2k_4y = F_u \times \sin(\theta_k) + \\ S_o(\theta_k) \times I_d \times \sin(\theta_k) + \sum_{k=1}^{n}\left[c_3x_{k2} + d_2\dfrac{d}{\mathrm{d}t}x_{k2}\right] \times \sin(\theta_k) \end{cases} \tag{5-18}$$

下面确定判定函数 $S_o(\theta_k)$。

轴承外圈固定，内圈以角速度 w_i旋转，假设在 t_0时刻，外圈故障点与某个滚子接触，设故障点与下一个滚子的接触发生在 t_1时刻，则有：

$$\frac{w_i(t_1 - t_0)r_i}{r_o} = \frac{2\pi}{n}$$

解之得：

$$t_1 = t_0 + \frac{r_o \times 2\pi}{nw_ir_i} \tag{5-19}$$

即内圈故障点与滚子接触的时间间隔为：

$$\frac{2\pi r_o}{nw_ir_i}$$

式中：r_o——外圈半径；

　n——滚子数。

假设外圈故障在其切线方向上的长度为 l，轴承外圈半径为 r_o，则外圈故障的圆心角为 $2\arcsin(l/2r_o)$，即外圈圈故障点与滚子的接触的圆心角为 $2\arcsin(l/2r_o)$，内圈在以角速度 w_i旋转过程中，滚子也在旋转，其旋转角速度为 $w_ir_i/(r_i+r_b)$，于是，某个滚子经过故障点的时间为 $2\arcsin(l/2r_o)/[w_ir_i/(r_i+r_b)]$，即 $2(r_i+r_b)\arcsin(l/2r_o)/(r_iw_i)$。因此假设 t_0时刻外圈与滚子接触，则判定函数为

$$
S_{\text{out}}(t)\begin{cases}1 & t_0+\dfrac{2r_o\pi}{nw_ir_i}k<t\leqslant t_0+\dfrac{2r_o\pi}{nw_ir_i}k+\dfrac{2(r_i+r_b)\arcsin\left(\dfrac{l}{2r_o}\right)}{r_iw_i}\\[2ex] 0 & t_0+\dfrac{2r_o\pi}{nw_ir_i}k+\dfrac{2(r_i+r_b)\arcsin\left(\dfrac{l}{2r_o}\right)}{r_iw_i}<t\leqslant t_0+\dfrac{2r_o\pi}{nw_ir_i}(k+1)\end{cases} \tag{5-20}
$$

$$
k=0,1,2,3,4,\cdots
$$

5.3 动力学仿真试验结果分析

试验的轴承为三种含有单表面故障的滚动轴承，主要的轴承参数及系统参数数值为：轴承的内圈质量为4.75kg，内圈半径为60mm；外圈质量为8.94kg，外圈半径为107.5mm；滚子质量为0.190kg，滚子半径为18mm，滚子数量为16；轴承旋转过程中，固定外圈，内圈转速为72r/min；轴承承受径向载荷为8.43kN；系统中所有阻尼都为50；内圈与轴之间、外圈与保持架之间的弹性系数为50kN/m；内圈、外圈与滚子之间的弹性系数为0.5kN/m；采样频率为1 000Hz；故障冲击力的大小为0.5倍的径向载荷力。

对于前一节所述的，地铁轴承故障仿真模型，本书用四阶龙格—库塔法解模型对应的微分方程。龙格—库塔法的解法思想如下。

假设一阶偏微分方程初值问题如下：

$$
y'=f(t,y),y(t_0)=y_0 \tag{5-21}
$$

则对于这个微分方程的四阶龙格—库塔的解如下方程给出：

$$
y_{n+1}=y_n+\frac{h}{6}(k_1+2k_2+2k_3+k_4) \tag{5-22}
$$

其中：

$$
k_1=f(t_n,y_n) \tag{5-23}
$$

$$
k_2=f\left(t_n+\frac{h}{2},y_n+\frac{h}{2}k_1\right) \tag{5-24}
$$

$$
k_3=f\left(t_n+\frac{h}{2},y_n+\frac{h}{2}k_2\right) \tag{5-25}
$$

$$
k_4=f(t_n+h,y_n+hk_3) \tag{5-26}
$$

这样，就得到了微分方程的数值解。对于前述的微分方程组，应用四阶龙格—库塔法就可以计算出仿真信号。

1）内圈故障仿真

在式(5-10)、式(5-13)中代入上述参数，用四阶龙格—库塔法解微分方程，即可得到内圈的无故障仿真信号和故障仿真信号。时长取10s,则得到的内圈无故障位移、振动仿真信号分别如图5-9、图5-10所示。

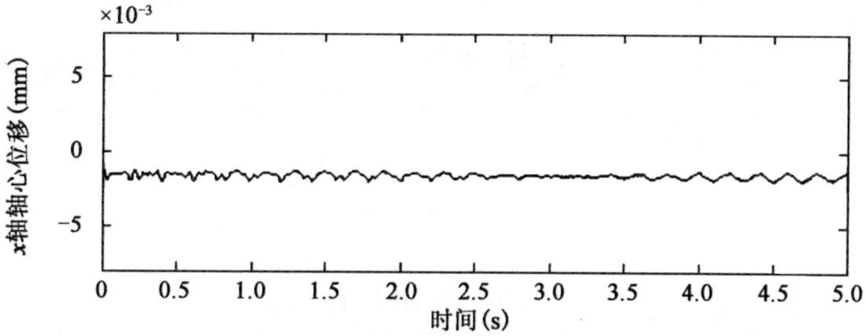

a)内圈x轴正常位移仿真信号

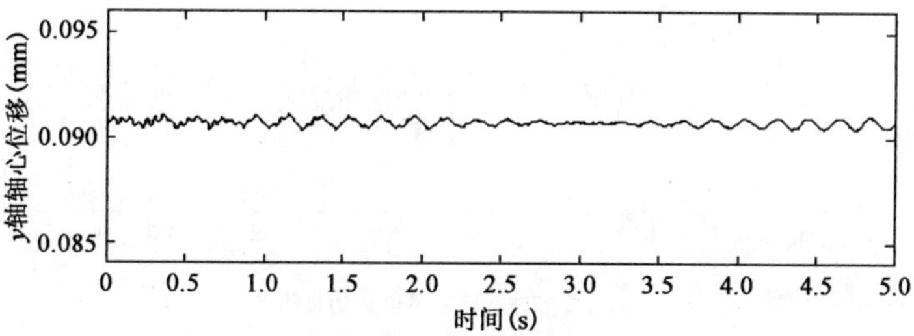

b)内圈y轴正常位移仿真信号

图5-9 内圈无故障位移仿真信号

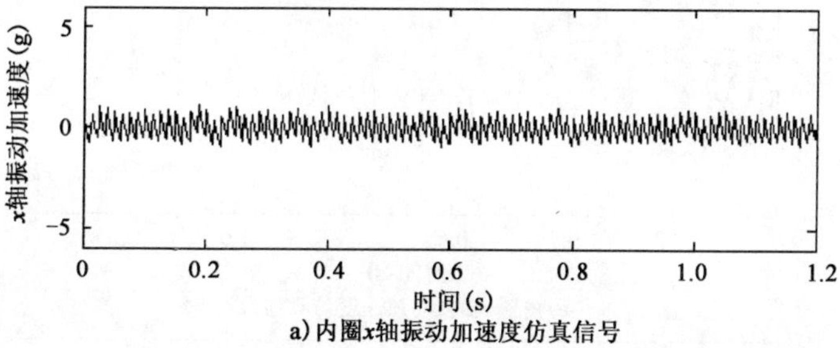

a)内圈x轴振动加速度仿真信号

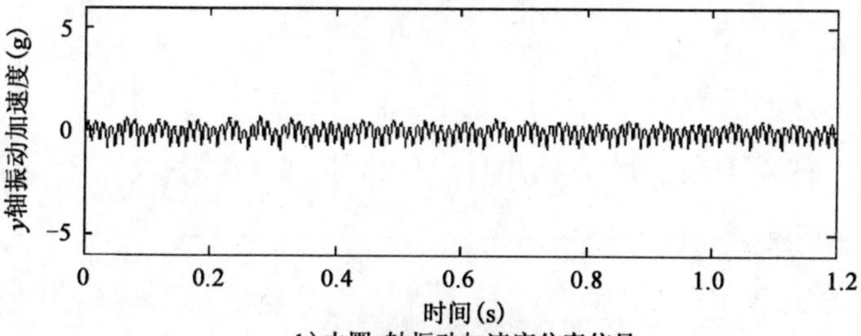

b)内圈y轴振动加速度仿真信号

图5-10 内圈无故障振动加速度仿真信号

内圈故障位移、振动加速度仿真信号如图 5-11、图 5-12 所示。

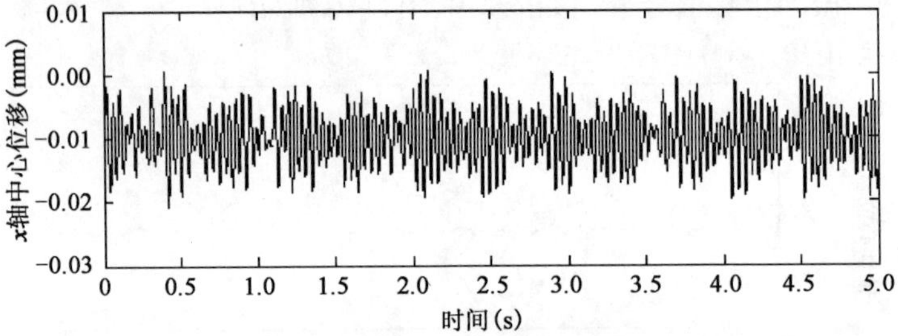

a) 内圈x轴故障位移仿真信号

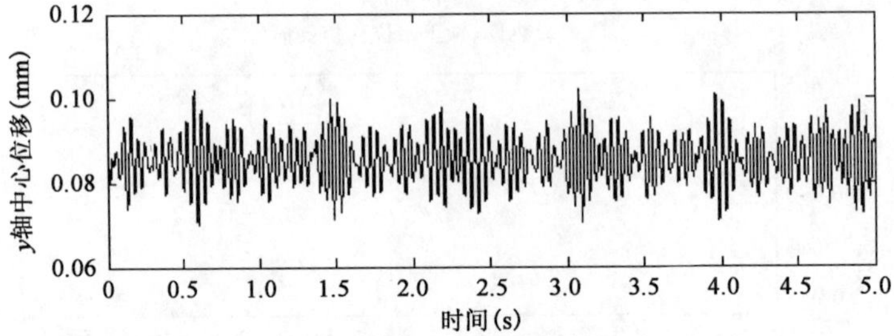

b) 内圈y轴故障位移仿真信号

图 5-11　内圈故障位移仿真信号

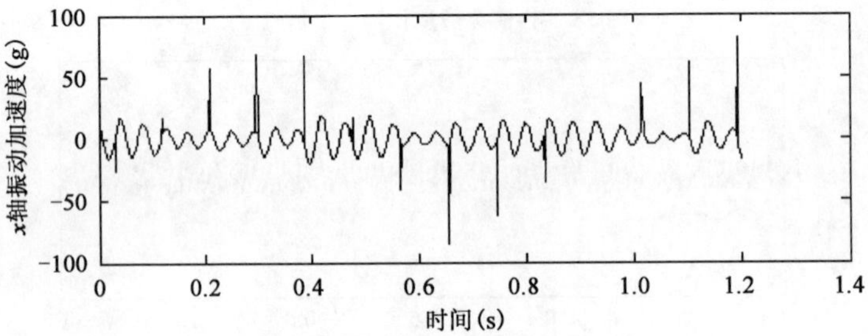

a) 内圈x轴振动加速度仿真信号

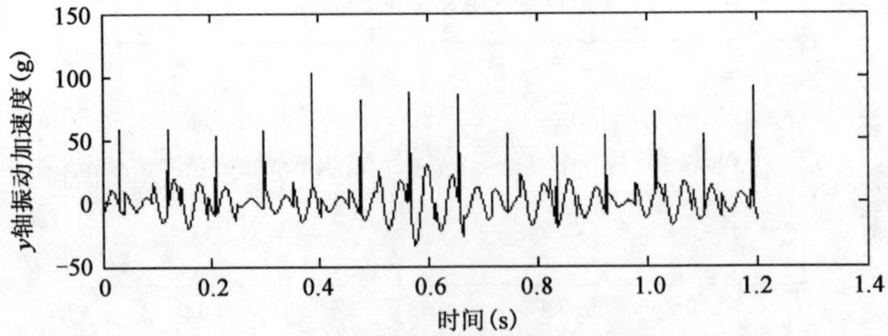

b) 内圈y轴振动加速度仿真信号

图 5-12　内圈故障振动加速度仿真信号

对比图 5-9 和图 5-11，当模型中有故障时，轴承内圈的振动位移信号的幅值明显变大；对比图 5-10 和图 5-12，当模型中有故障时，轴承内圈的振动加速度信号的幅值明显变大，而且有明显的冲击。

2）外圈故障仿真

在式（5-11）、式（5-17）中代入参数，用四阶龙格—库塔法解微分方程，即可得到外圈的无故障仿真信号和故障仿真信号。时长取 10s，则得到的外圈无故障位移、振动仿真信号分别如图 5-13、图 5-14 所示。

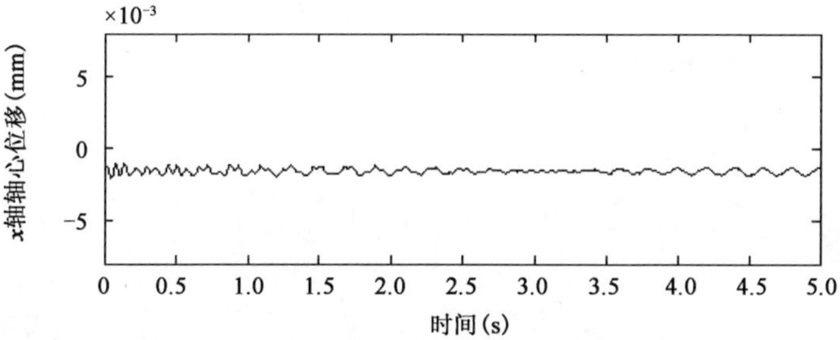

a）外圈x轴正常位移仿真信号

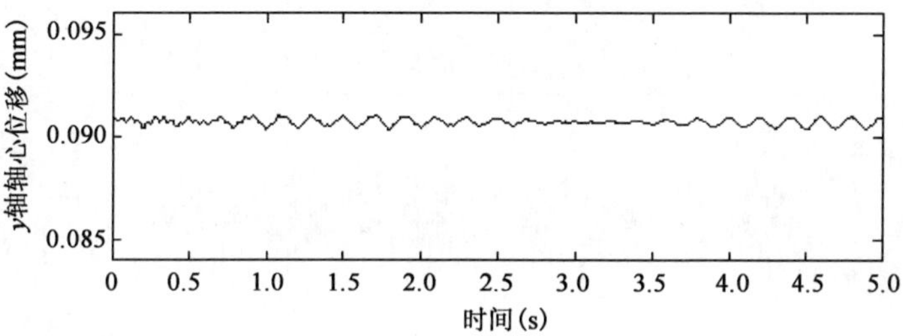

b）外圈y轴正常位移仿真信号

图 5-13　外圈无故障位移仿真信号

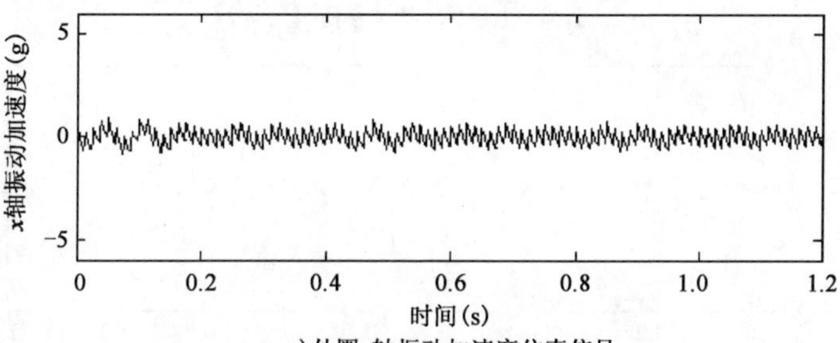

a）外圈x轴振动加速度仿真信号

图　5-14

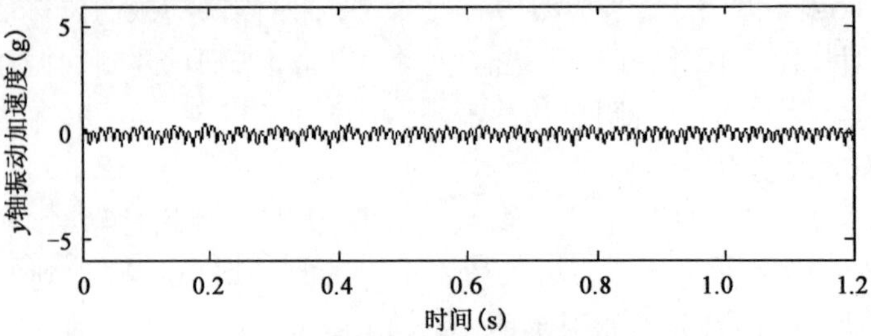

b)外圈y轴振动加速度仿真信号

图 5-14　外圈无故障振动加速度仿真信号

外圈故障位移、振动加速度仿真信号如图 5-15、图 5-16 所示。

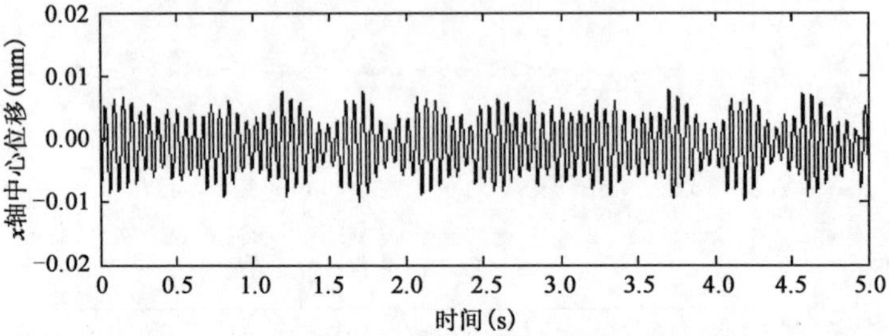

a)外圈x轴故障位移仿真信号

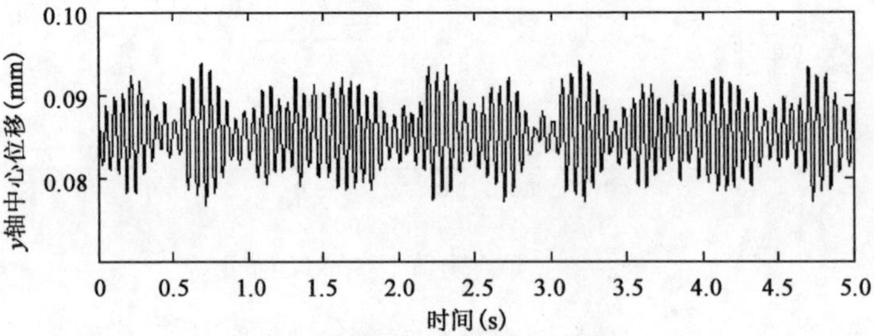

b)外圈y轴故障位移仿真信号

图 5-15　外圈故障位移仿真信号

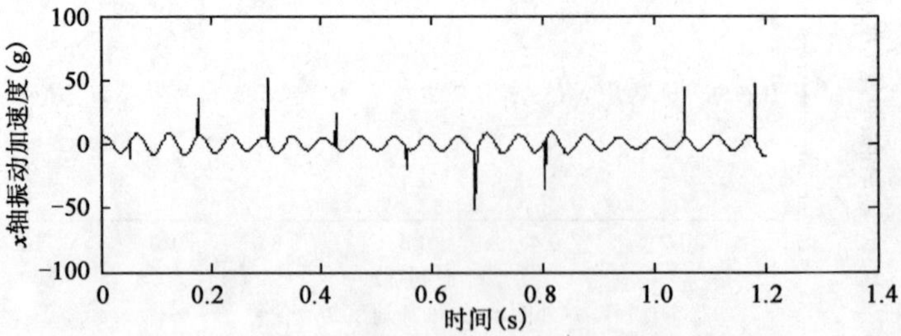

a)外圈y轴振动加速度仿真信号

图　5-16

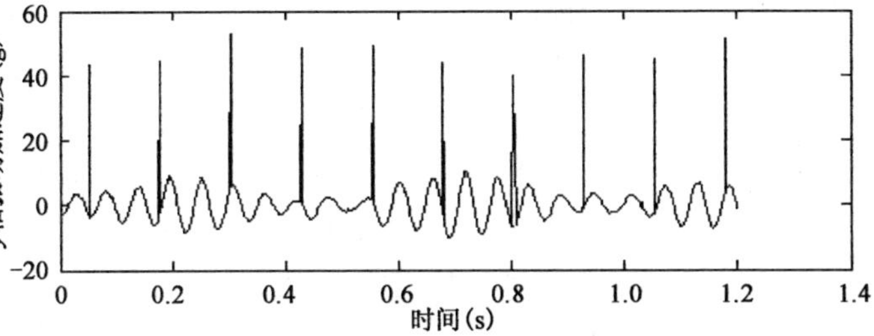

b)外圈y轴振动加速度仿真信号

图 5-16 外圈故障振动加速度仿真信号

对比图 5-13 和图 5-15,当模型中有故障时,轴承外圈的振动位移信号的幅值明显变大;对比图 5-14 和图 5-16,当模型中有故障时,轴承外圈的振动加速度信号的幅值明显变大,且出现了明显的冲击,这与轴承运转的实际情况是吻合的。

5.4 轴承非线性动力学故障模型系统参数的估计

在上面的模型当中,由于没有试验条件,许多参数,如弹性系数、阻尼系数等是根据轴承材料的属性、借鉴以前参数、专家经验和结果分析得到的,在以后的研究中如果试验条件允许,这些参数的确定可以通过参数估计的方法获得。

参数估计[3]是指在已知系统模型结构时,根据研究对象的输入及其响应确定其模型中各个参数数值的计算过程。参数估计(Parameter Estimation)是指根据从总体中抽取的样本估计总体分布中包含的未知参数的方法,需要根据手中的数据,分析或推断数据反映的本质规律,根据样本数据选择统计量去推断总体的分布或数字特征等。统计推断是指根据样本对总体分布或分布的数字特征等做出合理的推断,它是统计推断的一种基本形式,是数理统计学的一个重要分支,分为点估计和区间估计两部分。18 世纪末,Gauss 首先提出参数估计的方法,20 世纪 60 年代,随着电子计算机的普及,参数估计有了飞速的发展,在仿真中起着越来越重要的作用,具体方法包括最小二乘法、极大似然法、极大验后法、最小风险法和极小化极大熵法等。在一定条件下,后面三个方法都与极大似然法相同。最基本的方法是最小二乘法和极大似然法。

5.4.1 最小二乘法

最小二乘法是 19 世纪初 Guass 计算行星轨道时所创立的,发表于著作《天体运行论》中。最小二乘法又称最小平方法,是一种数学优化技术,它通过最小化误差的平方和寻找数据的最佳函数匹配。最小二乘法[4-6]是通过简单的方法估计系统固有的参数值,并使估计值与测量值之间误差的平方和为最小。

下面介绍怎样用最小二乘法估计参数。最小二乘法基本原理是:给定一组实测数据 $x_i, y_i(i=1,2,\cdots,n)$,试找出一条最佳的拟合曲线,使得这条拟合曲线上各点的值与测量值的差的平方和在所有拟合曲线中最小,具体算法实现如下。

用线性曲线拟合实测数据$(x_1,y_1,x_2,y_2,\cdots,x_m,y_m)$,首先假设直线方程为 $y_{ii}=a+bx_i$,其中 a 和 b 为需要计算的未知实数,x_i为 x 轴坐标值,y_{ii}为拟合曲线的理论计算值。令 $\varphi=\sum(y_{ii}-y_j)^2$,则 $\varphi=\sum(y_{ii}-y_j)^2=\varphi=\sum(a+bx_i-y_j)^2$,其中,$y_j$为 x_j坐标对应的实测值。

根据极值原理,令:

$$\begin{cases}\dfrac{\partial\varphi}{\partial a}=2\times\sum(a+bx_i-y_i)=0\\[2ex]\dfrac{\partial\varphi}{\partial b}=2\times x_i\times\sum(a+bx_i-y_i)\times x_i=0\end{cases}\tag{5-27}$$

即:

$$\begin{cases}n\times a+(\sum\limits_{i=1}^{n}x_i)\times b=\sum\limits_{i=1}^{n}y_i\\[2ex](\sum\limits_{i=1}^{n}x_i)\times a+(\sum\limits_{i=1}^{n}x_i^2)\times b=\sum\limits_{i=1}^{n}(x_i\times y_i)\end{cases}\tag{5-28}$$

解方程组可以得到:

$$\begin{cases}a=\dfrac{\sum_{i=1}^{n}y_i}{n}-b\times\dfrac{(\sum\limits_{i=1}^{n}x_i)}{n}\\[3ex]b=\dfrac{[n\times\sum_{i=1}^{n}(x_i\times y_i)-\sum_{i=1}^{n}x_i\times\sum_{i=1}^{n}y_i]}{[n\times\sum_{i=1}^{n}x_i^2-(\sum_{i=1}^{n}x_i)^2]}\end{cases}\tag{5-29}$$

于是,得到了用最小二乘法拟合实测数据$(x_1,y_1,x_2,y_2,\cdots,x_m,y_m)$的线性方程为 $y=ax+b$。

5.4.2 极大似然估计

极大似然估计,又称极大概似估计,是建立在极大似然原理基础上的一种统计方法,它用来求一个样本集的相关概率密度函数的参数。其直观概念是:在一个随机试验中,有许多可能出现的结果分别为 $A,B,C,D,\cdots$,如果在一次试验中,结果 A 出现,则认为试验条件对 A 出现有利,也即 A 出现的概率最大。求极大似然估计值一般步骤分为以下三步。

(1)由总体分布导出样本的联合概率函数(或联合密度),把参数看作自变量,得到似然函数;

(2)对似然函数取负对数得到其目标函数;

(3)求目标函数极小值,并解似然方程。

下面介绍对系统的参数估计过程。一般系统可用以下等状态方程、观测方程和测量方程表示出来。

$$\begin{aligned} X(t) &= f[X(t),U(t),\theta] \\ Y(t) &= g[X(t),U(t),\theta] \\ Z(t_k) &= Y(t_k) + w(t_k) \end{aligned} \tag{5-30}$$

式中:$X(t)$——状态向量;

$Y(t)$——观测向量;

$U(t)$——输入向量;

θ——待估计的未知参数向量;

$Z(t_k)$——对 $Y(t)$ 进行采样所得的测量向量,$k=1,2,\cdots,N$;

$w(t_k)$——协方差矩阵为 Ω 的零均值高斯白噪声向量;

t_k——采样时刻。

取 N 组独立的测量向量 $Z(t_1),Z(t_2),\cdots,Z(t_N)$,则有似然函数:

$$P = \left(\frac{1}{\sqrt{(2n)^m}}\right)^N e^{\frac{-1}{2}}\sum_{k=1}^{N}|[Z(t_k) - Y(t_k)]^{\mathrm{T}}\Omega^{-1}[Z(t_k) - Y(t_k)]| \tag{5-31}$$

其中,m 为向量的维数。取似然函数的负对数则有:

$$J(\theta) = -\ln P = \frac{1}{2}\sum_{k=1}^{N}|[Z(t_k) - Y(t_k)]^{\mathrm{T}}\Omega^{-1}[Z(t_k) - Y(t_k)]| + \frac{N}{2}\ln|\Omega| + C \tag{5-32}$$

要使 J 极小,则必有 $\frac{\partial J}{\partial \Omega}=0$,可得:

$$\Omega = \frac{1}{N}\sum_{k=1}^{N}|[Z(t_k) - Y(t_k)]^{\mathrm{T}}\Omega^{-1}[Z(t_k) - Y(t_k)]| = D(\theta) \tag{5-33}$$

其中,$D(\theta)$ 为误差函数 $\{w(k,\theta)\}$ 的样本协方差,于是 $J(\theta)$ 等价于 $J_2(\theta)=\lg[\det D(\theta)]$,$J_2(\theta)$ 为极小化目标函数。这样极大似然估计问题就转化成误差的最小值问题。将极大似然问题转化之后的优势是单个具体数值范围对参数的影响降低。

5.4.3 轴承非线性动力学模型的系统参数分析

在本章,因为滚动轴承的非线性系统动力学模型的输入输出没有实测值,所以不能通过参数估计的方法确定轴承的相关参数值,参数估计问题是以后工作的重点。本书借鉴了别的研究人员的相关研究成果,并在此基础上,通过试验仿真结果,确定系统模型的相关参数。

轴承的弹性系数,内圈和轴之间为钢与钢之间的过盈配合,外圈与轴承座之间也是钢与钢之间的接触,因此弹性系数很大,而滚子与内圈、外圈之间有一层润滑油,所以弹性系数较小。弹性系数与阻尼系数之间也有一定的关系。根据查阅的一些资料取定内圈与轴、外圈与轴承座之间的弹性系数设为50 000N/m,滚子与内圈、外圈之间的弹性系数设为500N/m,研究阻尼对模型的影响。如果阻尼取值20N·s/m,则外圈正常仿真信号的位移和振动信号如图5-17、图5-18所示。

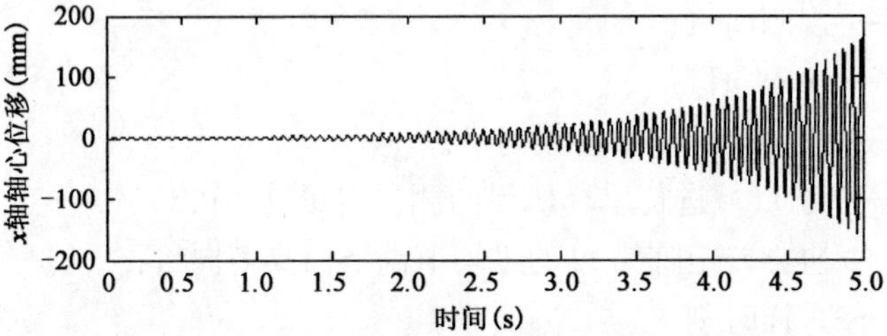

a)外圈x轴正常位移仿真信号

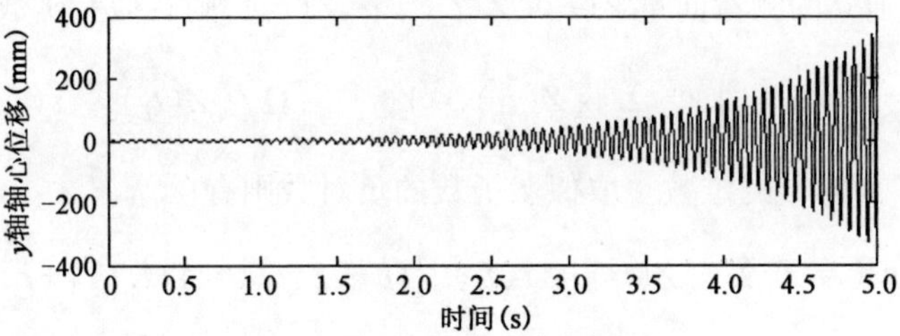

b)外圈y轴正常位移仿真信号

图5-17 阻尼为20N·s/m外圈位移仿真信号

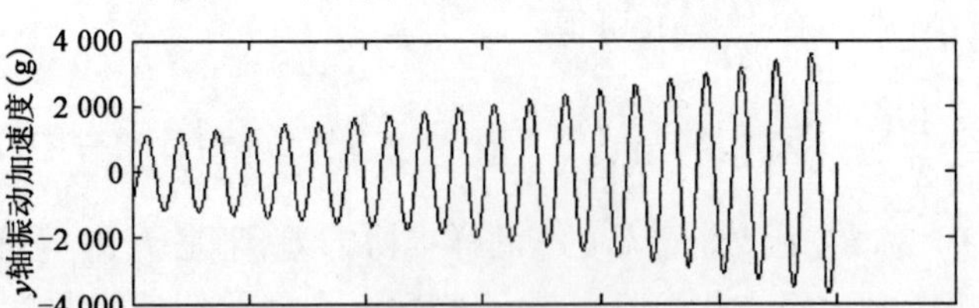

a)外圈x轴振动加速度仿真信号

图 5-18

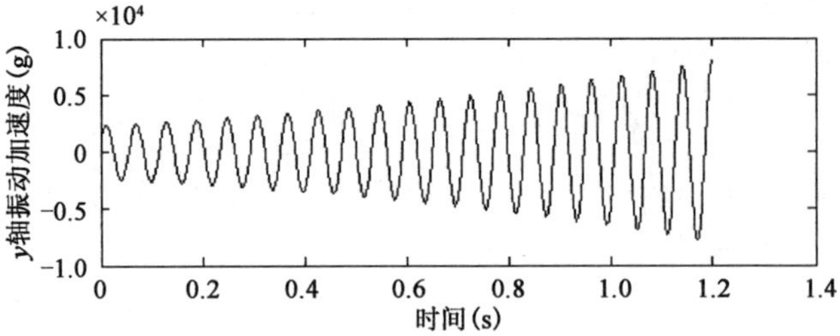

b) 外圈y轴振动加速度仿真信号

图 5-18 阻尼为 20N · s/m 时外圈振动加速度仿真信号

由图 5-17 和图 5-18 可见，阻尼 $c = 20\text{N} \cdot \text{s/m}$ 时，从正常外圈的仿真信号看，位移和振动信号都是发散的。位移信号从 1.5s 开始，不仅发散，而且其绝对值也超出了实际轴承游隙的设定值。将阻尼值增大为 29N · s/m，则外圈正常仿真信号的位移和振动信号如图 5-19、图 5-20 所示。

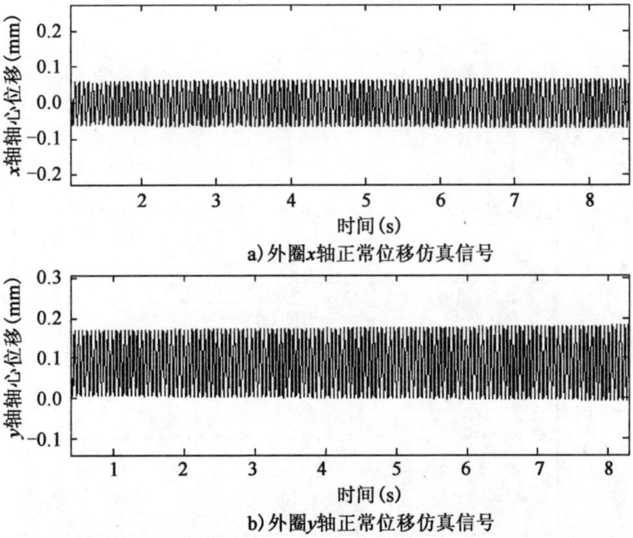

图 5-19 阻尼为 29N · s/m 时外圈位移仿真信号

由图 5-19 和图 5-20 可见，阻尼 $c = 29\text{N} \cdot \text{s/m}$ 时，从外圈正常的仿真信号看，位移和振动信号都是已经不发散了，并且有了周期性的特点，与理论值比较接近。继续增加阻尼，令阻尼 $c = 50\text{N} \cdot \text{s/m}$ 时，则外圈正常仿真信号的位移和振动信号如图 5-21、图 5-22 所示。

由图 5-21 和图 5-22 可见，阻尼 $c = 50\text{N} \cdot \text{s/m}$ 时，从外圈正常的仿真信号看，位移和振动信号已经收敛了，周期性的特点更明显，但是信号的位移和振动

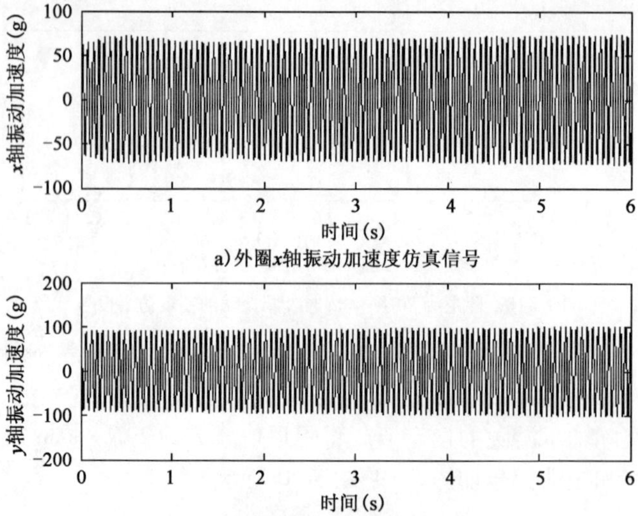

a) 外圈x轴振动加速度仿真信号

b) 外圈y轴振动加速度仿真信号

图 5-20　阻尼为 29N · s/m 时外圈振动加速度仿真信号

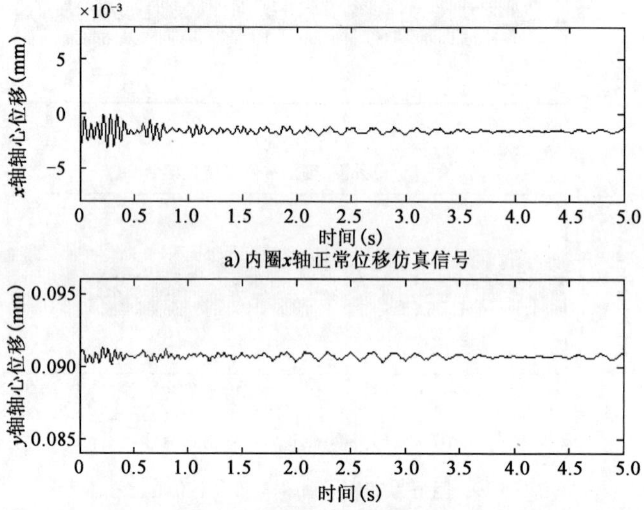

a) 内圈x轴正常位移仿真信号

b) 内圈y轴正常位移仿真信号

图 5-21　阻尼为 50N · s/m 时外圈位移仿真信号

加速度的幅值都大为减小。继续增大阻尼，将阻尼设为 $c = 90$N · s/m 时，则外圈仿真信号的位移和振动信号如图 5-23、图 5-24 所示。

由图 5-23 和图 5-24 可见，阻尼 $c = 90$N · s/m 时，从外圈正常的仿真信号看，位移和振动信号已经收敛了，周期性的特点更明显，但是位移和振动加速度仿真信号的幅值都很低,只有 0.03mm 左右,这与现实不合。

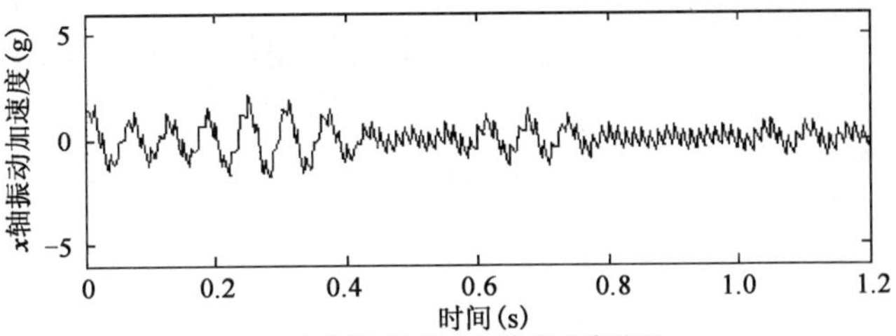

a)外圈x轴振动加速度仿真信号

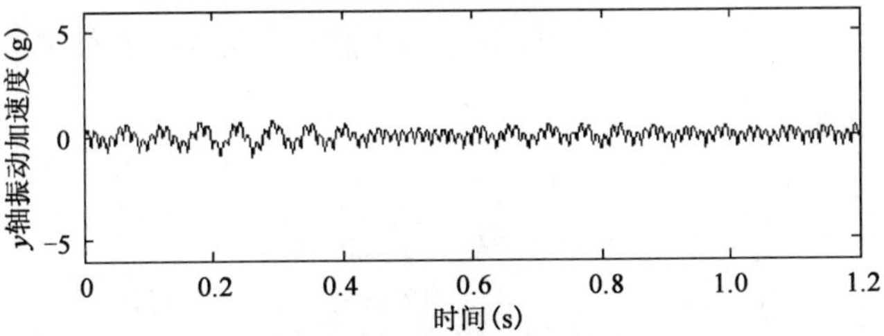

b)外圈y轴振动加速度仿真信号

图 5-22 阻尼 =50N · s/m 外圈振动加速度仿真信号

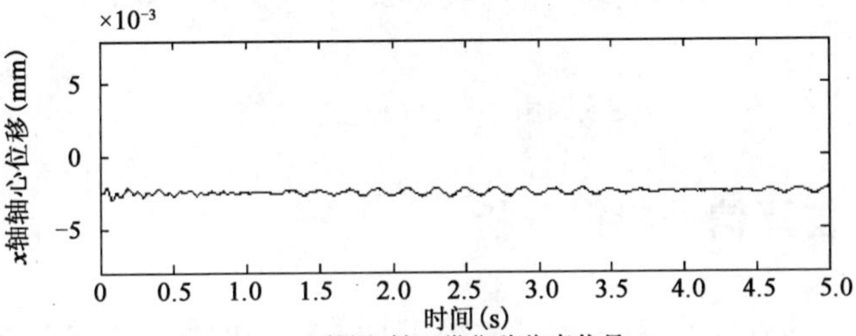

a)外圈x轴正常位移仿真信号

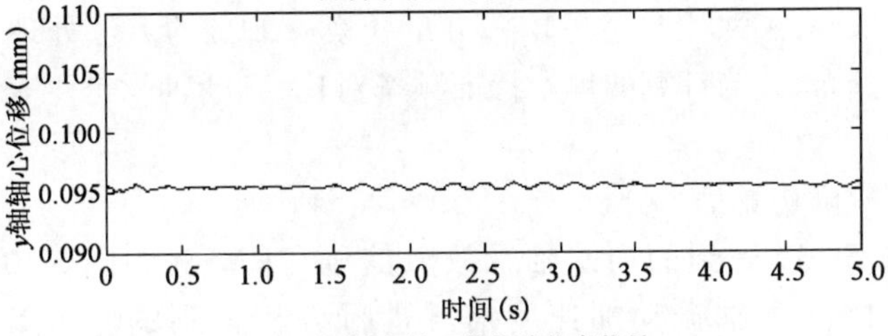

b)内圈y轴正常位移仿真信号

图 5-23 阻尼为 90N · s/m 时外圈位移仿真信号

对比阻尼分为 20N · s/m、29N · s/m、50N · s/m 和 90N · s/m 的滚动轴承外圈位移和振动信号可知,模型中如果固定弹性系数不变,则阻尼的设定有个

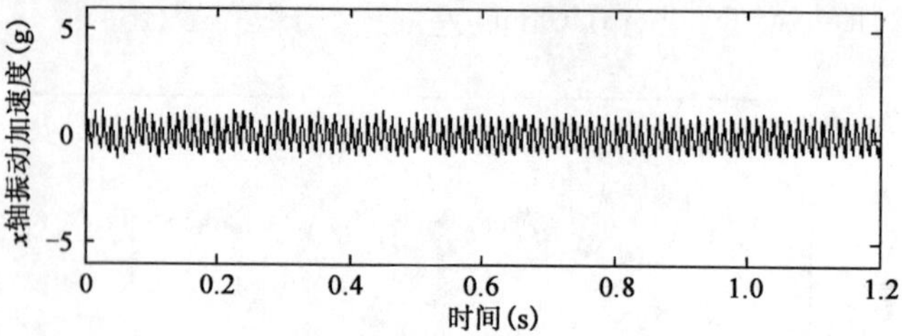

a)外圈x轴振动加速度仿真信号

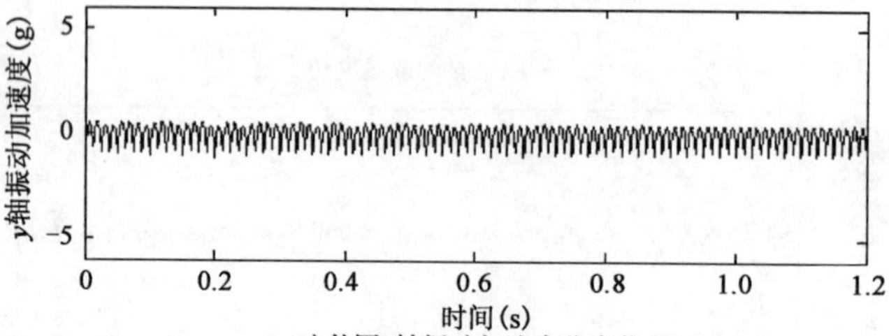

b)外圈y轴振动加速度仿真信号

图5-24　阻尼为90N·s/m时外圈振动加速度仿真信号

区间,阻尼设置小,则系统会发散;阻尼设置变大,则系统的振动慢慢收敛,趋于平稳,其位移与振动的幅值慢慢变小。当轴承转速为1.2r/s时,轴承的振动冲击应为5~8g,通过仿真试验,阻尼系数设置为32N·s/m时,比较符合实际情况。

模型的其他参数也是通过相同的分析过程计算得到。

5.5　仿真信号特征分析

验证模型的有效性,就要验证由模型计算得到的信号的准确性。为了验证故障信号的准确性,采用自适应单一分量变换(AFD)的方法处理信号,观察频谱图的能量分布,并与计算的理论特征频率对比,判断轴承是否有故障,与模型相吻合。

1)内圈故障仿真信号分析

基于式(5-13)得到的内圈轴承故障信号如图5-9和图5-10所示。利用AFD方法对内圈x轴振动加速度信号进行分析得到的共振解调频谱图如图5-25所示。根据5.4节中设置的轴承参数可以计算出轴承的内圈故障信号特征频率为:$(r_o+r_b)/2/r_o pn=11.21(\mathrm{Hz})$,其中$p$为内圈每秒的转速。

图5-25内圈故障加速度信号共振解调频谱图中,第一个脉冲出现在2.45Hz处,但是幅值较小,在11.20Hz处出现了幅值较大的脉冲,在11.20Hz的倍频

22.40Hz处有幅值较大的衰减的脉冲，这与内圈故障特征频率 11.21Hz 是吻合的。

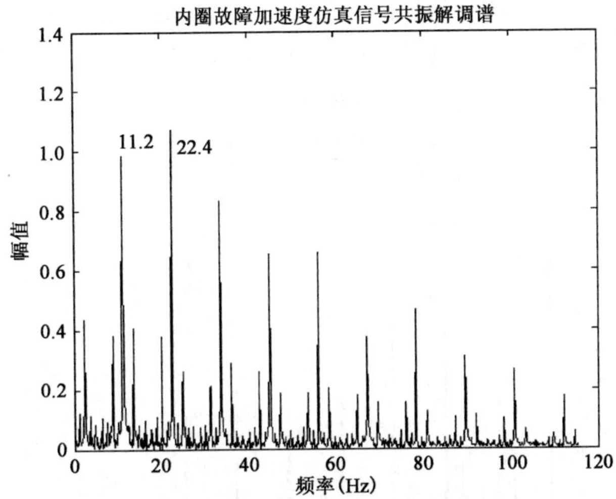

图 5-25　故障内圈加速度信号共振解调谱

把图 5-25 的特征频率处放大，得到图 5-26。从图 5-26 中可以清晰地看到，在故障特征频率一倍频和二倍频旁边有明显的边频，大小均为 1.2Hz(11.2 − 10 = 1.2;12.4 − 11.2 = 1.2;22.4 − 21.2 = 1.2;23.6 − 22.4 = 1.2)，这与内圈的转速频率 72 ÷ 60 = 1.2(Hz)正好一致。因此，模型式(5-13)仿真的故障信号是接近轴承真实运转信号并能有效模拟轴承的内圈故障，模型是有效的。

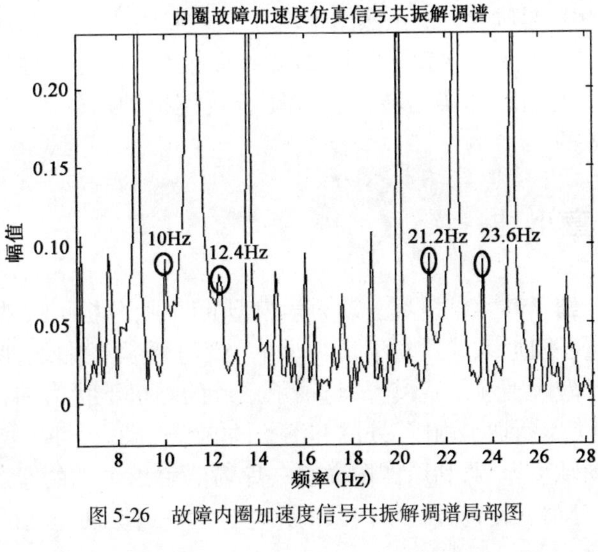

图 5-26　故障内圈加速度信号共振解调谱局部图

2）外圈故障仿真信号分析

基于式(5-17)得到的外圈轴承故障信号如图5-15、图5-16所示。利用AFD方法对外圈x轴振动加速度信号进行分析得到共振解调频谱图如图5-27所示。根据5.4节中设置的轴承参数可以计算出轴承的外圈故障信号特征频率为：$(r_0 - r_b)/2/r_0pn = 7.99(\mathrm{Hz})$；其中$p$为内圈每秒的转速。

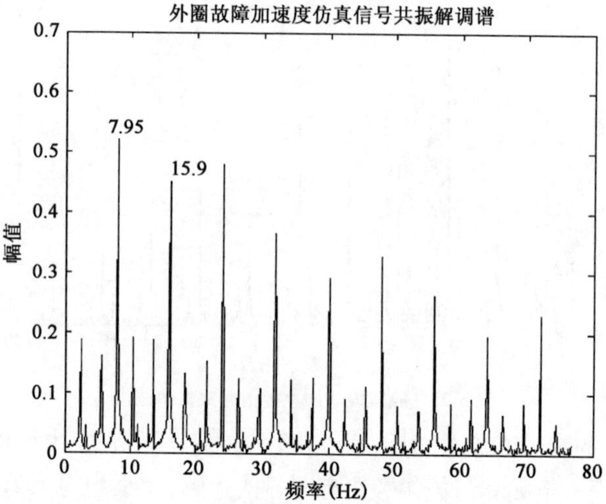

图5-27 外圈故障加速度信号共振解调谱

图5-27外圈故障加速度信号共振解调频谱图中，在7.95Hz处出现了幅值较大的脉冲，在7.95Hz的倍频15.9Hz处有幅值较大的衰减的脉冲，这与外圈故障特征频率7.99Hz是吻合的。虽然图5-27中在2.43Hz处也有脉冲，但是其幅值与7.95Hz处脉冲的幅值相比较小，不是故障特征频率。因此，模型式(5-17)仿真的故障信号是接近轴承真实运转信号并能有效模拟轴承的外圈故障的，模型式(5-17)是有效的。

5.6 本章小结

本章首先介绍了静力学模型与动力学模型的区别，分析了滚动轴承的受力，应用弹簧—质量—阻尼系统建立滚动轴承单个滚子受力的非线性动力学方程，然后将单个滚子融入轴承系统模型，与轴承系统的随机干扰力和径向载荷力结合在一起，建立了滚动轴承内圈、外圈和滚子的非线性动力学模型。以含有内圈划伤缺陷的滚动轴承为例，利用四阶龙格—库塔法解出轴承的非线性动力学方程，仿真得到滚动轴承旋转过程中内圈的振动位移和振动加速度信号；利用下一章所要研究的 AFD 方法对加速度信号进行分析得到缺陷仿真信号共振解调频谱的基础上,与理论计算得到的内圈故障特征频率进行对比,验证了滚动轴承内圈、外圈、滚子故障模型的准确性。基于轴承动力学模型的直接故障诊断方法,把模型对应的状态方程写出来,然后用拉普拉斯变换转换到频域,再计算出传递函数,将模型的传递函数与采集的数据的对比,判断轴承是否发生故障。

本章参考文献

[1] Sunnersjo C. S. Rolling bearing vibrations-the effects of geometrical imperfection and wear[J]. Journal of sound and vibration, 1985, 98(4): 445-474.

[2] N. Tandon, A. Choud hury, An analytical model for the prediction of the vibration response of rolling element bearings due to a localized defect[J]. Journal of Sound and Vibration,1997,205(3):275-292.

[3] 白乙拉.非光滑分布参数系统参数辨识及其应用[D].大连:大连理工大学,2006.

[4] 陆建.最小二乘法及其应用[J].中国西部科技,2007(12):19-21.

[5] 沈恒范.概率论与数理统计[M].北京:高等教育出版社,2007.

[6] 张立新.基于最小二乘法的电容层析成像图像重建算法[D].哈尔滨:哈尔滨理工大学,2010.

[7] 王萍,郭巧,赵静.极大似然法在间接测热系统参数估计中的应用[J].系统工程与电子技术,2003,25(11):1404-1406.

第6章　基于自适应傅里叶分解的轴承故障诊断

目前,轴承的原始采集信号中包含能量很高且与轴承振动无关的信号,因此在提取轴承故障特征之前,先要用滤波器滤掉与轴承故障振动信号无关的部分,或者直接提取出轴承故障振动信号。目前在国内外相关领域,绝大多数研究都采用了前一种方式,本文则采用后一种方式。根据轴承故障振动信号对峭度比较敏感的特点,利用自适应傅里叶分解提取可能包含轴承故障的振动信号,再对提取的信号取包络,并做快速傅里叶变换,观察频谱图,诊断轴承是否发生故障,最后用试验结果验证了方法的有效性。

6.1　自适应傅里叶分解方法对轴承故障信息提取的意义

地铁列车的轴承是一个完全封闭的系统,利用振动检测方法进行轴承故障诊断,需要把振动传感器安装在轴承上,如果分解轴承把传感器直接安装在轴承的轴上,采集的原始信号中,轴承本身的振动信号会很强而轴承以外其他类型的振动信号会变得很弱,但分解之后的轴承生命周期会大幅度下降,而且传输传感器采集数据线也不能很好地从密封的轴承内部连接到采集存储设备上,这种为了获取检测数据而伤害设备的方案是不可取的。将采集轴承信号的传感器智能安装在轴承的外壳靠近轴的部位,既不影响轴承的正常运转,又可以采集到最接近轴承振动的原始信号,是最理想的安装方式。但是这种安装方式采集到的轴承振动信号会受到其他振动的影响,例如列车运行时轮对与轨道接触产生的振动通过轴传递给传感器,转向架一系悬挂的振动通过轴承座传递给传感器,因此在提取轴承故障特征之前,必须先滤掉轴承原始信号中的非轴承振动信号,提取包含轴承信息的振动信号。

目前,国内外研究轴承故障信号提取时,绝大多数研究都采用滤波的方式滤掉与轴承振动无关的信号,原因是原始的轴承故障信号中,轴承振动信号只是能量很小的一部分,而早期故障信号极其微弱,不能确定轴承的振动信号具体有怎样的特征,采用直接提取故障信号的方式,则要确定应该用怎样的标准去提取轴承的振动信号,如果提取的标准选择不对,则不能提取出完整的振动信号,或者完全没提取到振动信号,会导致故障分析的结果错误。而采用第一种滤波的方式,则可以避免上述的风险,虽然不知道轴承振动信号具有的特征,但是可以知道轴承振动信号不具备的特征,尤其是轴承的故障特征,把不可能出现的特征信号滤掉,保留下来的信号中虽然也有其他振动信号,信噪比却提高了很多,再通过数据分析,提取轴承的故障特征。

在本章中,故障特征提取使用了第二种方式,直接提取含有故障特征的轴承振动信号。这需要两个方面的支撑,首先是信号分解,其次是合适的信号提取标准。信号分解工具有很多种,经验模态分解[1]、小波分析[2]、傅里叶分解、Wigner-Ville 分布[3]、STFT 变换[4]等。信号处理的一种有效方法是小波分析,但小波基函数的选择[5]对分解滚动轴承振动信号的结果影响比较大,这会影响诊断结果的精确度。本文采用的是 AFD(Adaptive Fourier Decomposition, AFD)[6,7]。信号提取标准则采用峭度值,利用轴承故障振动信号对峭度比较敏感的特点,峭度提取可能包含有故障的振动信号,再对提取的信号进行共振解调[8,9],诊断轴承是否发生故障,最后试验结果验证了方法的有效性。

轴承原始采集信号包含的内容是非常丰富的,信号都可以看作各种频率、幅值和相位正弦波的迭加[10]。周期信号的基本频率为固定值,而非周期信号包含的频率成分复杂,轴承的故障信号只是其中的某些频率段的信号,为了从轴承原始信号中提取信号的故障成分,必须对信号进行分解。信号分解的工具有多种,本文用的是 AFD。AFD 能很好地诠释轴承信号瞬时频率的概念,与现实接近,而且分解后信号的提取比较方便。

信号分析的一个重要概念是频率,频率是单位时间内完成振动的次数,是描述振动物体往复运动频繁程度的量,频率的单位为赫兹(Hz)。观察信号的瞬时频率在信号处理中是很重要的课题,许多数字信号处理的应用都与信号的频谱或信号的频宽有很大的关系,若能确切地侦测信号的瞬时频率,则通道频宽可以被可适性(adaptive)地决定,这样能更有效地利用系统资源,提高系统效能。

假设一个信号 $x(t)$ 可写成指数信号的 N 项相加,即:

$$x(t) = \sum_{k=1}^{N} a_k \times \mathrm{e}^{j\varphi_k(t)} \tag{6-1}$$

式中:a_k——常数;

j——虚数单位;

e——自然对数底数。

则瞬时频率定义为:

$$f_k(t) = \frac{\phi'_k(t)}{2\pi} \quad (k = 1,2,\cdots,N) \tag{6-2}$$

直观上，瞬时频率为相位的微分。对于自然界中的实数信号相位的定义，Gabor 提出解析信号法（Analytic Signal Method），即将实数信号表示为对应的复数信号，再通过形式变换，即可定义复数信号的大小与相位，将实数讯号的瞬时频率求出。实数信号对应的复数信号为实数信号加上其经过希尔伯特变换的虚部，得到的复数信号有实数信号的特征和比较好的性质，满足柯西—黎曼积分条件，因此也称为解析信号。如实数信号 $s(t)$，其对应的解析信号为：

$$z(t) = s(t) + \frac{j}{\pi}\int_{-\infty}^{\infty}\frac{s(\tau)}{t-\tau}\mathrm{d}\tau \tag{6-3}$$

式中：j——虚数单位。

虚数项为实数信号 $s(t)$ 的希尔伯特变换，定义为 $\hat{s}(t)$，于是：

$$z(t) = s(t) + j\hat{s}(t) = m(t) \times \mathrm{e}^{j\theta(t)} \tag{6-4}$$

其中：

$$m(t) = \sqrt{s^2(t) + \hat{s}^2(t)};\theta(t) = \arctan\frac{\hat{s}(t)}{s(t)}$$

则实数信号 $s(t)$ 的瞬时频率为 $\theta(t)$。如果 $s(t)$ 是没有任何限制条件的时间信号，计算出来的瞬时频率可能不是正确的结果，只有对于平均值为零的局部对称信号而言，前述定义的瞬时频率才具有物理意义。图 6-1 为几个实数信号 $s(t)$ 对应的瞬时频率。

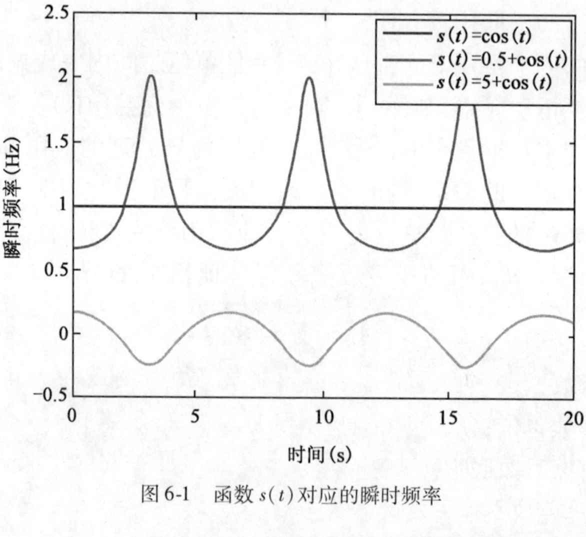

图 6-1　函数 $s(t)$ 对应的瞬时频率

瞬时频率可以理解为最佳逼近被分析信号局部频率的正弦波的频率，但只有当被分析信号频率成分单一，瞬时频率才存在。频率成分单一的信号指只含有一个频率成分的信号，对于现实中采集的信号而言，通常都含有从零到无穷大的多种频率成分，为了获得需要的应用信息对其进行分解，得到便于分析的多个频率成分单一的信号。采用 AFD 分解信号的瞬时频率与直观的瞬时频率是相对应的，因此本文采用 AFD 分解轴承采集信号。

6.2 AFD 算法

自适应单一分量变换是为了解决信号处理领域一个长期的难题——瞬时频率的计算问题而提出的一整套创新信号处理理论，它自适应地将一个给定的信号分解为一系列单一分量（mono-component）信号的代数和，单一分量信号是指具有非负解析瞬时频率的信号。

AFD 是自适应单一分量变换的一个特例及可应用的形式，自适应单一分量变换保留了傅里叶变换的良好的数学性质，还可以解决传统傅里叶变换的两个缺点：收敛速度慢和瞬时频率的表达。傅里叶变换是自适应傅里叶变换的一个特例：当自适应傅里叶变换中的所有参数均取 0 值时，所对应的变换即变为传统的傅里叶变换，自适应傅里叶变换在所有傅里叶变换可以应用的场合均可以使用。

AFD 是将一个给定的函数按该函数本身的性质及逐项最佳逼近原理（有异于贪婪算法）展开成加权 Blaschke 乘积的线性组合形式。这种加权 Blaschke 乘积是单一分量或预单一分量函数。与传统的傅里叶变换相似的地方在于其所分解的单一分量函数的频率曲线从低频到高频排列，且互不相交；与传统的傅里叶分解不同的地方在于其自适应性及所分解后的频率为曲线（随时间变化的瞬时频率）而不像傅里叶变换所分解后的函数的频率为直线（频率为常数，不能反映频率随时间变化的特性）。其中，AFD 的自适应性主要体现在对不同的函数所分解成的单一分量函数各不相同，选取的原则是逐项最佳，因此其部分和在能量上最大限度地逼近原函数，加快了收敛的速度。

用自适应傅里叶变换的算法作为核心算法，我们可得到一个最佳 n 阶有理逼近的算法，这种信号的分解与逼近合理地回答了信号在任何时刻包含哪些频率成分，以及各种频率成分占有量的问题。

所有时域信号有瞬时幅值和瞬时频率 2 个重要的瞬时特征。能量有限信号 s 的瞬时频率定义为其对应解析信号 $s_1 = s + iH(s) = \rho e i\phi$ 的相位导数 ϕ'，其中 H

为希尔伯特变换，ρ 为解析信号 s_1 的幅值函数，ϕ 为解析信号 s_1 的相位函数。瞬时频率 ϕ' 为正值时才有明确的物理意义，负值的瞬时频率是没有意义的。基于 AFD 的信号分解可以保证得到的分解信号的瞬时频率为正值，这是其他算法目前还不能实现的。下面介绍 AFD 算法的具体实现过程。

基于 AFD 算法分解原始信号 G 得到的是一系列单一分量 $f_1, f_2, \cdots, f_n$，这些单一分量之和可以以任意小的误差逼近原始信号，且在分解过程中单一分量的顺序是从低频到高频的。信号的故障特征基本上都分布在高频分量里面，因此利用 AFD 算法分解故障信号时不用设定滤波参数，也能直接获取故障特征。

如果某个实值函数 $f=\rho\sin\theta$ 满足下式，称 f 为单一分量。

$$H(\rho\cos\theta) = \rho\sin\theta \tag{6-5}$$

$$\rho \geqslant 0$$

$$\theta \geqslant 0$$

$$f \in L^p(R) \quad (1 \leqslant p \leqslant \infty)$$

式中：H——希尔伯特变换；

p——实值函数的极径；

θ——实值函数的极角；

$L^p(R)$——实数域上的 L^p 可积函数。

1）分解 G 得到第一个分量 f_1

基于 AFD 分解信号 G 得到单一分量 $f_1, f_2, \cdots, f_n$ 都是以 Takenaka-Malmquist 系统 $Bn(z)$ 为基的，可以表示为：

$$f_k = \langle G_k, e_{\{a_k\}} \rangle B_k(z), k = 1,2,\cdots,n \tag{6-6}$$

式中：G_k——原始信号 G 分解过程中产生的变量，$k=1,2,\cdots,n$，$G_1=G$；

$a_k \in D, k=1,2,\cdots,n, D=\{z\in C: |z|<1\}$，$C$ 是复平面，$a_1=0$。

$$e_{\{a_k\}} = \frac{\sqrt{1-|a_k|^2}}{1-\overline{a_k}z} \tag{6-7}$$

$$B_k(z) = B_{\{a_1,\cdots,a_k\}}(z) = \frac{1}{\sqrt{2\pi}} \frac{\sqrt{1-|a_k|^2}}{1-\overline{a_k}z} \prod_{l=1}^{k-1} \frac{z-a_l}{1-\overline{a_l}z} \tag{6-8}$$

假设 $G_1=\mathrm{G}, a_1=0$，则 $e_{\{a_1\}}=1, B_1(z)=1/\sqrt{2\pi}$，于是第一个单一分量为：

$$f_1 = \langle G_1, e_{\{a_1\}} \rangle B_1(z) \tag{6-9}$$

2）继续分解得到第二个分量 f_2

下面计算第二个单一分量 f_2，已知 $a_1=0, G_1=\mathrm{G}$，先求 G_2。

$$G_2 = (G_1 - b_1 * e_{\{a_1\}})\frac{1-\overline{a_1}z}{z-a_1} \tag{6-10}$$

其中：

$$b_1 = \langle G_1, e_{\{a_1\}}\rangle$$

已知 $a_1=0$, $G_1=G$、G_2，再求 a_2、a_2 是 G_2 在复平面单位圆盘 D 上的最大投影对应的单位圆盘 D 的向量。

离散复平面上的单位圆盘 D，取出单位圆盘上面的向量 $D(n)$，$n=1,2,\cdots,7\,705$。若：

$$\max_n\left\{\langle\frac{\sqrt{1-|D(n)|^2}}{1-\overline{D(n)}z}, G_2\rangle\right\} \tag{6-11}$$

求解得到 n 的值为 n_2，$n_2\in\{1,2,\cdots,7\,705\}$，则 $a_2=D(n_2)$。

由 a_2 可以计算出 $B_2(\mathrm{z})$，于是第二个单一分量为：

$$f_2 = \langle G_2, e_{\{a_2\}}\rangle B_2(z) \tag{6-12}$$

3）由 f_k 计算 f_{k+1}

此时 $G_1,G_2,\cdots,G_k,a_1,a_2,\cdots,a_k,n_2,n_3,\cdots,n_k,b_1,b_2,\cdots,b_{k-1}$ 均已知，首先按下式求 G_{k+1}。

$$G_{k+1} = (G_k - b_k\times \mathrm{e}_{\{a_k\}})\frac{1-\overline{a_k}z}{z-a_1} \tag{6-13}$$

式中：$b_k=D(n_k)$，$n_k\in\{1,2,\cdots,7\,705\}$，$n_k$ 为$\max_n\{\langle\sqrt{1-|D(n)|^2}/1-\overline{D(n)}z, G_k\rangle\}$的解。

由 G_{k+1} 再求 a_{k+1}。若：

$$\max_n\left\{\langle\frac{\sqrt{1-|D(n)|^2}}{1-\overline{D(n)}z}, G_{k+1}\rangle\right\} \tag{6-14}$$

求解得到 n 的值为 n_{k+1}，$n_{k+1}\in\{1,2,\cdots,7\,705\}$，则 $a_{k+1}=D(n_{k+1})$。

由 a_{k+1} 可以计算出 $B_{k+1}(z)$，于是第 $k+1$ 个单一分量为：

$$f_{k+1} = \langle G_{k+1}, e_{\{a_{k+1}\}}\rangle B_{k+1}(z) \tag{6-15}$$

重复上述过程，则可以求取原始信号 G 的所有单一分量 $f_1,f_2,\cdots,f_n$。

基于 AFD 对信号 G 分解的流程表示如图 6-2 所示。

信号 AFD 之后的分量是我们做故障诊断的对象，下面详细介绍基于 AFD 的轴承故障诊断算法。

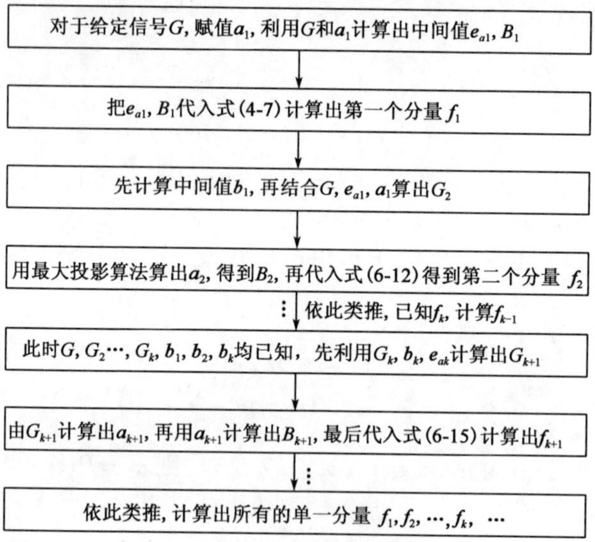

图 6-2　基于 AFD 的信号分析流程图

6.3　基于 AFD 的轴承故障诊断算法

轴承故障有一个特点，那就是轴承以一个恒定速度运转时，它有一个固定的故障特征频率，故障特征频率与轴承的物理参数和轴承的转速相关，每种类型轴承的故障特征频率值大小都可能是不一样的。如果采集的某类型轴承的原始振动数据中轴承的转速是已知的，那么这个轴承当时的故障特征频率是确定的，由原始采集数据出发计算出轴承的频率谱，则可以从频率谱中观测该轴承是否发生故障。基于 AFD 技术的城轨车辆轴承故障诊断方法的思想正是基于故障特征频率实现轴承的故障诊断。首先是将轴承的振动时域信号进行分解，提取故障特征频率可能存在的时域信号，然后把提取的时域信号之和作为故障特征频率所在的载波信号，进行包络解调，根据解调频谱图的频率特征判断轴承是否发生故障，并确定故障发生的部位。基于 AFD 的轴承故障诊断算法主要包括两部分，首先是对信号的分解，然后是对故障特征频率的提取。前面已经介绍了基于 AFD 算法分解的信号分解，可以得到频率由低到高的单一分量$f_1, f_2, \cdots, f_n$。下一步是计算轴承的故障特征频率谱。故障信号是高频信号，对峭度值很敏感，首先从原始信号中剔除分解得到的峭度值中比较小的单一分量，保留可能含有故障的信号，对保留的信号做共振解调分析，计算出轴承的频谱，最后从共振解调谱中分析故障点，与已知的故障频率做比较，判断轴承是否发生故障机器部位。

基于 AFD 的轴承故障诊断算法的流程如图 6-3 所示。

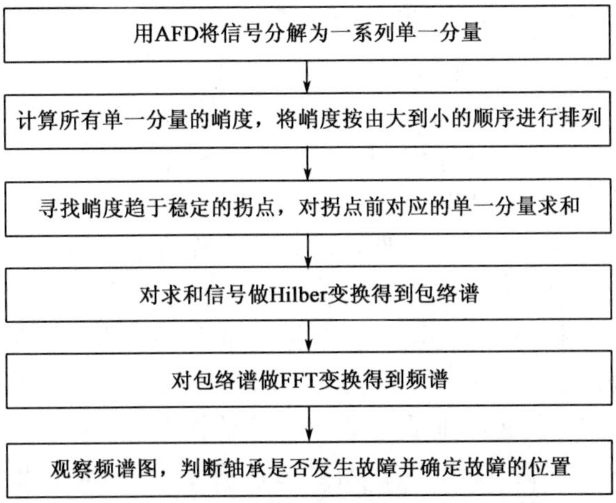

图 6-3　基于 AFD 的轴承故障诊断算法流程图

基于 AFD 的轴承故障诊断算法流程图中第一步的过程已经详细介绍过了，下面具体介绍下面几步。

计算所有单一分量的峭度值，计算公式为：

$$K_v = \frac{1}{N\sum_{i=1}^{N}}(x_i - \bar{x})^4 \tag{6-16}$$

寻找峭度值的拐点，提取拐点前峭度对应的单一分量。寻找拐点的办法是用模糊 C 均值(FCM)聚类算法。FCM 算法[11]是一种基于划分的聚类算法，它的思想是使得被划分到同一簇的对象之间相似度最大，而不同簇之间的相似度最小：将数据集 $X=\{x_1,x_2,\cdots,x_n\}\in Rm$ 分为 C 类，X 中任意样本 x_k 对第 i 类的隶属度为 u_{ik}，第 i 类中心为 e_i，则得到模糊隶属度矩阵 $U:\{u_{ik}\}\in Rm$ 和中心矩阵 $E:\{e_i,i=1,2,\cdots,C\}$，当隶属度矩阵 U 最小化时迭代停止。FCM 的缺点是需要预先设定聚类中心和迭代中止条件，类的初始中心距离太近则容易陷入局部极小而不能实现目标分类的情况，目前中止条件使用较多的是最小平方误差和，其目标函数值为：

$$J_m(U,E) = \sum_{k=1}^{n}\sum_{i=1}^{c}(\mu_{ik})^m x_k - e_i^2 \tag{6-17}$$

式中：m——一个定值，且 $m>1$；

μ_{ik}——样本 k 和聚类 i 间的隶属度($i=1,2,\cdots,C,k=1,2,\cdots,n$)，$u_{ik}\in\{0,1\}$，$\forall i,k,\sum_{i=1}^{c}\mu_{ik}=1$，$\forall k$。

在基于 AFD 的轴承故障诊断算法中利用 FCM 算法把单一分量的峭度值分为 2 类，得到 2 个聚类中心。取聚类中心的平均值为阈值，滤掉小于阈值的峭度值对应的单一分量，对保留的单一分量做进一步的数据分析，提取特征。

对用 FCM 算法提取出来的信号求和，再做 Hilbert 变化取包络谱，目的是利用峰值能量技术诊断滚动轴承故障。峰值能量[12]是指周期性的、短暂的机械冲击引发的非常短的振动脉冲能量，在某一高频范围内由于峰值能量的激励和轴承系统自振频率的响应，振动加速度传感器检测到的信号是有载波频率的轴承故障调制频率信号，通过 Hilbert 变换之后再用快速傅里叶变换处理可以发现信号频谱图的固有频率两侧会有等距离的边频。峰值能量的强度是信号的脉冲振幅，由此冲击引起的信号能由振动加速度传感器测量并且由独特的过滤和检波电路加以处理，利用 Hilbert 变换从正常振动信号提取出轴承故障冲击信号，辨认滚动轴承故障的关键信息，其中包含着滚动轴承的 4 个（内圈、外圈、滚动体、保持架）故障特征频率成分，据此可以判断滚动轴承是否存在故障及损坏部位。

从信号中提取调制信息的常用解调方法有基于 Hilbert 变换的包络解调方法和检波解调方法，本文采用的是包络解调方法。设时域采集的信号为 $x(t)$，则其 Hilbert 变换为：

$$\hat{x}(t) = -\frac{1}{\pi}\int_{-\infty}^{+\infty}\frac{x(t-\tau)}{\tau}\mathrm{d}\tau \tag{6-18}$$

于是 $x(t)$ 对应的解析信号为：

$$x_a(t) = x(t) + j\hat{x}(t) = A(t)\mathrm{e}^{j\varphi(t)} \tag{6-19}$$

其中幅值 $A(t)$ 为：

$$A(t) = \sqrt{x^2(t) + \hat{x}^2(t)} \tag{6-20}$$

相位 $\varphi(t)$ 为：

$$\varphi(t) = \arctan^1\left[\frac{\hat{x}(t)}{x(t)}\right] \tag{6-21}$$

$A(t)$ 便是实信号 $x(t)$ 的包络。

原始信号经过了包络处理变得平缓光滑，计算时域参数不能定位轴承的故障位置，而通过对轴承包络信号进行频域分析，通过分析信号频谱图包络信号的频次和强度，找出调制信号的特性，再结合轴承的故障特征频率，就可以比较精确地诊断轴承是否发生故障及确定故障的部位[13]。本章所用频率变换的工具是快速傅里叶变换（Fast Fourier Transform，FFT），这是离散傅里叶变换的快速算法，其优势是大幅度降低了离散傅里叶变换的计算复杂度。例如，对于复数序列 $x_0, x_1, \cdots, x_{n-1}$，离散傅里叶变换公式为：

$$y_j = \sum_{k=0}^{n-1} e^{-\frac{2\pi}{N}nk} x_k \quad (j = 0, 1, \cdots, n-1) \tag{6-22}$$

直接做离散傅里叶变换的计算复杂度是 $O(n^2)$，而快速傅里叶变换计算出的结果与用离散傅里叶直接计算的结果是一样的,但是计算复杂度却下降为 $O(n\log n)$。

快速傅里叶变换之后得到了信号包络的频谱图,这时只需观察频谱图的特征即可判断轴承是否发生故障。如果轴承发生了故障,那么在故障特征频率处会出现明显的峰值,在倍频处也会出现衰减的峰值,如果没有发生故障或者故障特征没有被提取出来,则频谱图上不会出现明显衰减的峰值。由于精度的偏差,有时候峰值会出现在特征频率附近,一般误差在5%之内。

从上述轴承故障诊断算法流程图可以看出,基于 AFD 算法的轴承故障诊断,不需要预先设定滤波频率等参数,且该算法可以适用于诊断所有类型的轴承。

6.4 轴承振动试验及其结果分析

为了验证 AFD 算法做故障诊断的有效性,以 N205EM 型滚动轴承为例,进行轴承外圈和滚子故障诊断研究。N205EM 型滚动轴承的节径为 39mm,滚动体直径为 7.5mm,滚子数为 13 个。采集信号的频率是 10kHz。所用的轴承故障诊断试验台如图 6-4 所示。

图 6-4 轴承故障试验台

轴承故障试验台的零部件主要包括轴承底座、电动机、故障齿轮模拟结构单元、联轴器、平衡盘、可换滚动轴承实验头、传动齿轮、螺旋加载器、固定齿轮、一面两销等。轴承与轴、可换轴承套、加载轴承座均采用较紧的过盈配合,其轴向位置由轴肩、套筒和圆螺母固定。

轴承内圈、外圈和滚子的故障形式为在各自上面有一道划痕,每次试验安装一个有故障的部件,系统运转稳定之后,通过轴承座上安装的传感器采集轴承系统的振动信号,然后利用上述的故障诊断方法,分解采自该轴承的采样信号,提取相对应的单一分量,对时域波形进行包络分析后做相应的频谱分析,获得轴承的内圈、外圈和滚子的故障共振解调频谱图，诊断轴承是否发生故障。

6.4.1 滚动轴承外圈故障分析

将外圈带有划痕的 N205EM 型滚动轴承安装在试验台上，以稳定的速度运转，通过安装在轴承座上的压电式振动传感器采集轴承上的振动数据，轴承的转速为 1500r/min，采集的带外圈故障的振动信号如图 6-5a）所示。

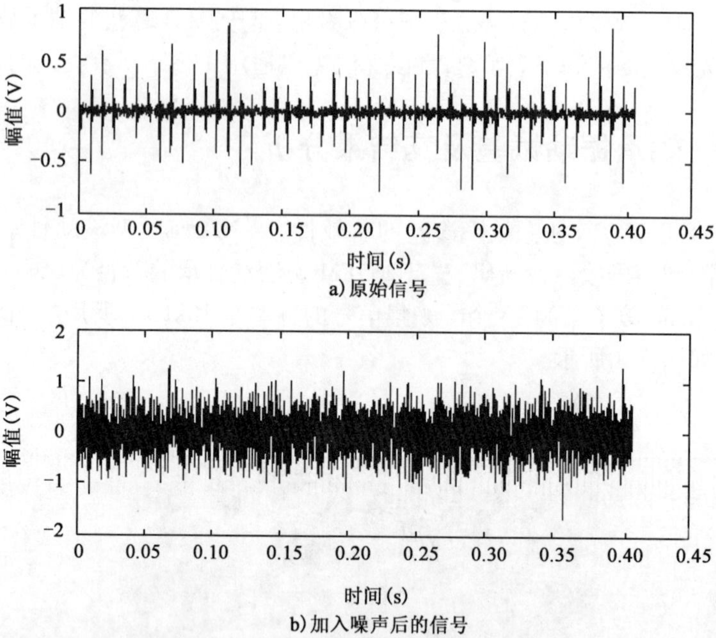

图 6-5 外圈故障原始信号与加入噪声后的信号

从图 6-5a）中可以明显地观察到信号的周期性脉冲，而且脉冲的幅值远远大于其他的幅值，从这个时域信号的幅值就可以判断出轴承系统出现了故障，只是还不能判断出故障发生的部位。因为轴承信号故障特征太明显，不能体现基于 AFD 轴承故障诊断算法的优越性，且故障轴承信号特征明显的原因在于试验台条件下信号采集系统的噪声很小，而在地铁列车上轮对轴承的实际运行条件是很复杂的，振动传感器采集到的不仅有轴承的振动信号，还有其他包括车体振动在内的很多干扰信号，信号的初期故障特征基本上是被其他信号掩盖的。因此为了更好地验证算法的有效性，可以给轴承试验台原始采集信号加入信噪比为 10 的高斯白噪声，加入噪声的信号如图 6-5b）所示，此时的信号特征与图 6-5a）相比，已经不是很明显了。

利用 AFD 算法对该故障信号进行分解，分解阶数为 500，分解得到的部分单一分量如图 6-6 所示。

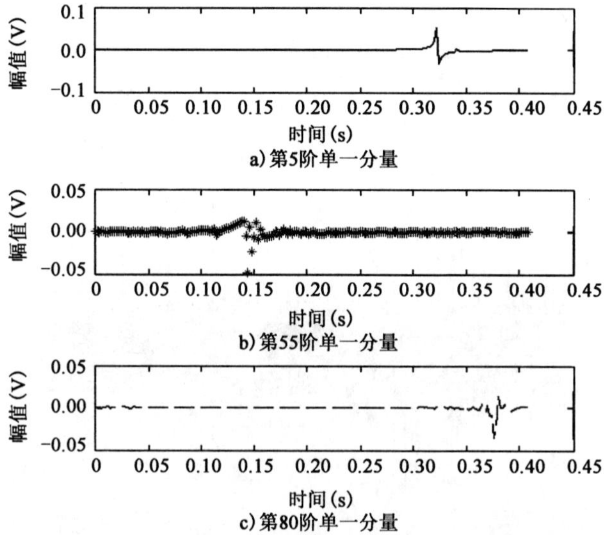

图 6-6　分解外圈故障振动信号得到的部分单一分量信号

计算每个单一分量信号的峭度并由大到小进行排列，得到 500 个外圈单一分量信号排列图，再用 FCM 算法对峭度进行分类，取分类中心的平均值作为拐点，拐点出现在第 142 个信号的地方，如图 6-7 所示。

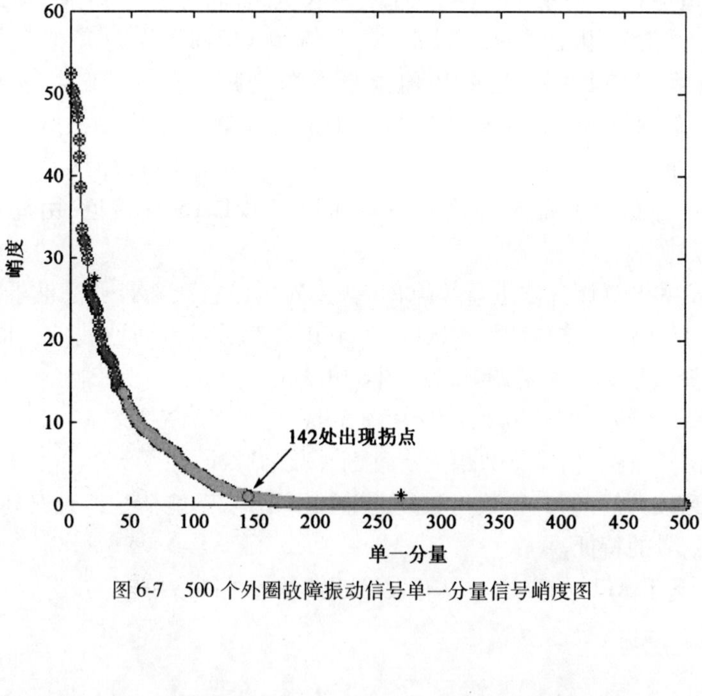

图 6-7　500 个外圈故障振动信号单一分量信号峭度图

自适应提取拐点前 142 个峭度对应的单一分量信号进行求和，如图 6-8 所示。

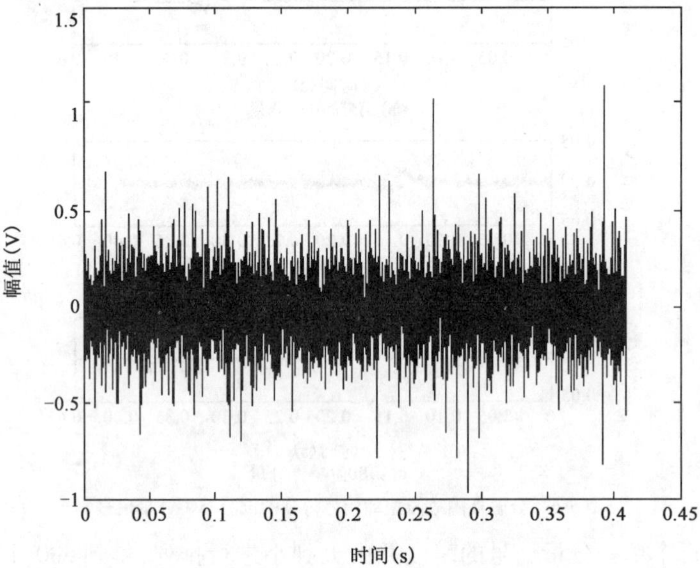

图 6-8　142 个外圈故障信号单一分量之和的信号

对自适应提取的单一分量信号之和取包络，再做包络解调，得到频谱图如图 6-9a）所示。由图 6-9a）看出：在一倍频 117.19Hz 及其整数倍处存在明显的峰值，且在其倍频处的幅值能量逐渐衰减。根据故障特征频率公式计算可得，转速 1 500r/min 的 N205EM 型滚动轴承的内圈故障特征频率为 178.85Hz，外圈故障特征频率为 121.15Hz，滚子的故障特征频率为 62.60Hz。因此，图 6-9 中故障特征与外圈故障特征频率 121.15Hz 接近，由此可以判定外圈有故障。

用传统共振解调方法进行故障诊断时，先用巴特沃斯带通滤波器对加入噪声后的信号滤波，滤波频带为 1 000 ~ 2 000Hz，然后对带通滤波信号取包络，最后做 FFT 变换得到共振解调频谱如图 6-9b）所示。

对比图 6-9a）和图 6-9b）看出：从图 6-9a）中可以清楚观察到 117.19Hz 处有明显的一倍频，在一倍频整数倍处有逐渐衰减的脉冲；而图 6-9b）中，在 117.2Hz 处能量达到最大值，但其整数倍数处的脉冲不明显，不能清楚地观察到滚动轴承外圈故障信号的特征。

因此，基于 AFD 的方法可以有效诊断轴承的外圈故障。

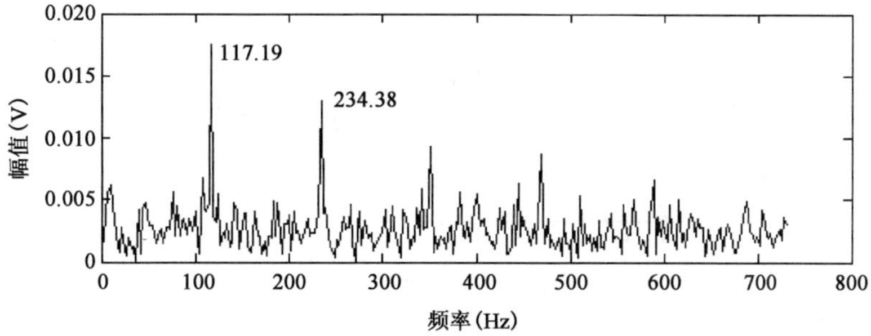

a)AFD共振解调谱

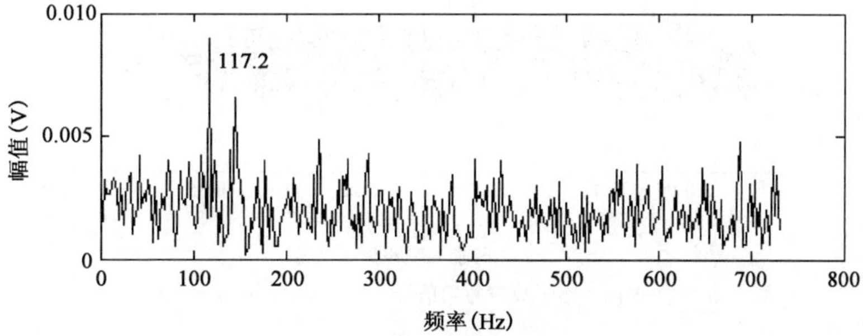

b)传统共振解调谱

图6-9 外圈故障AFD解调频谱与传统共振解调频谱图

6.4.2 滚动轴承滚子故障分析

N205EM型滚动轴承某个滚子有凹点,转速设置为3 000r/min,采集得到滚动轴承滚子故障的原始振动信号如图6-10a)所示。同样为了验证AFD算法的有效性,将得到的初始振动信号加入信噪比为9的高斯白噪声,加入噪声后得到的振动信号如图6-10b)所示。

观察图6-10b),此时的信号特征与图6-10a)相比,已不是很明显。利用AFD算法对该故障信号进行分解,分解阶数为500。图6-11为分解的部分单一信号。

计算每个单一分量信号的峭度并由大到小进行排列,得到500个滚子单一分量信号排列图,再用FCM算法对峭度进行分类,取聚类中心的平均值作为拐点,拐点出现在第165个信号的地方,如图6-12所示。

因此,自适应提取拐点前165个峭度对应的单一分量信号求和,得到信号如图6-13所示。

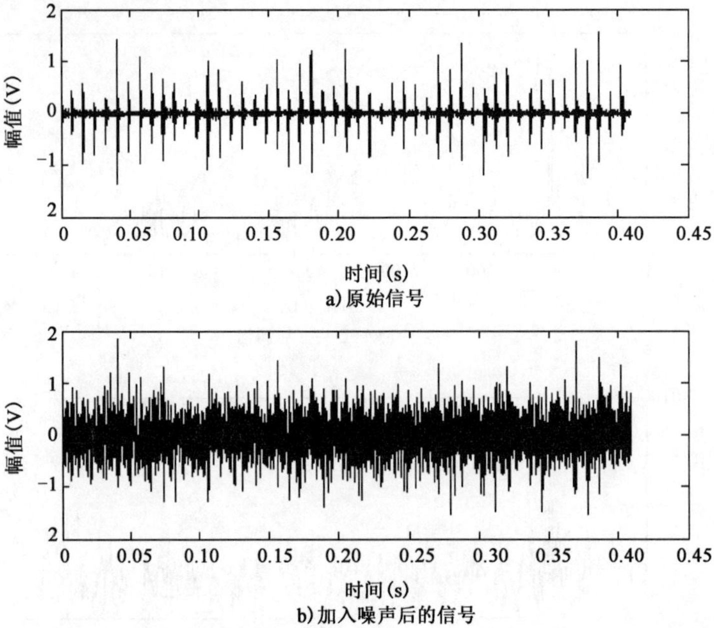

图6-10　滚子故障原始信号与加入噪声后的信号

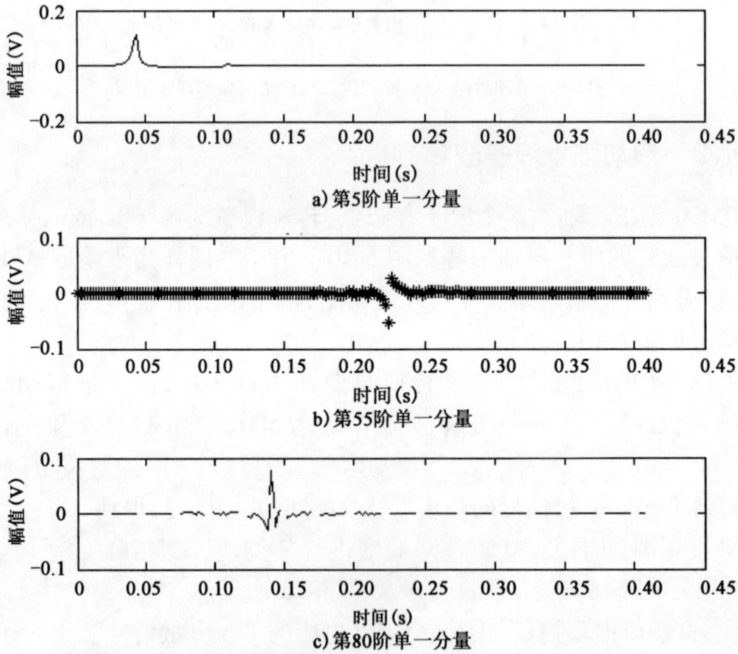

图6-11　分解滚子故障振动信号得到的部分单一分量信号

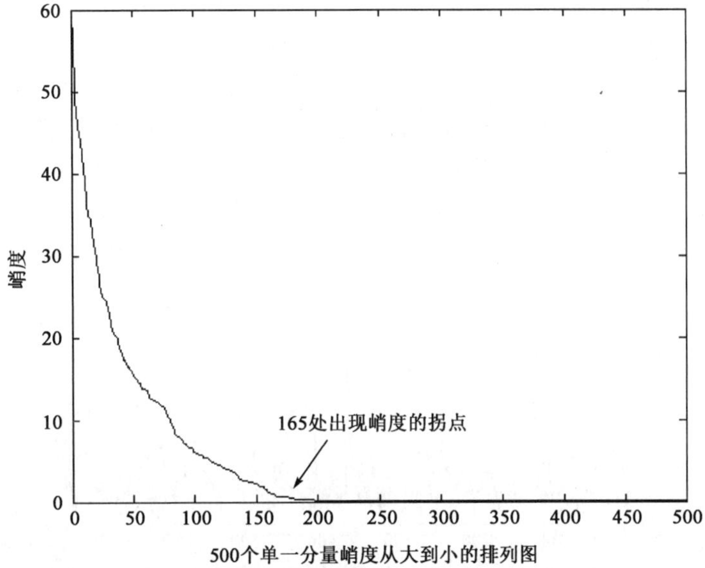

图 6-12 滚子故障振动信号的 500 个单一分量信号峭度图

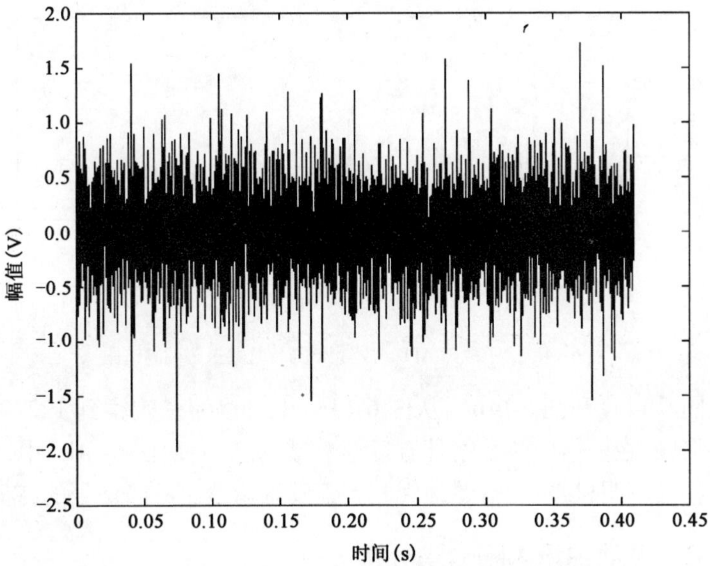

图 6-13 165 个滚子故障信号单一分量之和的信号

对自适应提取的单一分量信号之和取包络,再做包络解调,如图 6-14a)所示,在一倍频 122.07Hz 及其整数倍处存在明显的峰值,与滚子故障特征频率

125.192 3Hz 接近，且功率谱能量逐渐衰减。根据故障特征频率公式计算可得，转速 3 000r/min 的 N205EM 型滚动轴承的内圈故障特征频率为 357.69Hz，外圈故障特征频率为 242.31Hz，滚子的故障特征频率为 125.19Hz。因此图 7 中故障特征与外圈故障特征频率 125.19Hz 接近，由此可以判定滚子有故障。

用传统共振解调的方法处理加入高斯白噪声的信号，见图 6-10b)，用巴特沃斯带通滤波器对信号滤波，滤波频带为 1 000 ~ 2 000Hz，对带通滤波信号取包络，然后对低通信号做 FFT 变换得到图 6-10b) 信号的共振解调频谱图 6-14b)。

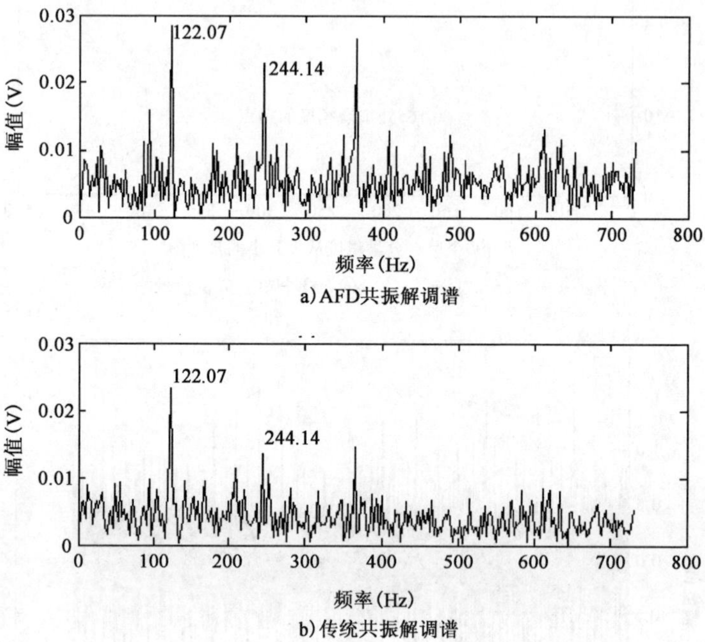

图 6-14　滚子故障 AFD 解调频谱与传统共振解调频谱图

对比图 6-14a) 和图 6-14b)：从图 6-14a) 中可以清楚观察到 122.07Hz 处有明显的一倍频，在一倍频整数倍处有逐渐衰减的脉冲；而图 6-14b) 中，信号的包络频谱图特征不明显，不能清楚地观察到滚动轴承滚子故障信号的特征。

6.4.3　滚动轴承内圈故障分析

N205EM 型滚动轴承内圈有划痕，转速设置为 480r/min，采集得到滚动轴承滚子故障的原始振动信号如图 6-15a) 所示。同样，为了验证 AFD 算法的有效性，将得到的初始振动信号加入信噪比为 9 的高斯白噪声，加入噪声后得到的振动信号如图 6-15b)所示。

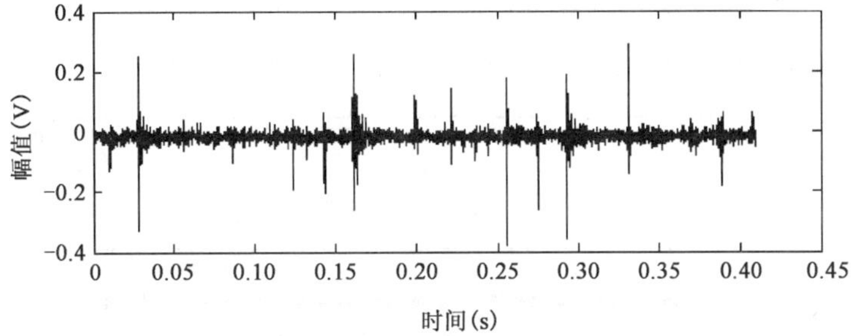

a)内圈原始信号

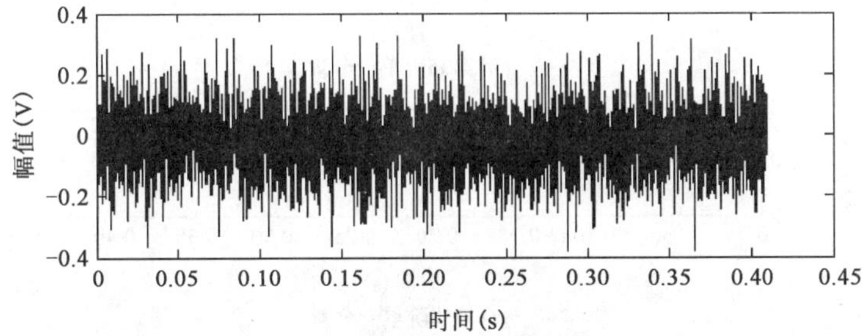

b)加入噪声后的信号

图 6-15　内圈故障原始信号与加入噪声后的信号

利用 AFD 算法对该故障信号进行分解,分解阶数为 500。图 6-16 为分解的部分单一信号。

计算每个单一分量信号的峭度并由大到小进行排列,得到 500 个内圈单一分量信号排列图,再用 FCM 算法对峭度进行分类,取分类中心的平均值作为拐点,拐点出现在第 339 个信号的地方,如图 6-17 所示。

因此,自适应提取拐点前 339 个峭度对应的单一分量信号求和,如图 6-18 所示。

对自适应提取的单一分量信号之和取包络,再做包络解调,如图 6-19a)所示,在一倍频 53.71Hz 及其整数倍处存在明显的峰值,且功率谱能量逐渐衰减。根据故障特征频率公式计算可得,转速 480r/min 的 N205EM 型滚动轴承的内圈故障特征频率为 57.23Hz,外圈故障特征频率为 38.77Hz,滚子的故障特征频率为 20.03Hz。图 6-19 中的故障特征频率与内圈故障特征频率 57.23Hz 接近,因此可以判定内圈有故障。

用传统共振解调的方法处理加入高斯白噪声的信号,见图 6-15b),用巴特沃斯带通滤波器对信号滤波,滤波频带为 1 000 ~ 2 000Hz,对带通滤波信号取包络，然后对低通信号做 FFT 变换得到图 6-15b）信号的共振解调频谱图 6-19b）。

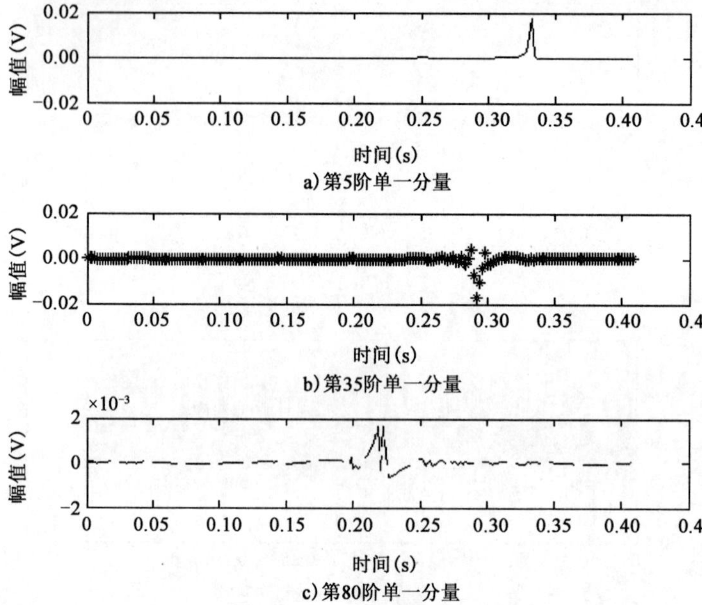

图 6-16　分解内圈故障振动信号得到的部分单一分量信号

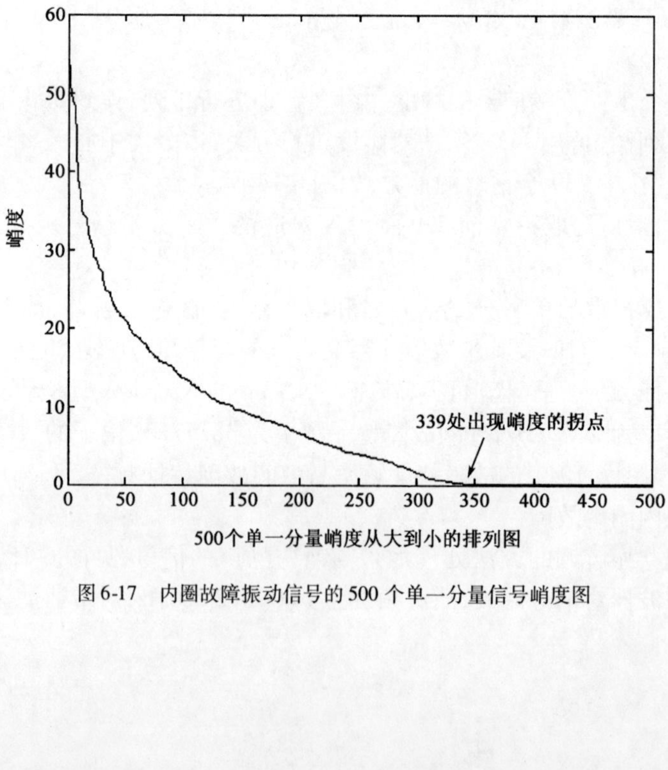

图 6-17　内圈故障振动信号的 500 个单一分量信号峭度图

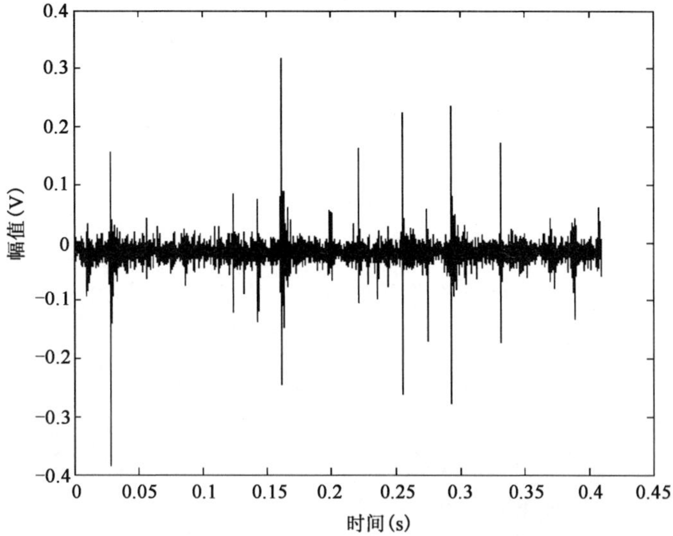

图 6-18 339 个外圈故障信号单一分量之和的信号

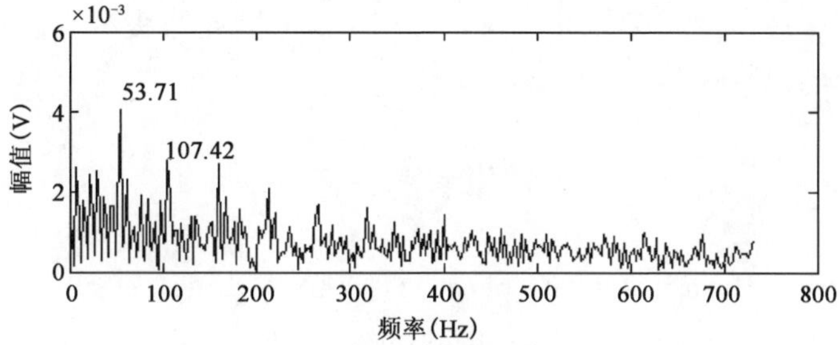

a) AFD共振解调谱

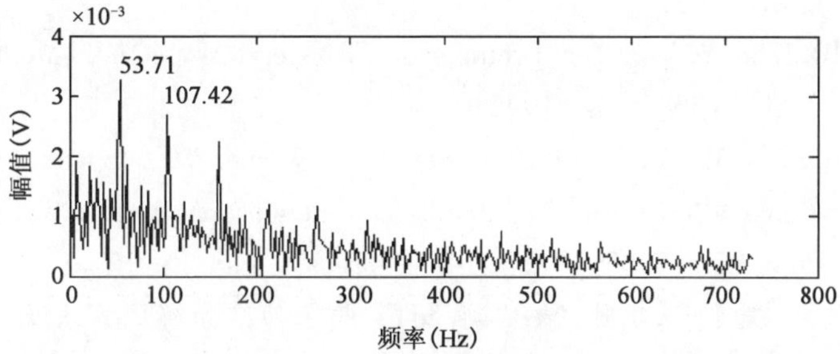

b) 传统共振解调谱

图 6-19 内圈故障 AFD 解调频谱与传统共振解调频谱图

对比图 6-19a)和图 6-19b):图 6-19a)和图 6-19b)都可以清楚观察到一倍频 53.71Hz 处有明显的脉冲,在一倍频整数倍处有逐渐衰减的脉冲;两种方法都能很好地提取内圈的故障特征。

6.5 本章小结

本章应用 AFD 方法对滚动轴承进行故障诊断,将滚动轴承振动信号自适应分解为一系列单一分量信号,并计算它们单一分量信号的峭度;峭度按由从大到小的顺序排列,利用 FCM 方法寻找峭度值趋于稳定的拐点,对自适应提取拐点前的单一分量信号并求和,对求和信号取包络,再对包络做 FFT 变换,得到轴承信号的频谱图,根据轴承外圈和滚子故障频率,诊断滚动轴承故障。结果表明:本章提出的 AFD 方法在不预先确定滤波频带,不出现无物理意义的“负频”的情形下,能够准确有效地提取出滚动轴承外圈和滚子的故障信息,得到比传统的共振解调有更好的频谱特征,有效诊断滚动轴承的故障。基于 AFD 的轴承故障诊断算法,其诊断的精确度高,但是 AFD 分解的时间长,用 MATLAB 对 4096 个点的数据进行分解,阶数 500,所用的时间为 76.25s,因此算法不适合用于在途故障诊断,而适合离线数据分析。

本章参考文献

[1] NORDE E Huang, ZHENG Shen, STEVEN R Long, et al. The Empirical Mode Decomposition and the Hilbert Spectrum for Nonlinear and Non - Stationary Time Series Analysis[J]. Proceedings of the Royal Society A, 1998, 454 (1971): 903-995.

[2] INGRID Daubechies. Ten Lectures on Wavelets[M]. 2nd. Montpelier Vermont: Capital City Press, 1992.

[3] WOLFGANG Martin, PATRICK Flandrin. Wigner-Ville Spectral Analysis of Non-stationary Processes[J]. IEEE Transactions on Acoustics, Speech, and Signal Processing, 1985, 33(6):1461-1470.

[4] 胡晓依,何庆复,王华胜,等.基于 STFT 的振动信号解调方法及其在轴承故障检测中的应用[J].振动与冲击,2008,27(2):82-86.

[5] CUI Hua, SONG Guoxiang. Study of the Wavelet Basis Selections[J]. Computational Intelligence and Security, Lecture Notes in Computer Science, 2007

(4456): 1009-1017.

[6] QIAN Tao, ZHANG Liming, LI Zhixiong. Algorithm of Adaptive Fourier Decomposition[J]. IEEE Transactions on Signal Processing, 2011, 59(12): 5899-5906.

[7] QIAN Tao, WANG Yanbo, DANG Pei. Adaptive Decomposition into Mono-Components[J]. Advances in Adaptive Data Analysis, 2009, 1(4):703-709.

[8] 刘金朝,丁夏完,王成国.自适应共振解调法及其在滚动轴承故障诊断中的应用[J].振动与冲击,26(1):38-41.

[9] 唐德尧.广义共振、共振解调故障诊断与安全工程—铁路篇[M].北京:中国铁道出版社,2006.

[10] 周明珠."信号与系统实验装置"的优化设计[D].郑州:郑州大学,2005.

[11] 关庆,邓赵红,王士同.改进的模糊C均值聚类算法[J].计算机工程与应用,2011,47(10):27-29,88.

[12] 张铁新.峰值能量技术原理及其应用[J].电机技术,2010(3):57-59.

[13] 严保康,周凤星.齿轮箱故障识别系统的研究与应用[J].现代电子技术,2012,35(2):77-80.

第7章 城轨列车走行部轴承寿命分析

接触疲劳是城轨列车走行部轴承主要失效形式之一，疲劳寿命是轴承设计和使用的重要指标。因此，修正和改进城轨列车走行部轴承疲劳寿命计算方法，研究轴承疲劳寿命计算模型及其影响因素具有重要意义。

本章基于轴承疲劳寿命计算模型，分析了不同结构参数和载荷参数对轴承疲劳寿命的影响，在此分析基础上，构建了时变工况下城轨列车走行部轴承的疲劳寿命评估模型，并利用广州地铁时变工况环境下的数据对模型进行了测试，验证了模型的合理性和有效性。

7.1 球轴承基本额定寿命计算方法

7.1.1 L-P理论球轴承基本额定寿命计算

据额定动载荷的理论[1]，Lundberg 和 Palmgren 都给出了滚道与滚动体之间的额定动载荷，对于向心球轴承：

$$Q_c = 98.1\left(\frac{f}{2f-1}\right)^{0.41}\frac{(1\mp\gamma)^{1.39}}{(1\pm\gamma)^{1/3}}\left(\frac{\gamma}{\cos\alpha}\right)^{0.3}D_w^{1.8}Z^{1/3} \tag{7-1}$$

式中：f——内、外圈滚道沟曲率系数，$f=r/D$；

α——滚动体与内、外圈接触角；

D_w——滚动体直径；

Z——滚动体数目；

γ——$\gamma=D_w\cos\alpha/d_m$，D_w 是节圆直径。

滚动轴承中，滚道上任何一点的接触状态都会有多种不同情形。如图7-1所示为内圈旋转时，相对载荷旋转的套圈滚道上某一点上的载荷分布所发生的循环变化。

套圈的当量载荷为：

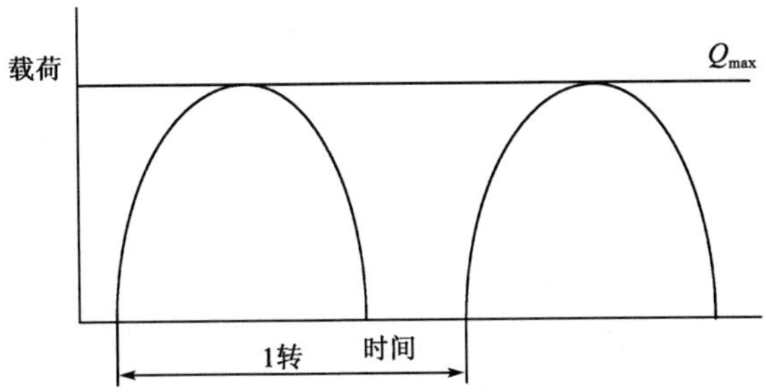

图 7-1 旋转套圈上任一点的载荷变化曲线

$$Q_{e\mu} = \left(\frac{1}{Z}\sum_{j=1}^{Z} Q_j^3\right)^{1/3} \tag{7-2}$$

式中：Q_j——滚道和滚动体之间的接触载荷。

相对载荷静止的套圈，其当量载荷为：

$$Q_{e\nu} = \left(\frac{1}{Z}\sum_{j=1}^{Z} Q_j^{\frac{10}{3}}\right)^{0.3} \tag{7-3}$$

球轴承寿命与载荷的关系如图 7-2 所示。

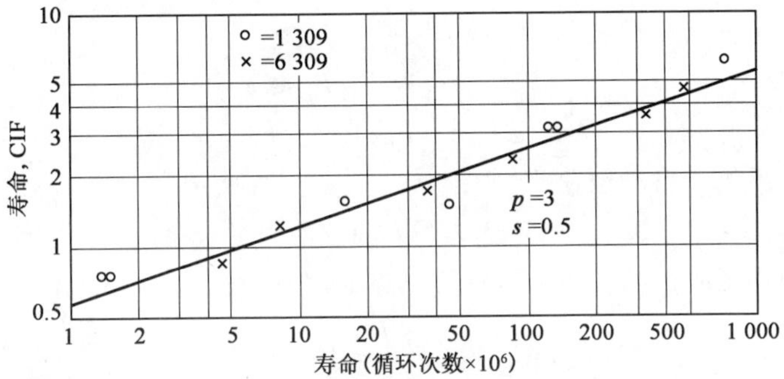

图 7-2 球轴承寿命与载荷的关系

根据统计学理论，Lundberg 与 Palmgren 针对滚动轴承，提出了内、外圈寿命与轴承整体寿命 L 的关系式：

$$L = \left(L_\mu^{-10/9} + L_\nu^{-10/9}\right)^{-0.9} \tag{7-4}$$

式中：L_μ——内圈寿命，$L_\mu = (Q_c/Q_{e\mu})^3$；

L_ν——外圈寿命，$L_\nu = (Q_c/Q_{e\nu})^3$。

7.1.2 ISO 标准球轴承基本额定寿命计算

轴承内、外圈在径向载荷下的基本额定动载荷：

$$C_{\mu} = Q_{c\mu} Z\cos\alpha \frac{J_r}{J_1} \tag{7-5}$$

$$C_{\nu} = Q_{c\nu} Z\cos\alpha \frac{J_r}{J_2} \tag{7-6}$$

式中：C_{μ}、C_{ν}——对于内、外圈在轴承上的基本额定动载荷；

$Q_{c\mu}$、$Q_{c\nu}$——内、外圈上的基本额定动载荷；

J_1、J_2——旋转/非旋转滚道平均载荷与最大接触载荷 $Q\max$ 的比例系数；

J_r——径向载荷积分系数。

根据概率理论，轴承整体的基本额定动载荷与内外圈额定动载荷的关系为：

$$C = (C_{\mu}^{10/3} + C_{\nu}^{10/3})^{-0.3} \tag{7-7}$$

式中：C——整个轴承基本额定动载荷。

综上，ISO 推导出了球轴承的基本额定动载荷的标准算法，对于径向球轴承有：

$$C_r = b_m f_c (i\cos\alpha)^{0.7} Z D_w^{1.8} \quad (D_w \leqslant 25.4\text{mm}) \tag{7-8}$$

$$C_r = 3.647 b_m f_c (i\cos\alpha)^{0.7} Z^{2/3} D_w^{1.4} \quad (D_w > 25.4\text{mm}) \tag{7-9}$$

ISO 标准中，径向轴承接触角从 0°到 45°，推力轴承接触角从 45°到 90°。

径向轴承的当量动载荷 P_r 为：

$$P_r = F_r, 当\ F_a/F_r \leqslant e \tag{7-10}$$

$$P_r = XF_r + YF_a, 当\ F_a/F_r > e \tag{7-11}$$

推力轴承的当量动载荷 P_a 为：

$$P_a = XF_r + YF_a \tag{7-12}$$

由径向额定载荷与当量载荷计算基本额定寿命：

$$L_{10} = \left(\frac{C_r}{P_r}\right)^3 \tag{7-13}$$

由轴向额定载荷与当量载荷计算基本额定寿命：

$$L_{10} = \left(\frac{C_a}{P_a}\right)^3 \tag{7-14}$$

7.2 滚动体轴承基本额定寿命计算方法

7.2.1 L-P 理论滚动体轴承基本额定寿命计算

接触角小于 45°的向心滚动体轴承，滚动体套圈间的额定动载荷为：

$$Q_c = 552\lambda \frac{(1 \mp \gamma)^{29/27}}{(1 \pm \gamma)^{1/4}} \left(\frac{D}{D_{pw}}\right)^{2/9} D^{29/27} l^{7/9} Z^{-1/4} \tag{7-15}$$

接触角大于45°的推力滚动体轴承,滚动体套圈间的额定动载荷为:

$$Q_c = 552\lambda\eta\gamma^{2/9} \frac{(1 \mp \gamma)^{29/27}}{(1 \pm \gamma)^{1/4}} \left(\frac{D}{D_{pw}}\right)^{2/9} D^{29/27} (l\cos\alpha)^{7/9} \tan\alpha Z^{-1/4} \tag{7-16}$$

式中:λ——应力集中减小系数;

γ——结构参数,$\gamma = D/D_{pw}$;

D——滚动体直径;

D_{pw}——节圆直径;

l——滚动体长度。

其中,应力集中减小系数 λ,Lundberg 和 Palmgren 根据相应试验数据,给出了推荐值,如表 7-1 所示。

应力集中减小系数 λ 值 表 7-1

接触类型	内滚道	外滚道
线接触	0.41~0.56	0.38~0.6
修正线接触	0.6~0.8	0.6~0.8

用载荷分布的四次方代替三次方平均载荷来计算线接触的情况,则旋转套圈的当量载荷为:

$$Q_{e\mu} = \left(\frac{1}{Z}\sum_{j=1}^{Z} Q_j^4\right)^{1/4} \tag{7-17}$$

非旋转套圈,当量载荷为:

$$Q_{ev} = \left(\frac{1}{Z}\sum_{j=1}^{Z} Q_j^{4.5}\right)^{1/4.5} \tag{7-18}$$

滚动体轴承疲劳寿命计算公式为:

$$L = (L_\mu^{-9/8} + L_\nu^{-9/8})^{-8/9} \tag{7-19}$$

式中:L_μ——内圈寿命,$L_\mu = (Q_c/Q_{e\mu})^4$;

L_ν——外圈寿命,$L_\nu = (Q_c/Q_{ev})^4$。

7.2.2 ISO 标准滚动体轴承基本额定寿命计算

径向滚动体轴承的基本额定动载荷为:

$$C_r = b_m f_c (iL_w\cos\alpha)^{7/9} Z^{3/4} D_w^{29/27} \tag{7-20}$$

推力滚动体轴承的基本额定动载荷为:

$$C_a = b_m f_c (L_w\cos\alpha)^{7/9} \tan\alpha Z^{3/4} D_w^{29/27} \quad (\alpha \neq 90°) \tag{7-21}$$

$$C_a = b_m f_c L_w^{7/9} Z^{3/4} D_w^{29/27} \quad (\alpha = 90°) \tag{7-22}$$

式中：b_m——材料修正系数；

f_c——基本额定寿命计算系数，与轴承的几何参数相关。

径向滚子轴承的当量动载荷 P 为：

$$P_r = F_r, 当 F_a/F_r \leqslant e \tag{7-23}$$

$$P_r = XF_r + YF_a, 当 F_a/F_r > e \tag{7-24}$$

推力轴承的当量动载荷 P 为：

$$P_a = XF_r + YF_a \tag{7-25}$$

对于滚动体轴承，在一定的载荷下，滚动体与滚道之间的接触会出现点接触变化为线接触的现象，因此载荷寿命系数也在 3 与 4 之间变化。ISO 对于滚动体轴承载荷寿命系数取为 10/3。

由径向滚子载荷计算基本额定寿命：

$$L_{10} = \left(\frac{C_r}{P_r}\right)^{10/3} \tag{7-26}$$

由轴向滚子载荷计算基本额定寿命：

$$L_{10} = \left(\frac{C_a}{P_a}\right)^{10/3} \tag{7-27}$$

7.3 疲劳寿命影响因素分析

接触性疲劳剥落是城轨列车走行部轴承的主要失效形式[3]。

工作的小时数经常被用在轴承寿命计算中表示其寿命，圆柱滚动体轴承的额定寿命公式为：

$$L_h = \frac{10^6}{60n}\left(\frac{C}{P}\right)^{\varepsilon} \tag{7-28}$$

式中：n——轴承在工作时的转速（r/min）；

C——轴承的额定动载荷（N）；

P——当量动载荷（N）；

ε——轴承的寿命指数。

Lunderg 和 Palmgren 通过试验，得出 $e = 9/8$，$c = 31/3$，$h = 7/3$。

$$\varepsilon = \frac{c - h + 1}{2e} = 4 \tag{7-29}$$

常取寿命指数 $\varepsilon = 10/3$。

圆柱滚动体的轴承额定动载荷 C 为：

$$C = f_c l^{7/9} z^{3/4} D_b^{29/27} \tag{7-30}$$

式中：f_c——与轴承几何形状、制造精度和材料性质有关的系数（表 7-2）；

D_b——滚动体直径（mm）；

z——滚动体数目；

l——滚动体长度（mm）。

轴 承 f_c 值 表 7-2

$\frac{D_{we}\cos\alpha^0}{D_{pw}}$	f_c	$\frac{D_{we}\cos\alpha^0}{D_{pw}}$	f_c
0.01	52.1	0.16	88.5
0.02	60.8	0.17	88.7
0.03	66.5	0.18	88.8
0.04	70.7	0.19	88.8
0.05	74.1	0.2	88.7
0.06	76.9	0.21	88.5
0.07	79.2	0.22	88.2
0.08	81.2	0.23	87.9
0.09	82.8	0.24	87.5
0.1	84.2	0.25	87
0.11	85.4	0.26	86.4
0.12	86.4	0.27	85.8
0.13	87.1	0.28	85.2
0.14	87.7	0.29	84.5
0.15	88.2	0.3	83.8
对于$\frac{D_{we}\cos\alpha^0}{D_{pw}}$的中间值，其 f_c 值可由线性内插法求得			

$\alpha \neq 0°$的向心滚动体轴承在恒定径向和轴向载荷作用下的径向当量动载荷 P_r 为：

$$P_r = XF_r + YF_a \tag{7-31}$$

式中：F_r——轴承径向载荷（N）；

F_{α}——轴承轴向载荷(N)。

X 和 Y 值列于表 7-3。

轴 承 X 和 Y 值 表 7-3

轴承类型	$\frac{F_{\alpha}}{F_r} \leq e$		$\frac{F_{\alpha}}{F_r} > e$		e
	X	Y	X	Y	
单列 $\alpha \neq 0°$	1	0	0.4	$0.4\cot\alpha$	$1.5\tan\alpha$
双列 $\alpha \neq 0°$	1	$0.45\cot\alpha$	0.67	$0.67\cot\alpha$	$1.5\tan\alpha$

$\alpha = 0°$的向心滚动体轴承在恒定径向和轴向载荷作用下的径向当量动载荷 P_r 为:

$$P = F_r \tag{7-32}$$

线接触的圆柱滚子轴承 $\alpha = 0°$,则其基本额定动载荷 P 为:

$$P = F_r \tag{7-33}$$

1)转速对疲劳寿命的影响

图 7-3 为当径向载荷变化时,轴承的疲劳寿命的变化情况。由图可以得出:

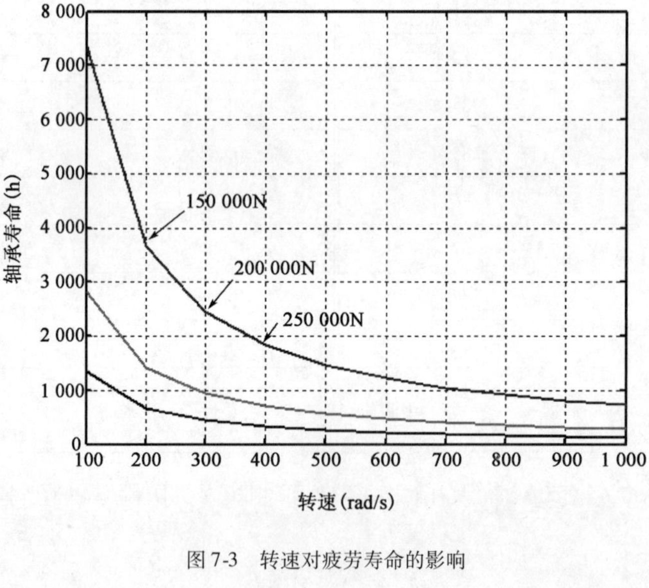

图 7-3 转速对疲劳寿命的影响

(1)轴承转速越高,其离心力越大,轴承滚子与内圈和外圈的接触负载越大,轴承的疲劳寿命越小。

(2)在径向载荷的作用不同时,载荷越大,转速对轴承的疲劳寿命的影响越小。

2)载荷对疲劳寿命的影响

图7-4 为不同轴承转速下,载荷对轴承疲劳寿命的影响。由图可以得出:

(1)随着径向载荷的增加,轴承接触负载增加,轴承疲劳寿命下降。

(2)在不同轴承转速时,转速越高,载荷对轴承寿命的影响越小。

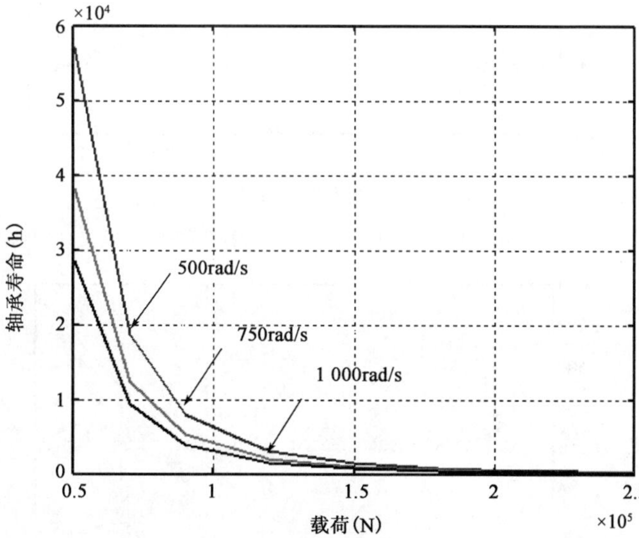

图7-4 载荷对轴承疲劳寿命的影响

3)轴承节径对疲劳寿命的影响

图7-5 为轴承节径对轴承疲劳寿命的影响图,随着轴承节径的增加,轴承疲劳寿命不断减小。主要原因为随着轴承节径的增大,轴承滚动体直径增大,轴承离心力增大,使得滚动体与内、外圈接触负载增大,引起轴承疲劳寿命降低。

4)滚动体数目对疲劳寿命的影响

图7-6 为滚动体数目对轴承疲劳寿命的影响图。随着轴承滚动体数目的增加,轴承疲劳寿命不断增加。主要原因是随着轴承滚动体数目的增加,承载负荷的滚动体数目增加,从而使轴承疲劳寿命升高。

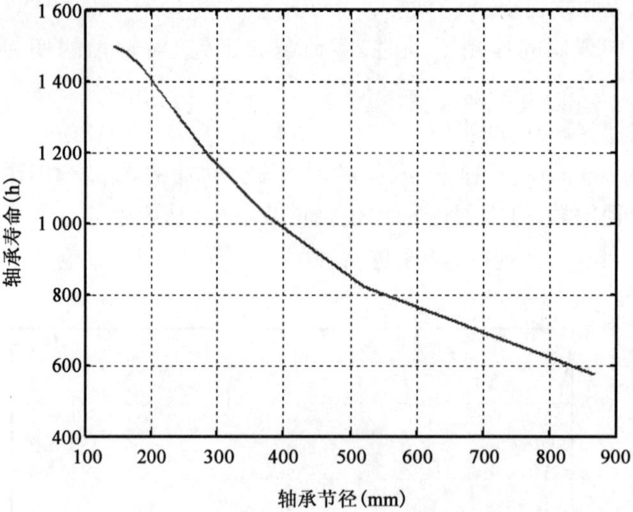

图 7-5　轴承节径对轴承疲劳寿命的影响

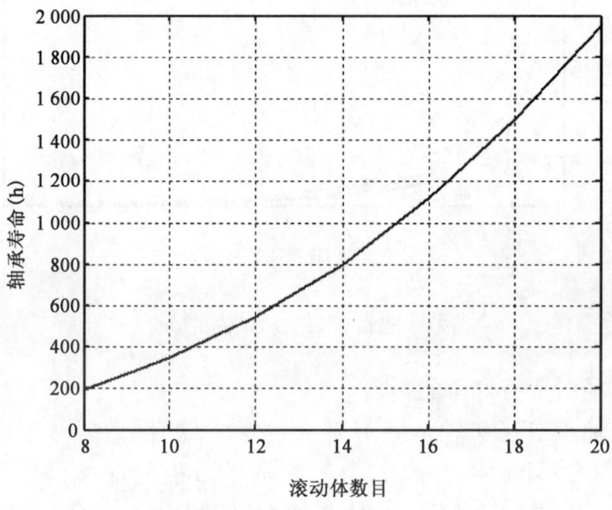

图 7-6　滚动体数目对轴承疲劳寿命的影响

7.4　城轨列车走行部轴承载荷—时间历程统计分析

7.4.1　雨流计数法

雨流计数法又称“塔顶法”，是由 Matsuiski 和 Endo 提出的一种计数方法，该方法把整个载荷—时间曲线中出现的应力幅范围划分为若干个等差的应力幅级别,然后统计出各应力幅级别内相应的循环次数,从而得到载荷—频次曲线等各种形式的载荷统计结果,为研究疲劳损伤提供重要数据。

雨流计数法主要规则如下[4-7]:

(1)雨流计算的起点由每一个峰值的内边开始。

(2)雨流流到峰值处时便竖直落下,如遇到一个比它起始点值更大(更小)峰值便停止。

(3)雨流遇到上面流下的雨流时就停止流动,雨流轨迹构成了一个全循环。

(4)根据雨滴流动的起点和终点,得到完整的循环,提取并记录其峰谷值。

(5)经过一次雨流计数阶段后,不能构成循环的峰谷值也提取出来,重新形成载荷谱,进行第二阶段的雨流计数。

(6)雨流计数法的全部计数统计结果,等于这两个阶段计数之和。

7.4.2 轴承载荷—时间历程统计分析

本文使用雨流计数法对城轨列车走行部轴承的动载荷—时间历程进行计数,并对结果进行统计分析,得到轴承载荷近似服从正态分布结果,为轴承疲劳寿命动态预测提供基础。图7-7为轴承动载荷—时间历程。由图7-8所示的轴承动载荷均值统计直方图可以看出均值统计大部分在3 500~3 800N之间。由雨流矩阵分布图(图7-9)可以清楚看出应力集中范围及相应循环次数。

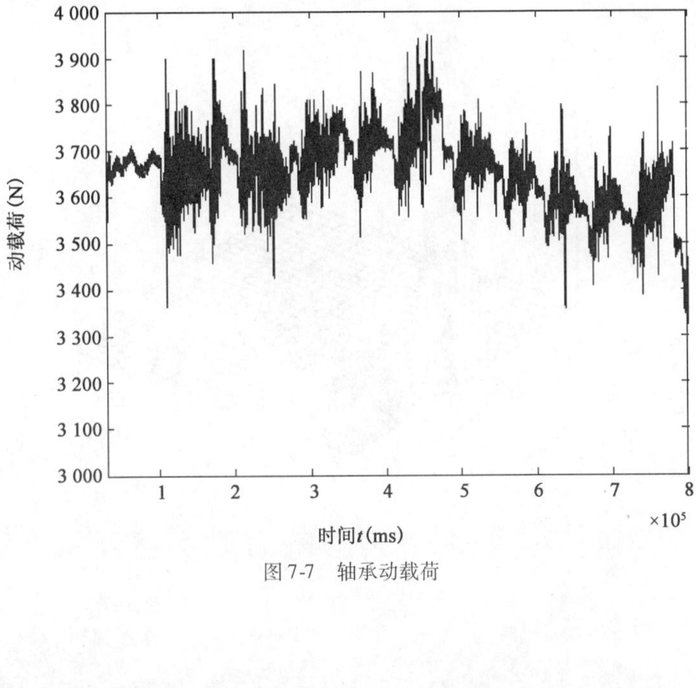

图7-7 轴承动载荷

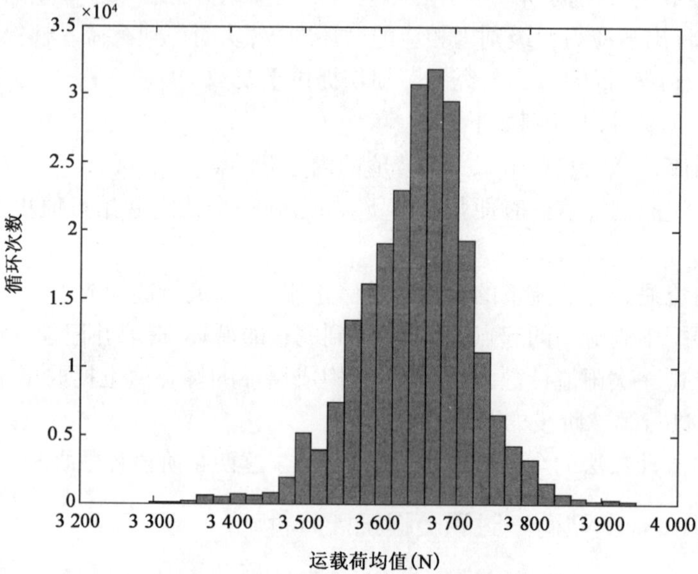

图 7-8　轴承动载荷均值统计

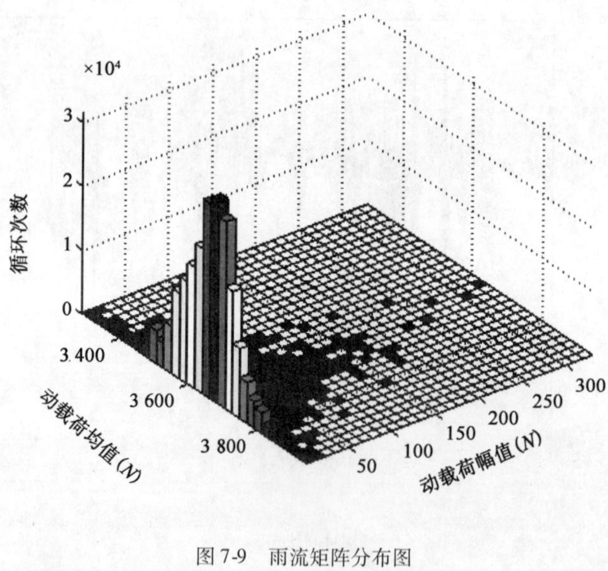

图 7-9　雨流矩阵分布图

7.5 疲劳寿命动态分析

7.5.1 变载荷工况下轴承寿命计算

城轨列车走行部轴承经常处于交变载荷下，计算载荷的大小是轴承寿命计算的基本依据。SKF 等给出的计算公式为[8]：

$$L_{10m} = \frac{1}{\dfrac{U_1}{L_{10m1}} + \dfrac{U_2}{L_{10m2}} + \dfrac{U_3}{L_{10m3}} + \cdots} \tag{7-34}$$

式中：　L_{10m}——额定寿命；

$L_{10m1}, L_{10m2}\cdots$——工作条件不变的各时间段，U_1、U_2……的分段寿命，且满足$\sum\limits_{i=1}^{n} U_i = 1$。

实际上，U_1、$U_2\cdots$为载荷 $P_1, P_2\cdots$下的循环次数占总循环次数的比例，即：

$$U_i = \frac{n_i}{\sum n_i} \tag{7-35}$$

又根据 ISO281:1990 标准[9]，$L_{10mi} = \left(\dfrac{C}{P_i}\right)^{\varepsilon}$。

故：

$$\begin{aligned} L_{10m} &= \frac{1}{\dfrac{U_1}{L_{10m1}} + \dfrac{U_2}{L_{10m2}} + \dfrac{U_3}{L_{10m3}} + \cdots} \\ &= \frac{1}{\dfrac{n_1}{\sum n_i\left(\dfrac{C}{P_1}\right)^{\varepsilon}} + \dfrac{n_2}{\sum n_i\left(\dfrac{C}{P_2}\right)^{\varepsilon}} + \dfrac{n_3}{\sum n_i\left(\dfrac{C}{P_3}\right)^{\varepsilon}} + \cdots} \\ &= \frac{C^{\varepsilon}}{\dfrac{n_1}{\sum n_i}P_1^{\varepsilon} + \dfrac{n_2}{\sum n_i}P_2^{\varepsilon} + \dfrac{n_3}{\sum n_i}P_3^{\varepsilon} + \cdots} \end{aligned} \tag{7-36}$$

7.5.2 时变载荷下轴承疲劳寿命分析

判断轴承的状态寿命理论值，关键是计算滚动轴承的累积使用寿命消耗（或相对寿命消耗 $\bar{L}_{XH}$）[10]。本文利用损伤等效的 Miner 线性叠加理论计算城轨列车走行部轴承总的使用寿命消耗 L_{XH}，其计算公式为：

$$L_{XH} = \sum_{m=1}^{K} \frac{L_{10}}{L_{10m}} t_m \tag{7-37}$$

式中：L_{10m}——工况 m 下轴承的寿命；

t_m——工况 m 下轴承的实际工作时间。

$$L_{SY} = L_Z - L_{XH} \tag{7-38}$$

式中：L_{SY}——轴承的剩余寿命；

L_Z——轴承的总寿命。

由图 7-10 可以看出，随着城轨列车运营里程的增加，时变工况下轴承剩余寿命的实时变化趋势。

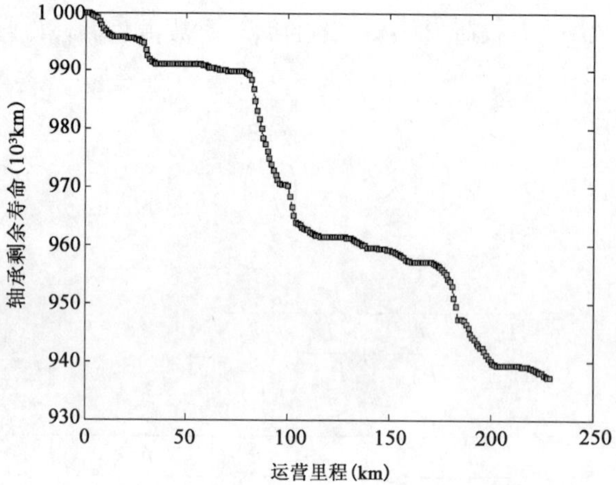

图 7-10　轴承剩余寿命

7.6　本章小结

本章基于轴承疲劳寿命计算模型，分析了不同结构参数和载荷参数对轴承疲劳寿命的影响，结合城轨列车实际运营工况，构建了时变工况下城轨列车走行部轴承的疲劳寿命评估模型，并对模型进行了验证。

本章参考文献

[1] Lundberg G. Dgnamic capacity of roller bearing[J]. Acta polytech. Meth. Eng. 1952,2.

[2] 刘泽九.滚动轴承的额定负载与寿命[M].北京:机械工业出版社,1982.

[3] 伍颖.断裂与疲劳[M].武汉:中国地质大学出版社,2008.

[4] 高镇同.疲劳可靠性[M].北京:北京航空航天大学出版社,2000.

[5] 汪宏.基于MATLAB的疲劳寿命预测研究[D].西安:长安大学,2009.

[6] 杨立峰.基于载荷谱进行汽车前轴寿命评估算方法研究[D].吉林:吉林大学,2009.

[7] 董进朝.风电齿轮箱轴承寿命计算方法研究[J].机械传动,2007,31(5):9-12.

[8] 中华人民共和国国家标准. GB/T 6391—2010 滚动轴承额定动载荷和额定寿命[S].北京:中国机械工业联合会,2011.

[9] 苗学问.航空发动机主轴承使用寿命预测技术研究[D].北京:北京航空航天大学,2008.

[10] E. D. Newland. Ridge and phase identification in the frequency analysis of transient signals by harmonic wavelets[J]. ASME journal of vibration and acoustics,1999,121:149-155.

第8章 城轨车辆悬挂系统建模

模型是基于模型的故障诊断方法的基础,决定了故障诊断算法的性能与表现。另一方面,数据驱动的故障诊断方法要求所获取的数据能够充分反映系统的动力学性能,并在系统发生故障时,承载足够的信息用于故障诊断,因此对系统输出的选择十分关键。通过建模可以较为全面地了解与认识对象系统,从而选择最少但又足够的变量作为系统输出,达到故障诊断的目的。因此,城轨车辆悬挂系统建模是故障诊断的基础。文献[1]对轨道车辆悬挂系统部件建模做了细致而全面的论述。本章在分析悬挂系统组成与功能的基础上,建立了城轨车辆垂向悬挂系统模型,并通过时频域的分析验证了所建模型的可靠性。最后利用SIMPACK软件搭建了城轨车辆悬挂系统故障仿真试验平台,为第9章与第10章故障诊断算法的验证提供了较为可靠的试验数据。

8.1 车辆悬挂系统及车载故障诊断系统构架

8.1.1 车辆悬挂系统组成与功能

车辆悬挂系统位于车体与转向架之间(称为二系),以及转向架与轮对之间(称为一系),由空气弹簧、普通弹簧、阻尼器等大量的弹性元件与阻尼元件构成。悬挂系统支撑着车体与转向架,起到缓冲由轨道不平顺所引起的轮轨作用力、引导车辆行驶、保持运行舒适性等作用。根据对车辆运动状态的作用影响,又可以将悬挂系统分为垂向悬挂系统与横向悬挂系统。其中,垂向悬挂系统对沉浮、点头与侧滚运动产生作用,而横向悬挂系统则对横摆、摇头与侧滚运动产生作用。

本书研究中,从城轨车辆悬挂系统建模到故障诊断均以垂向悬挂系统为例,但所有过程与方法同样可以推广到横向悬挂系统。图8-1所示的车辆垂向悬挂系统模型,包括4个二系空气弹簧,4个二系阻尼器(图中①~④),8个一系弹簧以及8个一系阻尼器(图中⑤~⑫)。

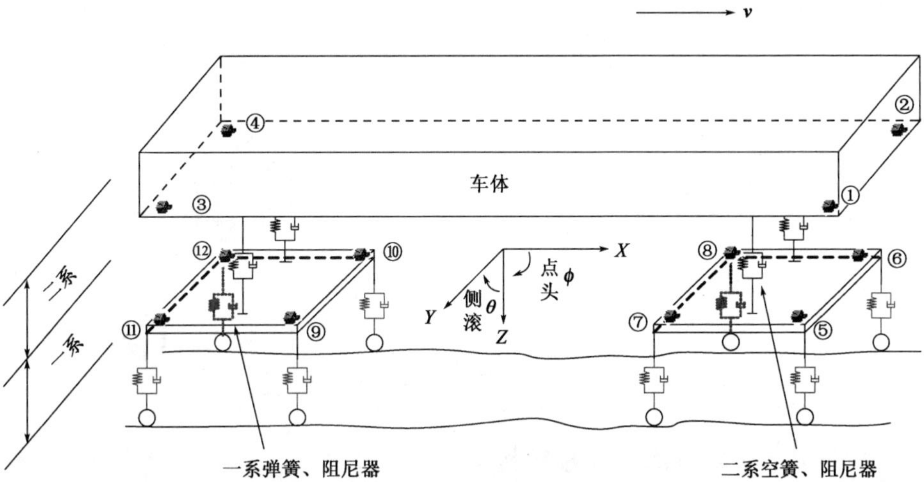

图 8-1 城轨车辆垂向悬挂系统

在车辆行驶过程中，由于轨道不平顺，在悬挂系的各部件上就会产生相应的作用力，进而在车体以及前后转向架上表现出沉浮、点头、侧滚等各个自由度上的运动。其中，弹簧产生的作用力与弹簧长度的变化量成正比，力的方向与弹簧长度的变化方向相反；阻尼器产生的作用力与阻尼器内活塞运动速度成正比，力的方向与活塞的运动方向相反，如图 8-2 所示。

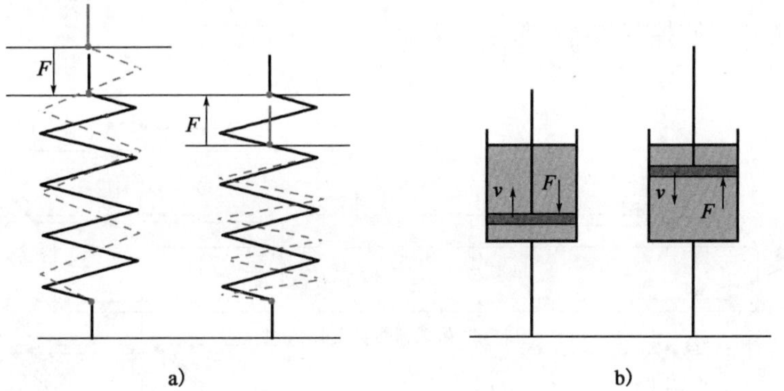

图 8-2 悬挂系部件工作原理

悬挂系统故障具体体现在悬挂系部件的性能衰减甚至是失效。如图 8-3a）表示弹簧断裂故障，图 8-3b）表示阻尼器因泄漏而引起的性能衰减故障。地铁公司的实际维修经验表明，在车辆投入运营 1 ~ 2 年后，悬挂系弹簧与阻尼器就会出现严重性能衰减,需要定期检修更换;一些一系弹簧甚至在列车运行过程中发生断裂,危及行车安全。因此,实时地进行悬挂系统状态监控与故障诊断十分重要。

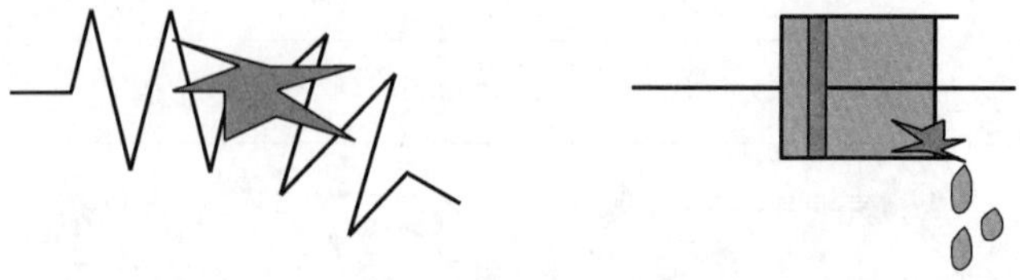

a)　　　　b)

图 8-3　悬挂系部件故障

8.1.2　车载故障诊断系统构架

如图 8-4 所示,12 个加速度传感器被布设于车体与转向架以获取车辆运动状态信息。车体传感器布设在车底板的 4 个角,与车底板边缘距离均为 400mm。转向架传感器布设在转向架 4 个轴箱的正上方。传感器旁边圈内数字代表传感器编号。研究经验表明,利用位移信号进行悬挂系统的状态监控效果远优于直接运用加速度信号,同时在加速度传感器直接输出的加速度信号中会包含一个低频的直流分量。所以 12 个加速度传感器获取的加速度信号在经过高通滤波与二次积分处理以后,获得的位移信号被作为车辆系统输出,用以车辆悬挂系统状态监控与故障诊断。

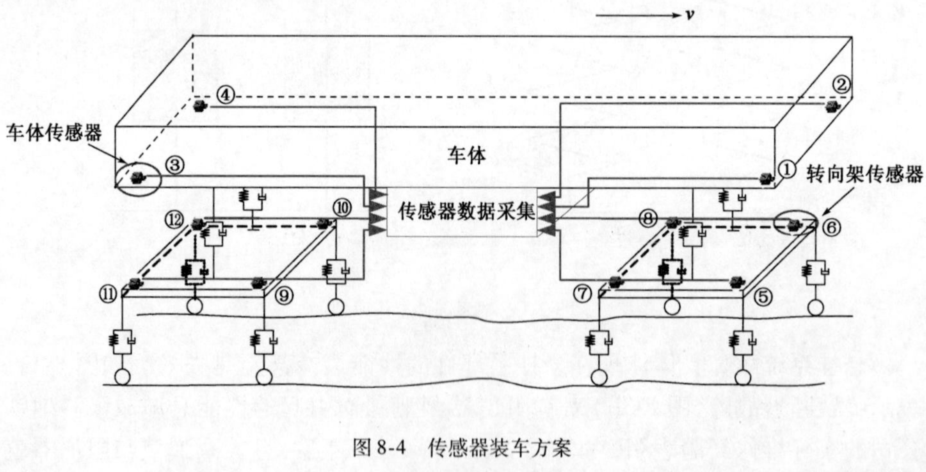

图 8-4　传感器装车方案

图 8-5 所示为城轨列车故障诊断系统结构框架图。所述故障诊断系统包括：

(1)传感器。用于获取列车各个位置的加速度信息。

(2)数据采集单元。负责连接传感器和数据预处理单元,将传感器发送的模拟信号转换为数据预处理单元可以识别的格式,以统一的通信协议发送到数据预处理单元,实现各传感器测量数据的采集和转换。

(3)数据预处理单元。负责各信号采集单元的数据管理及车辆网络管理,且接收数据采集单元送来的数据,对数据进行坐标变换、高通滤波、二次积分运算等工作,然后再将预处理结果通过以太网传给故障诊断单元。

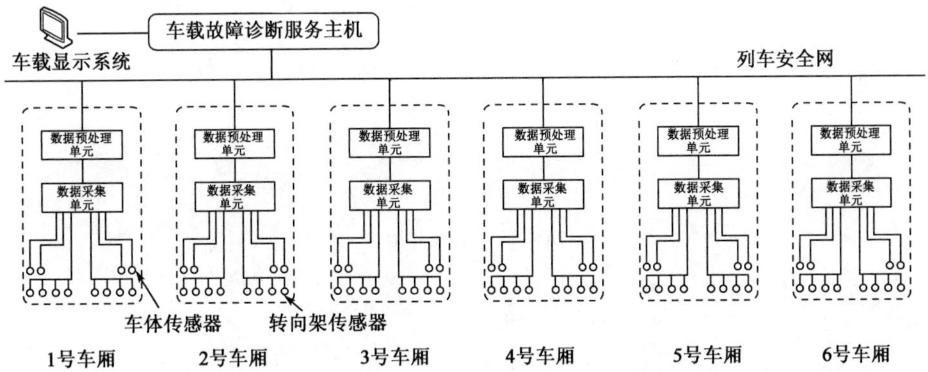

图 8-5 城轨列车故障诊断系统构架

每个车厢上都安装有数据采集单元与预处理单元,而故障诊断主机,即故障诊断单元是一列车配备一台,它通过以太网传输协议(TCP/IP)搜集各个车厢上传感器采集的信息,并利用故障诊断算法对接收到的数据进行处理,判断列车悬挂系统是否发生故障并对故障进行分离。

8.2 城轨车辆垂向悬挂系统动力学建模

8.2.1 车辆垂向悬挂系统的微分方程描述

城轨车辆悬挂系部件所在位置力的作用情况,以及车体与前后转向架在各个自由度上的运动状态如图 8-6 与图 8-7 所示。

依据牛顿定律，可以分别写出车体与前后转向架的沉浮运动微分方程，点头运动微分方程以及侧滚运动微分方程如下。

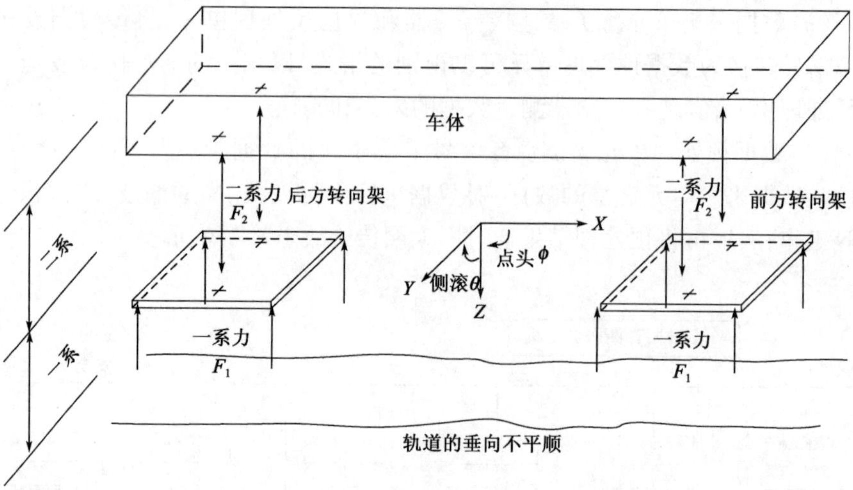

图 8-6　悬挂系作用力

(1)车体子系统模型

沉浮运动：

$$M\ddot{z}+4C_{2z}\dot{z}-2C_{2z}\dot{z}_{FB}-2C_{2z}\dot{z}_{RB}+4K_{2z}z-2K_{2z}z_{FB}-2K_{2z}z_{RB}=0 \tag{8-1}$$

点头运动：

$$J_{\varphi}\ddot{\phi}+4C_{2z}l^2\dot{\phi}-2C_{2z}l\dot{z}_{FB}+2C_{2z}l\dot{z}_{RB}+4K_{2z}l^2\phi-2K_{2z}lz_{FB}+2K_{2z}lz_{RB}=0 \tag{8-2}$$

侧滚运动：

$$\begin{aligned}&J_{\theta}\ddot{\theta}+4C_{2z}b^2\dot{\theta}-2C_{2z}b^2\dot{\theta}_{FB}-2C_{2z}b^2\theta_{RB}+(4K_{2z}b^2+2K_{\theta})\theta-\\&(2K_{2z}b^2+K_{\theta})\theta_{FB}-(2K_{2z}b^2+K_{\theta})\theta_{RB}=0\end{aligned} \tag{8-3}$$

式中：z、z_{FB}、z_{RB}——分别表示车体与前后转向架质心的垂向位移；

ϕ——每个质量块围绕质心的点头角；

θ——侧滚角，它们的脚标与 z 的脚标意义相同。

方程中的其余符号为车辆参数，由南车株洲电力机车厂提供，详见表 8-1。

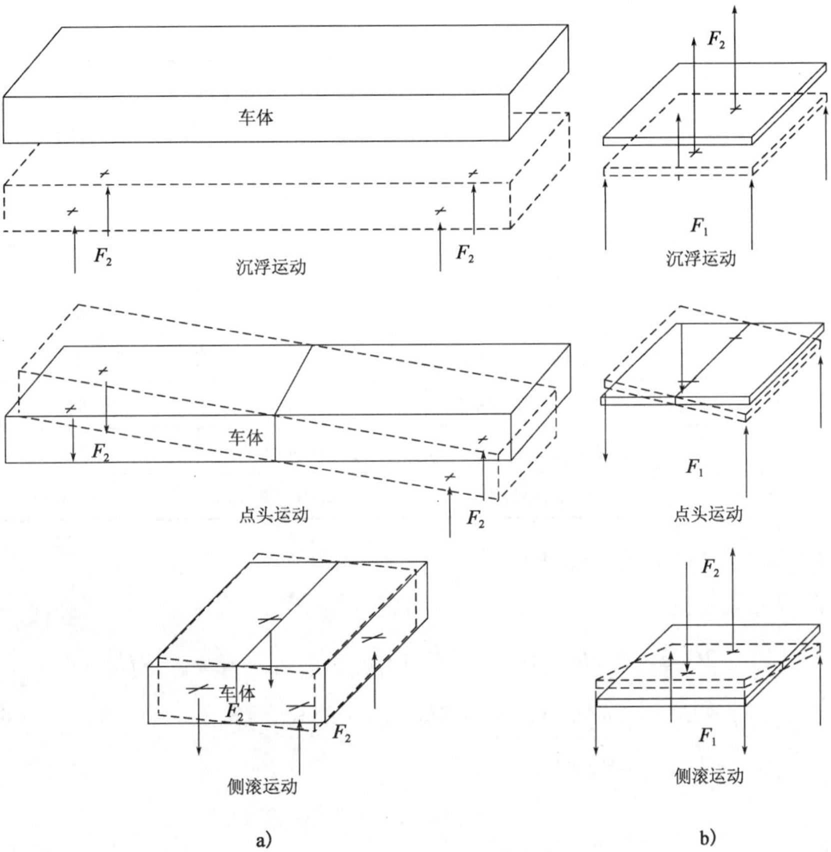

图 8-7　车体及转向架运动方式

车 辆 参 数 表　　　　表 8-1

符　　号	含　　义	单　　位	值
M	车体质量	kg	34 900
M_B	构架质量	kg	1 600
J_{ϕ}	车体点头转动惯量	kgm^2	955 430
J_{θ}	车体侧滚转动惯量	kgm^2	34 790
$J_{B\phi}$	构架点头转动惯量	kgm^2	3 070
$J_{B\theta}$	构架侧滚转动惯量	kgm^2	1 196
l	车辆定距之半	m	7.85
l_1	轴距之半	m	1.25

续上表

符　号	含　义	单　位	值
b	二系空簧横向间距之半	m	0.94
b_1	一系弹簧横向间距之半	m	0.97
l_e	车体长度之半	m	11.4
w	车体宽度之半	m	1.5
K_{2z}	二系空簧垂向刚度	kN/m	265
K_{1z}	一系弹簧垂向刚度	kN/m	1 200
C_{2z}	二系减震器阻尼系数	kNs/m	58
C_{1z}	一系减震器阻尼系数	kNs/m	15
K_θ	抗侧滚扭杆刚度	kN/m	3 500

(2)前转向架子系统模型

沉浮运动：

$$
\begin{aligned}
&M_B\ddot{z}_{FB}-2C_{2z}\dot{z}-2C_{2z}l\dot{\phi}+(4C_{1z}+2C_{2z})\dot{z}_{FB}-C_{1z}\dot{z}_{W1R}-C_{1z}\dot{z}_{W1L}-C_{1z}\dot{z}_{W2R}-\\
&C_{1z}\dot{z}_{W2L}-2K_{2z}z-2K_{2z}l\phi+(4K_{1z}+2K_{2z})z_{FB}-K_{1z}z_{W1R}-K_{1z}z_{W1L}-\\
&K_{1z}z_{W2R}-K_{1z}z_{W2L}=0
\end{aligned}
\tag{8-4}
$$

点头运动：

$$
\begin{aligned}
&J_{B\phi}\ddot{\phi}_{FB}+4C_{1z}l_1^2\dot{\phi}_{FB}-C_{1z}l_1\dot{z}_{W1R}-C_{1z}l_1\dot{z}_{W1L}+C_{1z}l_1\dot{z}_{W2R}+C_{1z}l_1\dot{z}_{W2L}+\\
&4K_{1z}l_1^2\dot{\phi}_{FB}-K_{1z}l_1z_{W1R}-K_{1z}l_1z_{W1L}+K_{1z}l_1z_{W2R}+K_{1z}l_1z_{W2L}=0
\end{aligned}
\tag{8-5}
$$

侧滚运动：

$$
\begin{aligned}
&J_{B\theta}\ddot{\theta}_{FB}-2C_{2z}b^2\dot{\theta}+(2C_{2z}b^2+4C_{1z}b_1^2)\dot{\theta}_{FB}+C_{1z}b_1\dot{z}_{W1R}-C_{1z}b_1\dot{z}_{W1L}+C_{1z}b_1\dot{z}_{W2R}-\\
&C_{1z}b_1\dot{z}_{W2L}-(2K_{2z}b^2+K_\theta)\theta+(2K_{2z}b^2+4K_{1z}b_1^2+K_\theta)\theta_{FB}+K_{1z}b_1z_{W1R}-\\
&K_{1z}b_1z_{W1L}+K_{1z}b_1z_{W2R}-K_{1z}b_1z_{W2L}=0
\end{aligned}
\tag{8-6}
$$

式中：z_{W1R}——前转向架前方轮对右侧车轮的垂向位移；

z_{W2L}——前转向架后方轮对左侧车轮的垂向位移。

依照这个逻辑就可以简单理解公式中其余符号的意义。考虑轮对是贴着轨道运行的，因此文中假设轮对的垂向位移即为轨道的垂向不平顺。

(3)后转向架子系统模型

沉浮运动：

$$M_B\ddot{z}_{RB}-2C_{2z}\dot{z}+2C_{2z}l\dot{\phi}+(4C_{1z}+2C_{2z})\dot{z}_{RB}-C_{1z}\dot{z}_{W3R}-C_{1z}\dot{z}_{W3L}-C_{1z}\dot{z}_{W4R}-C_{1z}\dot{z}_{W4L}-2K_{2z}z+2K_{2z}l\phi+(4K_{1z}+2K_{2z})z_{RB}-K_{1z}z_{W3R}-K_{1z}z_{W3L}-K_{1z}z_{W4R}-K_{1z}z_{W4L}=0 \tag{8-7}$$

点头运动：

$$J_{B\varphi}\ddot{\phi}_{RB}+4C_{1z}l_1^2\dot{\phi}_{RB}-C_{1z}l_1\dot{z}_{W3R}-C_{1z}l_1\dot{z}_{W3L}+C_{1z}l_1\dot{z}_{W4R}+C_{1z}l_1\dot{z}_{W4L}+4K_{1z}l_1^2\phi_{RB}-K_{1z}l_1z_{W3R}-K_{1z}l_1z_{W3L}+K_{1z}l_1z_{W4R}+K_{1z}l_1z_{W4L}=0 \tag{8-8}$$

侧滚运动：

$$J_{B\theta}\ddot{\theta}_{RB}-2C_{2z}b^2\dot{\theta}+(2C_{2z}b^2+4C_{1z})b_1^2\dot{\theta}_{RB}+C_{1z}b_1\dot{z}_{W3R}-C_{1z}b_1\dot{z}_{W3L}+C_{1z}b_1\dot{z}_{W4R}-C_{1z}b_1\dot{z}_{W4L}-(2K_{2z}b^2+K_\theta)\theta+(2K_{2z}b^2+4K_{1z}b_1^2+K_\theta)\theta_{RB}+K_{1z}b_1z_{W3R}-K_{1z}b_1z_{W3L}+K_{1z}b_1z_{W4R}-K_{1z}b_1z_{W4L}=0 \tag{8-9}$$

8.2.2 车辆悬挂系统的状态空间模型与频域响应分析

基于式(8-1)～式(8-9)，车辆悬挂系统空间状态方程如下：

$$\dot{x}=Ax+B_dd \tag{8-10}$$

$$y=Cx+D_dd \tag{8-11}$$

式中：

$$x=[\dot{z}\ \dot{\phi}\ \dot{\theta}\ z\ \phi\ \theta\ \dot{z}_{FB}\ \dot{\phi}_{FB}\ \dot{\theta}_{FB}\ z_{FB}\ \phi_{FB}\ \theta_{FB}\ \dot{z}_{RB}\ \dot{\phi}_{RB}\ \dot{\theta}_{RB}\ z_{RB}\ \phi_{RB}\ \theta_{RB}]^{\mathrm{T}}$$

$$d=[\dot{z}_{W1R}\ \dot{z}_{W1L}\ \dot{z}_{W2R}\ \dot{z}_{W2L}\ z_{W1R}\ z_{W1L}\ z_{W2R}\ z_{W2L}\ \dot{z}_{W3R}\ \dot{z}_{W3L}\ \dot{z}_{W4R}\ \dot{z}_{W4L}\ z_{W3R}\ z_{W3L}\ z_{W4R}\ z_{W4L}]^{\mathrm{T}}$$

$$y=[z\ \phi\ \theta\ z_{FB}\ \phi_{FB}\ \theta_{FB}\ z_{RB}\ \phi_{RB}\ \theta_{RB}]^{\mathrm{T}}$$

矩阵A、B_d、C与D_d可由上述微分方程推出。d为系统外部干扰项即轨道的垂向不平顺，可近似为均值为零的高斯白噪声，仿真时可由轨道功率谱函数计算获得。

注意到此时系统模型输出与实际车载故障诊断系统获得的输出并不一致，系统模型输出为车体与转向架质心位置的垂向位移与角位移量，而实际车载故障诊断系统获得的输出为各传感器所在位置的垂向位移量，因此需要对车辆垂向悬挂系统模型做适当的变换。

如图 8-8 所示，假设矩形可做沉浮运动以及围绕中心的点头、侧滚运动。在矩形上取 4 个标志点，即矩形的中心、右前端点、前边中点与右边中点，且记这 4 个标志点的垂向位移分别为 z、z_F、z_R 与 z_{FR}。根据 4 个标志点之间的几何位置关系易得 4 个标志点的垂向位置偏移量满足关系：

$$z + z_{FR} = z_F + z_R \tag{8-12}$$

考虑点头运动（图 8-9），有：

$$z_F \approx z + l\phi \tag{8-13}$$

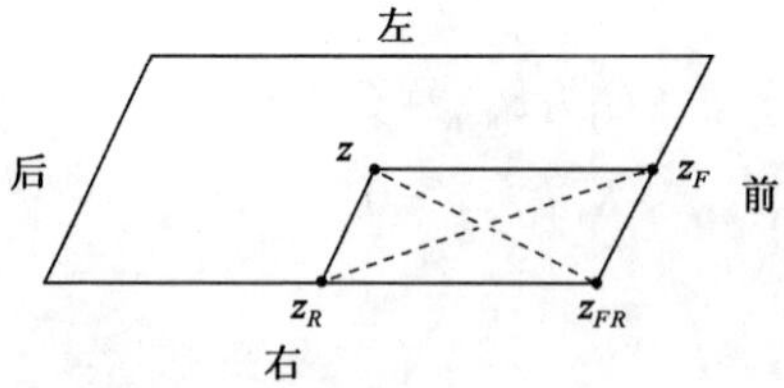

图 8-8　4 个标志点垂向位置关系

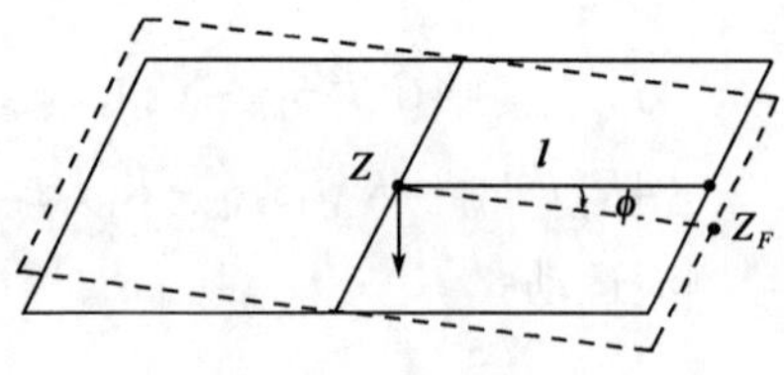

图 8-9　点头运动

考虑侧滚运动（图 8-10），可得：

$$z_R \approx z - w\theta \tag{8-14}$$

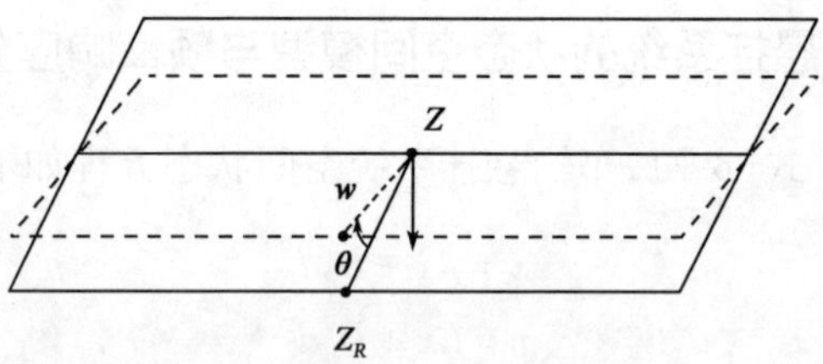

图 8-10　侧滚运动

综合式（8-12）~式（8-14），可以得到：

$$z_{FR} \approx z + l\phi - w\theta \tag{8-15}$$

同理可得：

$$z_{FL} \approx z + l\phi + w\theta \tag{8-16}$$

$$z_{RR} \approx z - l\phi - w\theta \tag{8-17}$$

$$z_{RL} \approx z - l\phi + w\theta \tag{8-18}$$

这样，空间状态方程就可以转化为：

$$\dot{x} = Ax + B_d d \tag{8-19}$$

$$y_{cor} = TCx + TD_d d \tag{8-20}$$

其中，转化矩阵

$$T=\begin{bmatrix}1 & l_e & -w & 0 & 0 & 0 & 0 & 0 & 0\\1 & l_e & w & 0 & 0 & 0 & 0 & 0 & 0\\1 & -l_e & -w & 0 & 0 & 0 & 0 & 0 & 0\\1 & -l_e & w & 0 & 0 & 0 & 0 & 0 & 0\\0 & 0 & 0 & 1 & l_1 & -b_1 & 0 & 0 & 0\\0 & 0 & 0 & 1 & l_1 & b_1 & 0 & 0 & 0\\0 & 0 & 0 & 1 & -l_1 & -b_1 & 0 & 0 & 0\\0 & 0 & 0 & 1 & -l_1 & b_1 & 0 & 0 & 0\\0 & 0 & 0 & 0 & 0 & 0 & 1 & l_1 & -b_1\\0 & 0 & 0 & 0 & 0 & 0 & 1 & l_1 & b_1\\0 & 0 & 0 & 0 & 0 & 0 & 1 & -l_1 & -b_1\\0 & 0 & 0 & 0 & 0 & 0 & 1 & -l_1 & b_1\end{bmatrix}$$

系统输出：

$y_{cor}=[z_{FR}\ z_{FL}\ z_{RR}\ z_{RL}\ z_{FB\_FR}\ z_{FB\_FL}\ z_{FB\_RR}\ z_{FB\_RL}\ z_{RB\_FR}\ z_{RB\_FL}\ z_{RB\_RR}\ z_{RB\_RL}]^{\mathrm{T}}$ 式中符号 l_e、w、l_1 以及 b_1 可以从车辆参数表中查阅它们的含义以及取值。z_{FR} 与 z_{FL} 分别代表车体右前角与左前角的垂向位移，z_{FB_FR} 代表前转向架右前角垂向位移，其余符号可以按照相同的逻辑得知其含义。

由于在实际工程应用中需要对数据信号进行采样，因此需要对上述模型进行离散化，离散化后的模型为：

$$x_{k+1}=Gx_k+H_d d_k \tag{8-21}$$

$$\bar{y}_k=Cx_k+D_d d_k \tag{8-22}$$

式中：$G=e^{At}$；

$H_d=B_d\cdot\int_0^t e^{A\tau}\mathrm{d}\tau$；

t——采样时间。

利用 MATLAB 对所建立的城轨车辆垂向悬挂系统模型进行频域响应分析，获得伯德图如图 8-11 和图 8-12 所示。

图 8-11 中显示低频区域输入到输出的对数幅值约为 -18dB，即系统输出增益为 0.125，4 轮对共计 8 项垂向位置输入，与车辆运动实际情况相符。在输入频率约为 5rad/s，即 0.80Hz 时，系统输出达到谐振峰值，之后输出开始衰减，相位滞后，系统带宽为 0 ~ 1.59Hz。

图 8-12 显示低频区域输入到输出的对数幅值约为 -12dB，即系统输出增益为 0.25，对于转向架垂向位置输出，相应轮对每一车轮的系统输出增益皆为 0.25，与车辆运动实际情况相符。在输入频率约为 10rad/s，即 1.59Hz 时，系统输出达到谐振峰值，之后输出开始衰减，相位滞后，系统带宽为 0 ~ 6.37Hz。

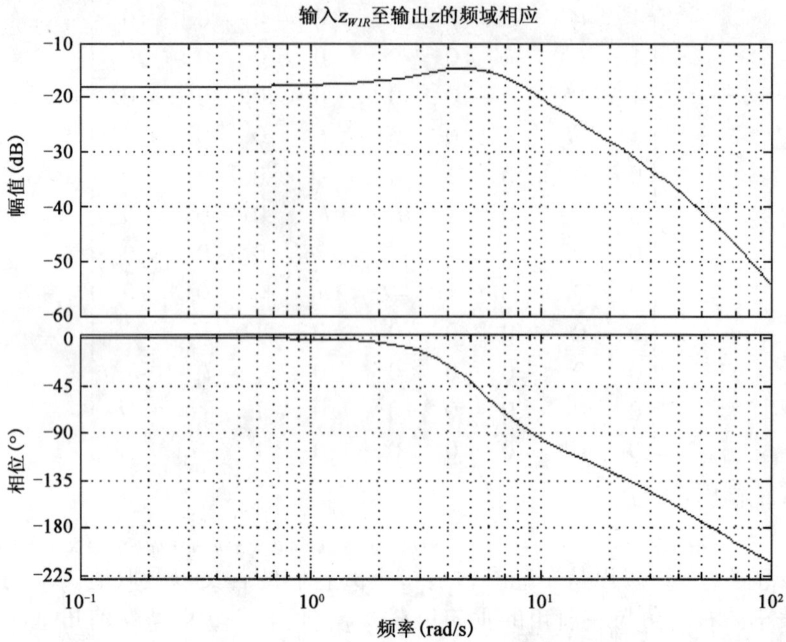

图 8-11　车体重心偏移对各车轮垂向偏移的频域响应

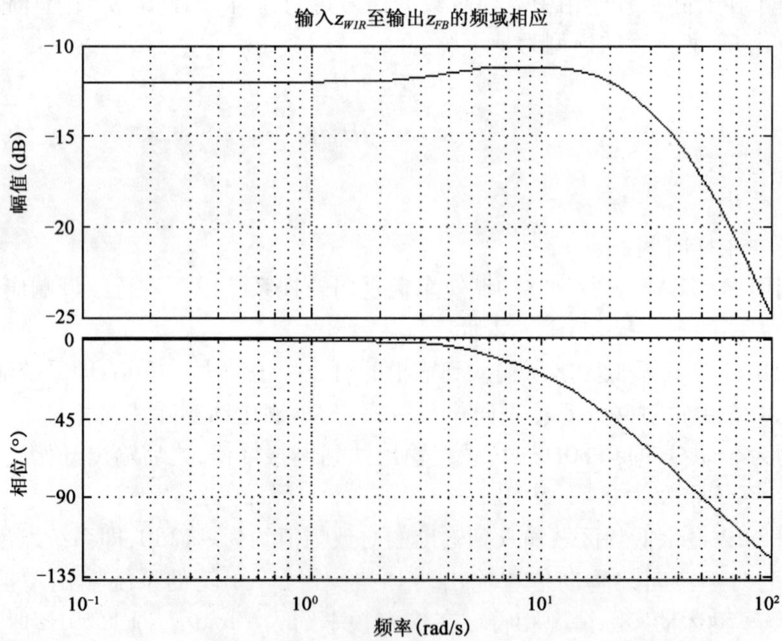

图 8-12　转向架重心偏移对相应车轮垂向偏移的频域响应

8.2.3 基于功率谱函数的轨道模拟及车辆模型时域响应仿真

在进行轨道车辆模型时域响应仿真时，作为系统输入的轨道激励的数值模拟方法得到了广泛研究。轨道不平顺的幅值特性通常采用均方值、方差或标准差来描述，它们可以反映某段轨道的质量状态。而在轨道不平顺中随机不平顺是使车辆产生响应的最主要输入函数，功率谱密度函数则是表述作为平稳随机过程轨道不平顺最重要和最常用的统计函数[2]。

由于仿真试验的需要，文中首先采用美国轨道五级谱模拟轨道的高低不平顺。高低不平顺功率谱密度函数为：

$$S_v(\Omega) = \frac{kA_v\Omega_c^2}{\Omega^2(\Omega^2 + \Omega_c^2)} \tag{8-23}$$

式中：$S_v(\Omega)$——功率谱密度[$cm^2/(rad/m)$]；

Ω——空间频率；

A_v——粗糙度常数；

Ω_c——截断频率；

k——系数，一般取0.25。

同时，为模拟轨道的水平不平顺（即轨道左右轨之间存在高度差，使车体产生侧滚运动），仿真时从同一轨道功率谱函数生成的轨道垂向不平顺序列中截取了不相同的两段分别作为左右轨的高低不平顺。在40～50s区间叠加了一段水平距离200m、垂直距离1m的坡道，在左轨10～11s区间以及右轨的60～61s区间叠加了一段波长为20m，幅值为0.1m的正弦曲线。最终轨道激励与所建立的城轨车辆模型时域响应如图2-13所示，仿真试验中车速设定为20m/s。从图8-13中可以看出，传感器位移响应较好地跟踪了轨道输入，可以认为模型合理可靠。

8.2.4 模型的特点与局限

如图8-14所示，文中所建立的城轨车辆垂向悬挂系统模型充分考虑了铁路车辆垂向运动中的各个自由度，特别是分析了垂向悬挂元件对车体、转向架侧滚运动的影响，是以往常见车辆动力学建模中回避考虑的问题。同时，模型建模时对一二系各弹簧阻尼器以及各轮对两侧车轮都一一区分，使得模型描述更为具体并符合实际，适用性更强。从车辆模型的频域与时域响应结果可以看出，所建立的城轨车辆垂向悬挂系统模型系统合理可靠，可以作为基础为基于模型的故障诊断方法进行滤波器设计与故障诊断所用。需要注意的是,同以往任何的数学模型一样,本书所建立的城轨车辆垂向悬挂系统模型也存在一些局限,主要有以下几点:

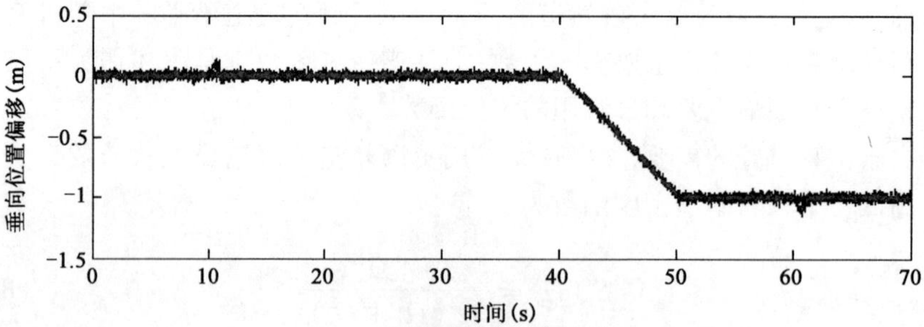

a)模拟轨道(左蓝右红)

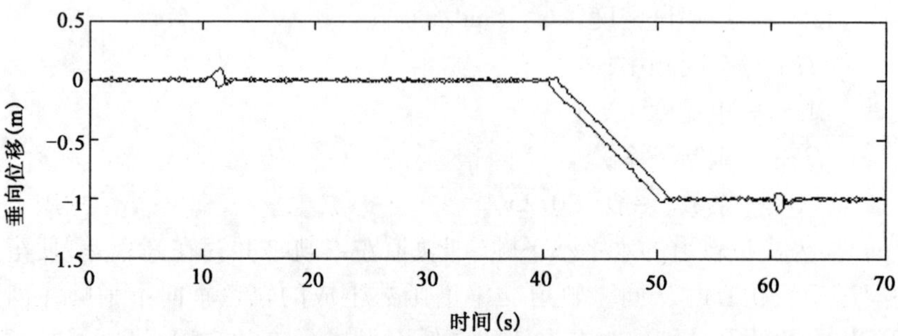

b)车体左后角(蓝)与右前角(红)传感器位移

图 8-13　车辆模型时域响应

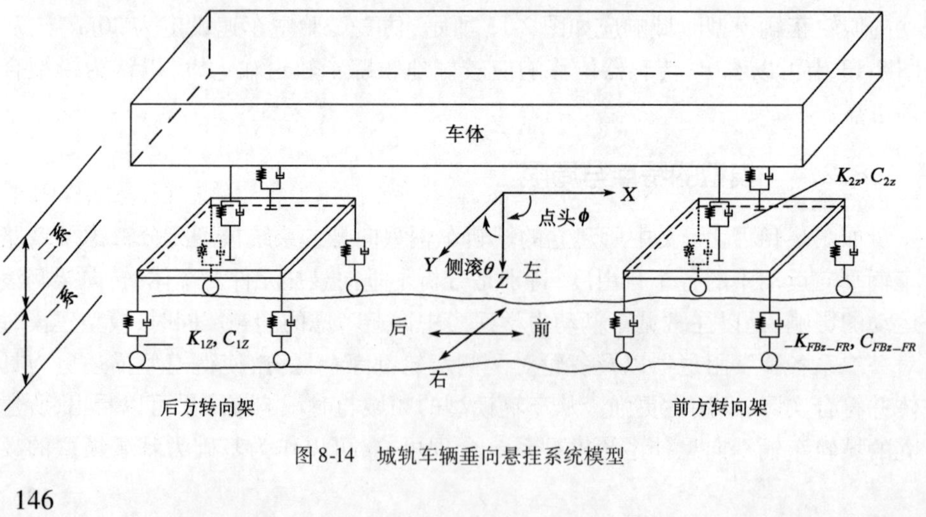

图 8-14　城轨车辆垂向悬挂系统模型

(1)模型将侧滚运动视为垂向运动,没有考虑横向运动对侧滚运动的影响。

(2)为了分析的方便,模型各个部件各自由度的运动都以部件的重心作为运动分析的中心,例如,车体点头运动时以车体重心位置所在轴线为转动轴,这种处理方法可能与实际情况有出入。

(3)模型线性化,将车体、转向架等部件都视为刚体,这些因素对模型的准确性都将产生影响。

8.3 SIMPACK 车辆建模与悬挂系统故障仿真平台

8.3.1 SIMPACK 车辆建模

SIMPACK 是用于多体动力学仿真计算的专用软件,由德国 INTECGmbh 公司开发,其轮轨模块在市场上拥有超过 50% 的市场份额,受到车辆厂以及相关研究所的广泛认可。国内已有的介绍 SIMPACK 车辆建模仿真及动力学分析的著作有参考文献[3,4]。

在利用 SIMPACK 进行城轨车辆建模仿真时,关键在于明确各个体(body)在各自由度上的运动方式以及各个体之间的铰接关系。通过拓扑结构图可以完整清晰地表达这些内容,从而对建模仿真起指导作用。以城轨车辆为例,仿真模型的拓扑关系如图 8-15 所示。车体与两个转向架构架都拥有 6 个自由度,采用 07 号铁路专用铰接铰接于参考坐标系。车体与转向架构架之间通过二系两元相互作用。这里为方便建模,在车体与转向架构架之间设计了虚拟车体,采用 00 号铰接固定于车体底部。转向架构架通过一系力元与轴箱相互作用,轴箱则铰接于轮对,采用 β 铰接。同样,为了方便建模,在轮对与参考坐标系之间设计了虚拟轮对,轮对固定于虚拟轮对之上,虚拟轮对再通过 07 号铁路专用铰接铰接于参考坐标系。同时在虚拟轮对与参考坐标系之间加上适当的约束,就形成了完整一致的车辆拓扑结构图。

通过在 SIMPACK 中构造轮对、构架、车体,并设置相应的参数,然后在各个位置加上铰接、力元、约束、传感器等元素,生成线路并添加轨道激励,就可以完成 SIMPACK 车辆建模。

8.3.2 城轨车辆悬挂系统故障仿真平台

SIMPACK 在轨道车辆建模仿真方面受到广泛的认可与应用。然而,在 SIMPACK 环境中只能够模拟车辆在某一工况下运行的情况,无法单独完成城轨车辆悬挂系部件故障的在线故障仿真,即无法实现车辆运行过程中无故障工况与故障工况之间的切换。本章利用 SIMPACK 软件与 MATLAB 之间的接口,搭建城轨车辆悬挂系统故障仿真试验平台如图 8-16 所示,可以实现车辆在运行过程中任意时刻悬挂系部件发生任意幅值故障工况的仿真模拟。

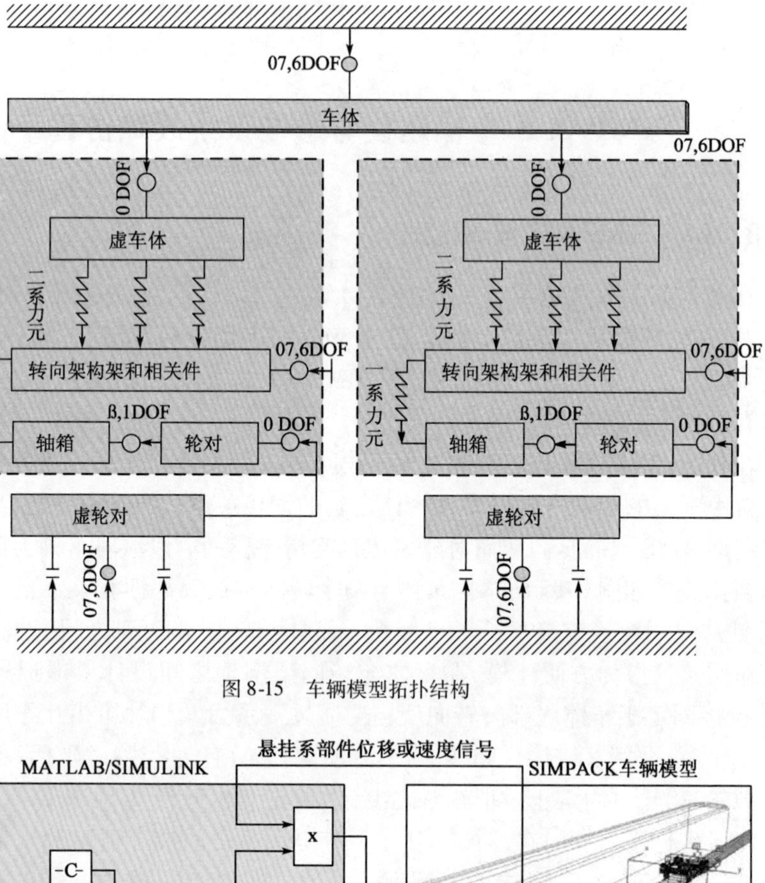

图 8-15　车辆模型拓扑结构

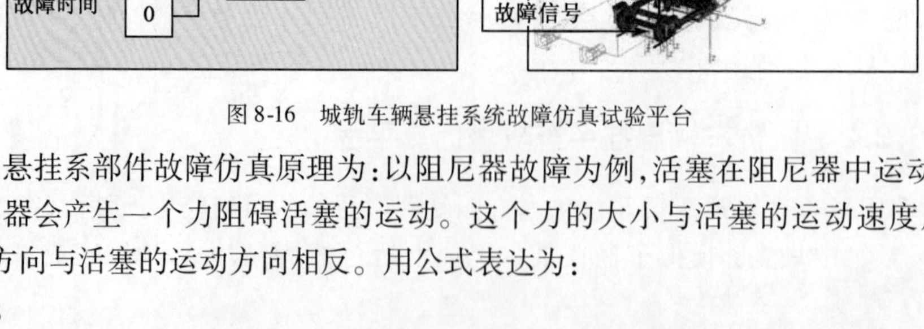

图 8-16　城轨车辆悬挂系统故障仿真试验平台

悬挂系部件故障仿真原理为:以阻尼器故障为例,活塞在阻尼器中运动时,阻尼器会产生一个力阻碍活塞的运动。这个力的大小与活塞的运动速度成正比,方向与活塞的运动方向相反。用公式表达为:

$$F_C = C \cdot v \tag{8-24}$$

式中：C——阻尼系数；

v——活塞的运动速度。

当阻尼器发生故障导致性能衰减时，表现为阻尼系数削减。通过在 SIMPACK 车辆模型中相应的位置设置速度传感器，就可以获得代表活塞运动速度的信号。MATLAB 通过获取这一信号，并乘以阻尼的衰减值产生一个外部力，将这个外部力施加在故障阻尼器所在的位置力元上，方向与阻尼器所产生的力的方向相反，就实现了车辆在运行过程中阻尼器故障在任意时间、任意幅值上的模拟仿真。发生故障后阻尼器的有效作用力为：

$$F_C = C \cdot v - C_{re} \cdot v \tag{8-25}$$

式中：C_{re}——故障阻尼器的阻尼系数衰减值。

同理，弹簧故障也可以用类似的方法进行仿真，仿真时 MATLAB 需要获取的信号为故障弹簧所在位置作用点之间的位移信号，发生故障后弹簧的有效作用力为：

$$F_K = K \cdot s - K_{re} \cdot s \tag{8-26}$$

式中：K——正常情况下的弹簧刚度；

K_{re}——刚度系数的衰减值。

仿真试验中，本书分别考虑了二系空气弹簧、阻尼器故障与一系弹簧、阻尼器故障。故障发生位置如图 8-17 所示，分别为右前方二系空气弹簧、二系阻尼器，与后转向架上的左后方一系弹簧与一系阻尼器。对每一个发生故障的悬挂系部件又考虑了两种不同程度的性能衰减情况，即 25% 的小幅值性能衰减与 75% 的较大幅值性能衰减，详细故障信息见表 8-2。

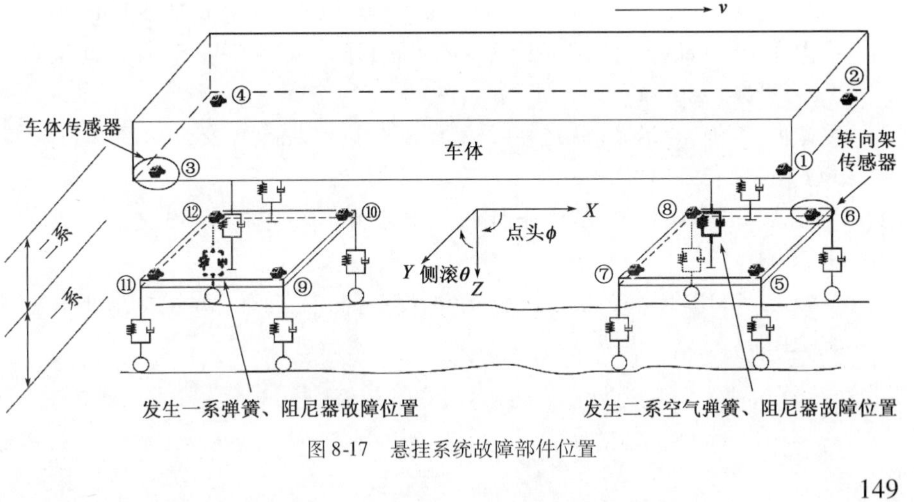

图 8-17 悬挂系统故障部件位置

故障信息表　　表 8-2

性能衰减	故障位置	发生时间	故障幅值
$K2\_25\%$	二系空簧	15s	25%性能衰减
$K2\_75\%$	二系空簧	15s	75%性能衰减
$C2\_25\%$	二系阻尼	15s	25%性能衰减
$C2\_75\%$	二系阻尼	15s	75%性能衰减
$K1\_25\%$	一系弹簧	15s	25%性能衰减
$K1\_75\%$	一系弹簧	15s	75%性能衰减
$C1\_25\%$	一系阻尼	15s	25%性能衰减
$C1\_75\%$	一系阻尼	15s	75%性能衰减

8.4 本章小结

本章在分析悬挂系统组成与功能的基础上，建立了城轨车辆垂向悬挂系统模型，并通过时频域的分析验证了所建模型的可靠性。最后利用 SIMPACK 软件搭建了城轨车辆悬挂系统故障仿真试验平台，实现了城轨车辆悬挂系统各种故障工况的在线仿真，为第 9 章与第 10 章故障诊断算法的验证提供了较为可靠的试验数据。

本章参考文献

[1] Eickhoff B. M., Evans J. R., Minnis A. J. A Review of Modelling Methods for Railway Vehicle Suspension Components[J]. Vehicle System Dynamics, 2010,24(6):469-496.

[2] 刘寅华，李带，黄运华. 轨道不平顺数值模拟方法[J]. 交通运输工程学报，2006,6(1):29-33.

[3] 缪炳荣. SIMPACK 动力学分析初级教程[M]. 成都：西南交通大学出版社，2008.

[4] 缪炳荣. SIMPACK 动力学分析高级教程[M]. 成都：西南交通大学出版社，2010.

第9章　基于模型的悬挂系统故障诊断方法研究

基于观测器(或滤波器)的故障诊断方法是基于模型的故障诊断方法中发展较早,研究较为成熟的一种。这种方法通过所设计的观测器来对系统的状态进行估计,并重构系统的一些可测量变量,然后将观测器的输出与真实系统的输出进行比较,产生残差,再分析处理残差以达到故障诊断的目的。Kalman 滤波器就是故障诊断方法中最为常用的观测器之一。本章结合 Kalman 滤波器与广义概率比率检验方法研究了城轨车辆悬挂系统的故障检测问题,对分布式故障诊断策略进行了探讨,并以第 8 章城轨车辆悬挂系统故障仿真试验平台数据对算法进行了验证。

9.1　Kalman 滤波器设计

Kalman 滤波器即最优二次线性估计器,其依据系统到当前时刻为止的输出,来估计系统下一时刻的状态与输出,使得状态估计的误差方差最小。文献[1]对 Kalman 滤波器的工作原理、设计步骤等做了深入透彻的分析介绍,并详细讨论了基于 Kalman 滤波器的预测估计、滤波估计、平滑估计等估计方法。本小节对 Kalman 滤波器的求解过程简述如下。

考虑线性离散系统:

$$x_{k+1} = A_k x_k + B_k r_k \tag{9-1}$$

$$y_k = C_k x_k + D_k r_k \tag{9-2}$$

式中:x_k——系统状态;

y_k——系统输出;

r_k——外界干扰或噪声。

这里假设可以获得对系统初始状态的无偏估计 $\hat{x}_0$ 以及其误差协方差矩阵 P_0,且 r_k 为白噪声,方差为 1,r_k 与 $\hat{x}_0$ 不相关。定义状态估计误差为:

$$\tilde{x}_k \equiv x_k - \hat{x}_k \tag{9-3}$$

对于上述系统,递归的线性估计器具有如下形式:

$$\hat{x}_{k+1} = (A_k - K_k C_k)\hat{x}_k + K_k y_k \tag{9-4}$$

式中:K_k——滤波器增益矩阵。

系统在 $k+1$ 时刻的状态估计误差为:

$$\begin{aligned}\tilde{x}_{k+1} &= x_{k+1} - \hat{x}_{k+1} \\ &= A_k x_k + B_k r_k - (A_k - K_k C_k)\hat{x}_k - K_k y_k \\ &= (A_k - K_k C_k)\tilde{x}_k + (B_k - K_k D_k) r_k \\ &= \tilde{A}_k \tilde{x}_k + \tilde{B}_k r_k\end{aligned} \tag{9-5}$$

其误差协方差矩阵为:

$$\begin{aligned}P_{k+1} &= E(\tilde{x}_{k+1}\tilde{x}'_{k+1}) \\ &= \tilde{A}_k E(\tilde{x}_{k+1}\tilde{x}'_{k+1})\tilde{A}'_k + \tilde{A}_k E(\tilde{x}_{k+1} r'_{k+1})\tilde{B}'_k + \tilde{B}_k E(r_{k+1}\tilde{x}'_{k+1})\tilde{A}'_k + \tilde{B}_k E(r_{k+1} r'_{k+1})\tilde{B}'_k \\ &= \tilde{A}_k P_k \tilde{A}'_k + \tilde{B}_k \tilde{B}'_k \\ &= (A_k - K_k C_k) P_k (A_k - K_k C_k)' + (B_k - K_k D_k)(B_k - K_k D_k)'\end{aligned} \tag{9-6}$$

于是最优估计问题就成为如下优化问题:

$$\min_{K_k} \quad \mathrm{trace}(P_{k+1}) \quad \forall k \qquad \text{subject to} \tag{9-7}$$

对 trace(P_{k+1})求 K_k 的偏导,使其等于零,便可求得

$$K_k = (A_k P_k C_k' + B_k D_k)(C_k P_k C_k' + D_k D_k)^{-1} \tag{9-8}$$

式(9-6)与式(9-7)即为所求 Kalman 滤波器。

9.2 GLRT 故障检测方法

在故障诊断中,常用的方法是对滤波器产生的残差序列构造似然比,然后通过假设检验进行故障诊断。广义概率比率检验,以下简称 GLRT(Generalized Likelihood Ratio Test),就是其中最为典型的一种。GLRT 在加性故障的实时检测中有着卓越的表现,对于非加性故障检测的运用实例较少[2,3]。文献[1,4]对 GLRT 故障检测方法的优缺点做了较为详细的介绍。本小节对其故障检测原理

与算法流程在此做一个简要回顾。

考虑线性离散系统：

$$x_{k+1} = A_k x_k + B_k w_k \tag{9-9}$$

$$y_k = C_k x_k + D_k v_k \tag{9-10}$$

式中：w_k、v_k——系统的外部干扰或者噪声，均为白噪声且相互独立。

在系统中引入 Kalman 滤波器进行滤波获得残差，Kalman 滤波器可以描述为：

$$\hat{x}_{k+1} = (A_k - K_k C_k)\hat{x}_k + K_k y_k \tag{9-11}$$

$$\rho_k = y_k - C_k \hat{x}_k \tag{9-12}$$

对系统无故障(H_0)与故障(H_1)情况进行假设检验。

$$H_0 \ : x_{k+1} = A_k x_k + B_k w_k$$

$$y_k = C_k x_k + D_k v_k$$

$$H_1 : x_{k+1} = A_k x_k + B_k w_k + F_k s_{k-\tau*} v$$

$$y_k = C_k x_k + D_k v_k + V_k s_{k-\tau*} v$$

式中：x_k——系统状态；

y_k——系统输出；

w_k、v_k——系统的外部干扰或者噪声；

F_k、V_k——描述故障对系统产生作用的矩阵；

τ^*——未知的故障发生时间；

$s_{k-\tau}$——单位阶跃函数；

v——故障幅值。

对于长为 $L+1$ 的时间窗内的系统输出值 $y_{k-L},\cdots,y_k$，上述假设检验的概率比率为：

$$\Lambda_k(\tau^*, v) = \frac{p(y_{k-L},\cdots,y_k \mid H_1, \tau^*, v)}{p(y_{k-L},\cdots,y_k \mid H_0)} \tag{9-13}$$

由于故障发生的时间 τ^* 与故障幅值 v 均未知，因此用广义概率比率(GLR)代替上述概率比率：

$$\Lambda_k^* = \max_{\tau* \in [k_0-L, k_0]} \max_v \Lambda_k(\tau^*, v) \tag{9-14}$$

然后需要在每一个时间点 k 比较 GLR 与一个设定阈值的大小，如果 GLR 超过这个阈值则进行故障报警。阈值的设定是故障报警率与检测时间之间的一个权衡：若阈值较低，则报警率高，检测时间短；反之阈值较高，则报警率低检测时间较长。同时报警率也受到滑动时间窗$[k-L,k]$长度的影响，而检测速度也在一定程度上取决于时间窗的长度与故障幅值的大小。

由于系统输出序列 $y_{k-L},\cdots,y_k$ 在统计上并不是相互独立的,因此需要用 Kalman 滤波器残差序列 $\rho_{k-L},\cdots,\rho_k$ 将其替换。于是无故障(H_0)与故障(H_1)假设替换为:

$$H_0 \ :\rho_k=\rho_{ok}$$

$$H_1 \ :\rho_k=\rho_{ok}+G_k(\tau^*)v$$

式中:ρ_{ok}——系统无故障情况系 Kalman 滤波器的残差输出;

$G_k(\tau^*)$——故障特征。

$G_k(\tau^*)$可以由下面线性系统输出的形式计算得到:

$$\Upsilon_{k+1}(\tau^*)=(A_k-K_kC_k)\Upsilon_k(\tau^*)+[F_k-K_kV_k]s_{k-\tau^*} \tag{9-15}$$

$$G_k(\tau^*)=C_k\Upsilon_k(\tau^*)+V_ks_{k-\tau^*} \tag{9-16}$$

由于残差序列值之间是相互独立的,因此上述假设检验的概率比率可转化为:

$$\begin{aligned}\Lambda_k(\tau^*,v)&=\frac{p(\rho_{k-L},\cdots,\rho_k|H_1,\tau^*,v)}{p(\rho_{k-L},\cdots,\rho_k|H_0)}\\&=\prod_{j=k-L}^{j=k}\frac{p(\rho_j|H_1,\tau^*,v)}{p(\rho_j|H_0)}\end{aligned} \tag{9-17}$$

对概率比率两边同取对数,可得:

$$\begin{aligned}\lambda_k(\tau^*,v)&\equiv\log\Lambda_k(\tau^*,v)\\&=v\chi_k(\tau^*)-\frac{1}{2}v^2S_k(\tau^*)\end{aligned} \tag{9-18}$$

其中:

$$\chi_k(\tau^*)=\sum_{j=\tau^*}^{k}G_j'(\tau^*)R_j^{-1}\rho_j \tag{9-19}$$

$$R_j=C_jPC_j'+D_jD_j' \tag{9-20}$$

$$S_k(\tau^*)=\sum_{j=\tau^*}^{k}G_j'(\tau^*)R_j^{-1}G_j \tag{9-21}$$

于是广义对数概率比率就可以表示为:

$$l_k=\max_{\tau^*\in[k-L,k]}\max_{v\in R}\lambda_k(\tau^*,v) \tag{9-22}$$

为了减小计算负担,这里假设在每一个滑动时间窗口$[k-L,k]$内,故障发生时间 $\tau^*\equiv k-L$。这样,当故障幅值取值为:

$$\hat{v}_k(\tau^*)=\frac{\chi_k(\tau^*)}{S_k(\tau^*)} \tag{9-23}$$

获得广义对数概率比率值:

$$l_k = \max_{\tau^* \in [k-L,k]} \bar{\lambda}_k(\tau^*) = \max_{\tau^* \in [k-L,k]} \frac{\chi_k^2(\tau^*)}{S_k} = \frac{\chi_k^2}{S_k} \tag{9-24}$$

GLRT 基本原理即为在每一个时间窗内,计算故障发生的最大可能性,并以此做标准判断系统中是否存在故障。GLRT 故障检测原理如图 9-1 所示。

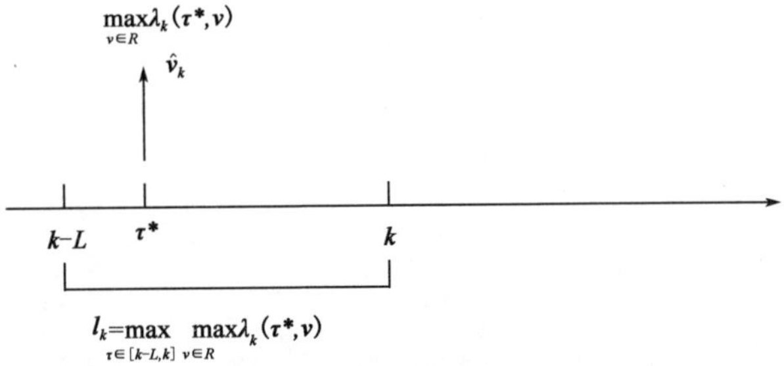

图 9-1 GLRT 故障检测原理

9.3 基于 GLRT 的城轨车辆悬挂系统故障检测

以第 8 章式(8-21)与式(8-22)为对象系统模型,设计 Kalman 滤波器,采用 GLRT 方法对悬挂系统故障进行检测,其原理如图 9-2 所示。12 路加速度传感器输出的加速度信号经过高通滤波、二次积分处理以后得到各传感器所在位置的位移信号被作为系统输出,应用 Klaman 滤波器进行滤波估计。所得的估计值与系统的实际输出进行比较,得到残差输出。最后运用 GLRT 方法处理残差输出,获得故障检测指标 l_k。当 l_k 超过一个预先设置的阈值水平时,认为检测到故障并给出报警。

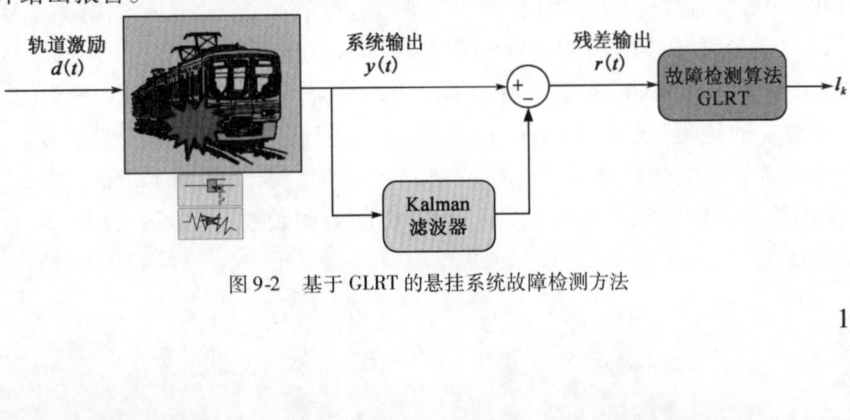

图 9-2 基于 GLRT 的悬挂系统故障检测方法

城轨车辆悬挂系统故障仿真平台的试验数据被用于算法验证，故障检测结果如图9-3～图9-6所示。四幅图中，实线表示设置的报警阈值，点段线表示悬挂系统无故障工况下的检测指标 l_k 序列，间断线代表相应悬挂系部件性能25%衰减工况下的检测指标 l_k 序列，虚线则表示相应悬挂系部件性能75%衰减工况下的检测指标 l_k 序列。

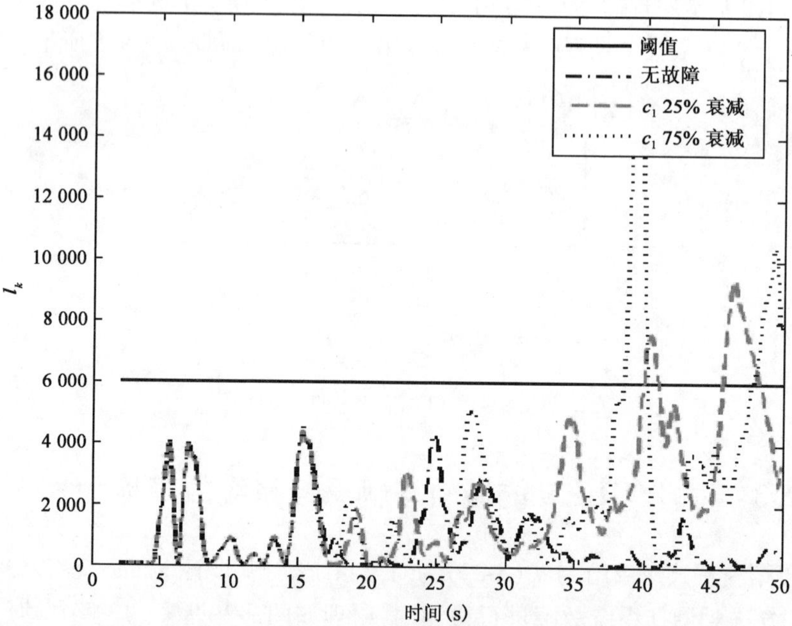

图9-3　基于GLRT的一系阻尼故障检测结果

从上述检测结果可以看出，基于Kalman滤波器与GLRT的故障检测方法能够成功地检测到城轨车辆悬挂系各部件所发生的故障，对一系故障、二系故障、弹簧故障、阻尼故障、小幅值故障与大幅值故障等情况均适用。然而，在仿真试验过程当中，所有故障的发生时间均在列车运行的第15s。从检测结果图中我们可以看到各种故障的检测时间都存在不同程度的延迟，而且延时较大，从5s到25s不等。基于Kalman滤波器与GLRT的故障检测方法之所以在检测时间上存在较大的延时，是因为Kalman滤波器对系统模型的精确程度要求较高，这样才能获得较好的估计效果。在模型完全精确的情况下，基于Kalman滤波器与GLRT的故障检测方法可以做到几乎无延时的故障检测，这一点在文献[5]中得到了阐述。

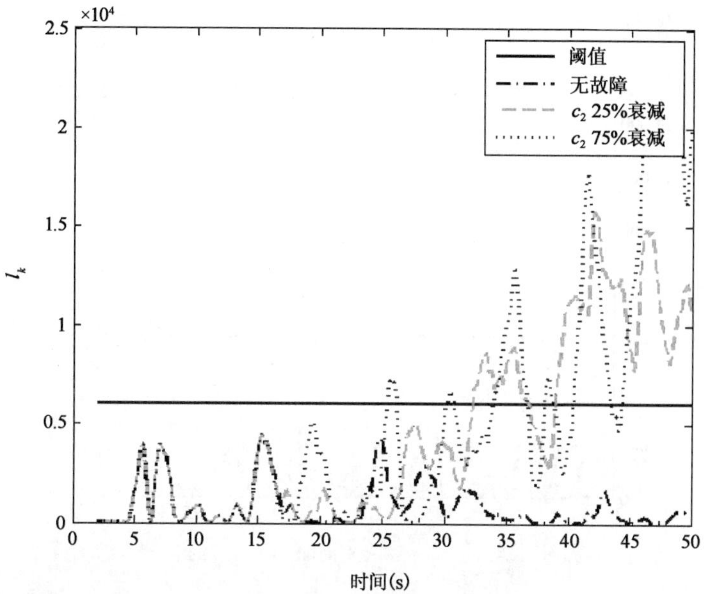

图 9-4 基于 GLRT 的二系阻尼故障检测结果

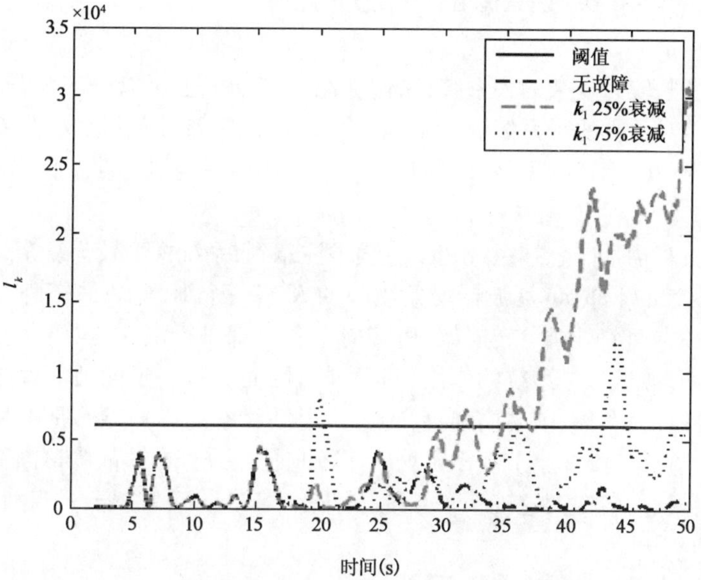

图 9-5 基于 GLRT 的一系弹簧故障检测结果

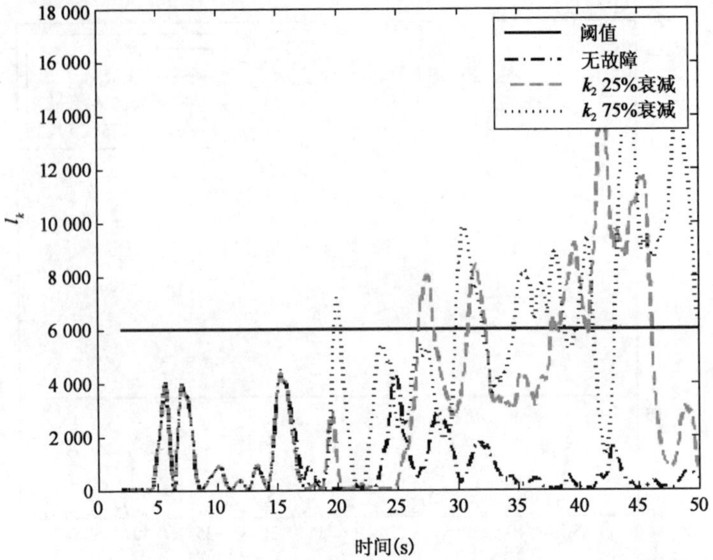

图 9-6　基于 GLRT 的二系空簧故障检测结果

9.4　分布式故障诊断方法研究

对于一些较为复杂的大系统,它们在结构与功能上可以分解为若干个相互影响但又相对独立的子系统。针对这类系统的故障诊断问题,文献[6]讨论了分布式故障诊断策略的思路,以及其在故障检测结果与进一步故障分离上所具有的优势。

在城轨车辆垂向悬挂系统建模过程中注意到,系统模型较为复杂,阶数高达 18 阶,所设计的 Kalman 滤波器增益矩阵的 K 是一个 18×12 的矩阵,计算负担较重。另一方面,车体、前转向架、后转向架各自都进行沉浮、点头、侧滚等自由度上的运动,通过悬挂系统的作用相互影响,因而具有一定的独立性。同时,某一悬挂系部件对车体、前转向架、后转向架运动状态的影响显然是不尽相同的。基于以上几点思考,本小节提出了城轨车辆悬挂系统分布式故障诊断策略,为车体、前转向架、后转向架这三个子系统分别设计 Kalman 滤波器,进行故障检测与诊断。

第 8 章中给出的城轨车辆垂向悬挂系统模型为:

$$\dot{x} = Ax + B_d d \tag{9-25}$$

$$y = Cx + D_d d \tag{9-26}$$

式中：

$$x = [\dot{z}\ \dot{\phi}\ \dot{\theta}\ z\ \phi\ \theta\ \dot{z}_{FB}\ \dot{\phi}_{FB}\ \dot{\theta}_{FB}\ z_{FB}\ \phi_{FB}\ \theta_{FB}\ \dot{z}_{RB}\ \dot{\phi}_{RB}\ \dot{\theta}_{RB}\ z_{RB}\ \phi_{RB}\ \theta_{RB}]^{\mathrm{T}}$$

$$d = [\dot{z}_{W1R}\ \dot{z}_{W1L}\ \dot{z}_{W2R}\ \dot{z}_{W2L}\ z_{W1R}\ z_{W1L}\ z_{W2R}\ z_{W2L}\ \dot{z}_{W3R}\ \dot{z}_{W3L}\ \dot{z}_{W4R}\ \dot{z}_{W4L}\ z_{W3R}\ z_{W3L}\ z_{W4R}\ z_{W4L}]^{\mathrm{T}}$$

$$y = [z\ \phi\ \theta\ z_{FB}\ \phi_{FB}\ \theta_{FB}\ z_{RB}\ \phi_{RB}\ \theta_{RB}]^{\mathrm{T}}$$

考虑分布式结构车体、前转向架、后转向架三个子系统的空间状态方程可以描述为：

$$\dot{x}_i = A_{ii}x_i + \sum_{j=1,j\neq i}^{3} A_{ij}x_j + B_{di}d_i \tag{9-27}$$

$$y_i = C_i x_i + \sum_{j=1,j\neq i}^{3} D_{ij}x_j + D_{di}d_i \tag{9-28}$$

式中：j——子系统，$j=1$、2、3，其中1表示车体子系统；2表示前转向架子系统；3表示后转向架子系统。

$$x_1 = [\dot{z}\ \dot{\phi}\ \dot{\theta}\ z\ \phi\ \theta]^{\mathrm{T}}$$

$$x_2 = [\dot{z}_{FB}\ \dot{\phi}_{FB}\ \dot{\theta}_{FB}\ z_{FB}\ \phi_{FB}\ \theta_{FB}]^{\mathrm{T}}$$

$$x_3 = [\dot{z}_{RB}\ \dot{\phi}_{RB}\ \dot{\theta}_{RB}\ z_{RB}\ \phi_{RB}\ \theta_{RB}]^{\mathrm{T}}$$

$$d_1 = 0$$

$$d_2 = [\dot{z}_{W1R}\ \dot{z}_{W1L}\ \dot{z}_{W2R}\ \dot{z}_{W2L}\ z_{W1R}\ z_{W1L}\ z_{W2R}\ z_{W2L}]^{\mathrm{T}}$$

$$d_3 = [\dot{z}_{W3R}\ \dot{z}_{W3L}\ \dot{z}_{W4R}\ \dot{z}_{W4L}\ z_{W3R}\ z_{W3L}\ z_{W4R}\ z_{W4L}]^{\mathrm{T}}$$

$$y_1 = [z\quad \phi\quad \theta]^{\mathrm{T}}$$

$$y_2 = [z_{FB}\quad \phi_{FB}\quad \theta_{FB}]^{\mathrm{T}}$$

$$y_3 = [z_{RB}\quad \phi_{RB}\quad \theta_{RB}]^{\mathrm{T}}$$

A_{ij}、C_i、B_{di}以及D_{di}可分别由A、C、B_d与D_d分解得到。

对以上三个子系统，设计分布式故障检测观测器：

$$\dot{\hat{x}}_i = A_{ii}\hat{x}_i + \sum_{j=1,j\neq i}^{3} A_{ij}\hat{x}_j + L_i(y_i - \hat{y}_i) \tag{9-29}$$

$$\hat{y}_i = C_i\hat{x}_i + \sum_{j=1,j\neq i}^{3} D_{ij}\hat{x}_j \tag{9-30}$$

$$r_i = y_i - \hat{y}_i \tag{9-31}$$

式中：$\hat{x}_i$——对每个子系统状态变量的估计，$i=1,2,3$；

$\hat{y}_i$——对每个子系统输出的估计，$i=1,2,3$；

r_i——每个子系统的输出残差，$i=1,2,3$；

L_i——每个 Kalman 滤波器对应的增益矩阵，$i=1,2,3$。

分布式故障诊断策略原理如图 9-7 所示。

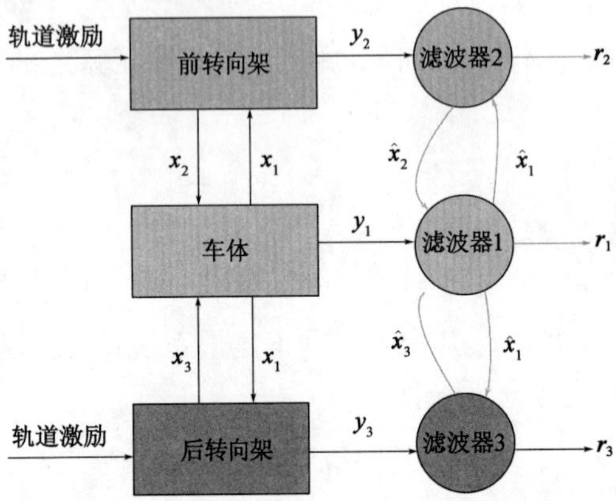

图 9-7　城轨车辆悬挂系统分布式故障诊断策略

在获得分布式滤波器残差输出之后，常用的残差评价方法是计算一个滑动时间窗内残差信号的平均能量，并与预先设定的阈值进行比较，判断是否给出报警。滑动时间窗内残差信号的平均能量也称残差范数，计算如下：

$$p_k = \frac{1}{N}\sum_{j=k-N+1}^{k} r_j r_j^T \tag{9-32}$$

式中：下标 k、j——代表采样时刻；

N——代表窗口长度。

图 9-8 与图 9-9 分别给出了二系空簧故障与一系弹簧故障的分布式故障检测结果。图中 p_1 表示车体子系统残差范数，p_2 表示前转向架子系统残差范数，p_3 表示后转向架子系统残差范数。

由此可知，车体右前方二系空簧故障所影响的子系统包括车体子系统与前方转向架子系统。从图 9-8 的检测结果中可以看到，表征这两个子系统健康状态的残差范数 $p_{1、2}$ 在故障发生后很快超过了预先设置的报警阈值，而表征后转向架子系统健康状态的残差范数 p_3 则基本保持在可以接受的水平范围内。对于后方转向架的一系弹簧故障，它所影响的子系统局限于后方转向架子系统，因此表征后转向架子系统健康状态的残差范数 p_3 在其发生故障后迅速超出了警阈值，如图 9-9 所示。

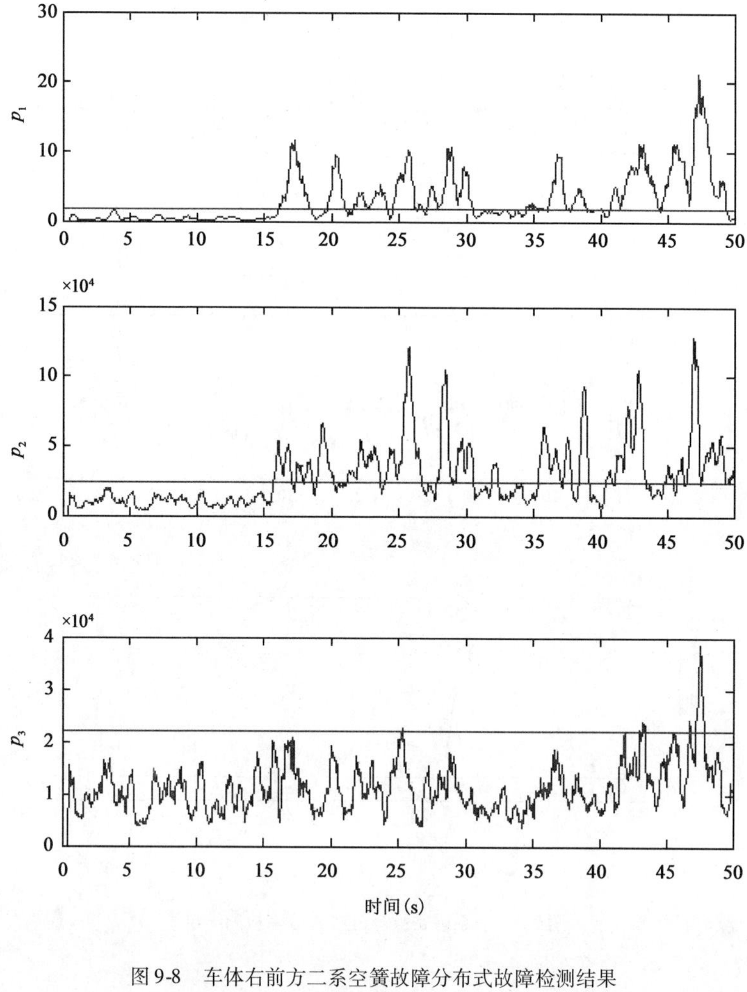

图 9-8 车体右前方二系空簧故障分布式故障检测结果

综上所述，采用分布式故障诊断策略不仅大大降低了观测器的维数，滤波器增益矩阵的维数从原来的 18 ×12 压缩到现在的 6 ×3，减小了计算负担。而且，分布式观测器在检测到故障的同时一定程度上实现了故障分离。故障分离的逻辑为：p_2 或者 p_3 单独超出阈值水平时，分别对应前转向架或者后转向架一系悬挂系部件发生故障；p_1 与 p_2，或者 p_1 与 p_3 两项指标同时超出阈值水平时，分别对应二系前方悬挂系部件故障与二系后方悬挂系部件故障。

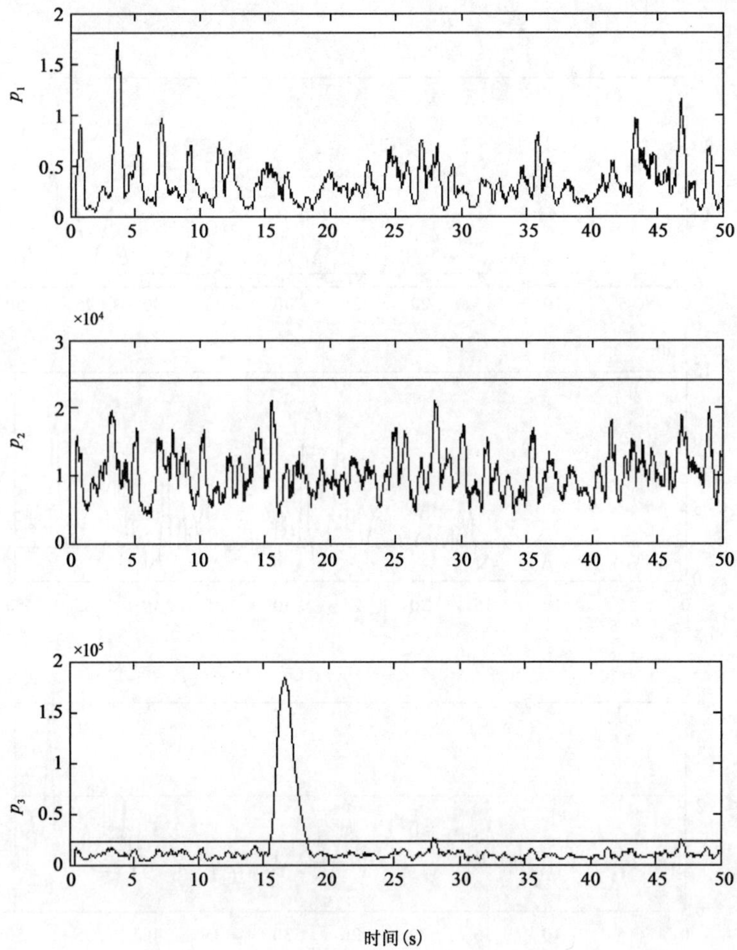

图 9-9　一系弹簧故障分布式故障检测结果

9.5　本章小结

本章主要研究了基于模型的城轨车辆悬挂系统故障诊断问题，给出了 Kalman 滤波器的求解方法，并对 GLRT 故障检测方法进行了详细论述。仿真数据验证了基于 Kalman 滤波器与 GLRT 的故障检测方法的有效性。最后采用分布式故障诊断策略，为城轨车辆悬挂系统设计了分布式观测器，在实现故障检测的同时一定程度上对故障进行了分离，同时减小了计算负担。

本章参考文献

[1] Rami S. Mangoubi. Robust estimation and failure detection[M]. Springer-Verlag Berlin Heidelberg New York, 1998.

[2] A. S. Willsky, H. L. Jones. A generalized likelihood ratio approach to the detection and estimation of jumps in linear systems[J]. IEEE Transactions on Automatic Control, 1976, 21(2): 108-112.

[3] F. Guatafusson. The marginalized likelihood ratio test for detecting abrupt change[J]. IEEE Transactions on Automatic Control, 1996, 41(1): 66-78.

[4] F. Gustafsson. Adaptive Filtering and Change Detection[M]. Chichester: Wiley, 2000.

[5] Rami S. Mangouhi, Brent D. Appleby, George C. Verghese ,et al. VanderVelde. A Robust Failure Detection and Isolation Algorithm[C]. Conference on Decision & Control, 1995: 2377-2382.

[6] Indranil Roychoudhury, Gautam Biswas, Xenofon Koutsoukos. Designing Distributed Diagnosers for Complex Continuous Systems[J]. IEEE TRANSACTIONS ON AUTOMATION SCIENCE AND ENGINEERING, 2009, 6(2): 277-290.

第 10 章　数据驱动的悬挂系故障诊断方法研究

车辆悬挂系统的动力学特性在垂向与横向上具有耦合，悬挂系部件的非线性，车体的柔性结构等诸多因素决定了难以获得一个准确的车辆悬挂系统的数学模型。由于基于模型的故障诊断方法存在建模误差，过程复杂，计算负担较大等诸多限制因素，数据驱动的故障诊断方法近年来得到了广泛的重视与研究，取得了长足的发展。基于多元统计分析的故障诊断方法就是其中最为重要的一种。本章以动态主元分析方法（DPCA）与全结构分解的偏最小二乘（T－PLS）方法为例，介绍了这两种数据驱动故障检测算法的原理与步骤，实现了城轨车辆悬挂系统的在线故障检测，并结合贡献图技术讨论了城轨车辆悬挂系统的故障分离策略。

10.1　基于 DPCA 的故障检测方法

基于 PCA 的故障检诊断方法的原理是将多变量样本空间分解成由主元变量张成的较低维的投影子空间和一个相应的残差子空间，并分别在这两个空间中构造能够反映空间变化的统计量，然后将观测向量分别向两个子空间进行投影，并计算相应的统计量指标用于过程监控。S. JoeQin 等对基于 PCA 的故障诊断方法做了大量且卓有成效的工作，详细内容可参见文献[1-3]。基于标准 PCA 的故障检测算法一般包括以下 3 个步骤。

1）数据的获取与前处理

无故障状态下，m 维传感器经过 N 次采样之后获得数据矩阵 $X \in R^{N \times m}$。对 X 进行标准化处理，化为均值为 0，方差为 1 的数据多元数据序列，标准化处理的方式为：

$$y_i = \frac{x_i - x_{\mathrm{mean}}}{x_{\mathrm{std}}} \tag{10-1}$$

式中：x_i——原始数据的第 i 次采样值；

x_{mean}——原始数据的均值；

x_{std}——原始数据的方差；

y_i——标准化后的数据。

标准化处理后的数据矩阵表示为：

$$Y = \begin{bmatrix} y_1^{\mathrm{T}} \\ \vdots \\ y_N^{\mathrm{T}} \end{bmatrix} \in R^{N \times m}$$

2）协方差矩阵的分解

协方差矩阵为：

$$\Sigma_0 \approx \frac{1}{N} Y^{\mathrm{T}} Y \tag{10-2}$$

采用SVD（奇异值分解）或者EVD（特征值分解），协方差矩阵Σ_0被分解为如下形式：

$$\frac{1}{N} Y^{\mathrm{T}} Y = P \Lambda P^{\mathrm{T}}, \Lambda = \begin{bmatrix} \Lambda_{pc} & 0 \\ 0 & \Lambda_{res} \end{bmatrix} \tag{10-3}$$

用$\sigma_i^2, i = 1, 2, \cdots, m$表示协方差矩阵的第$i$个奇异值，故有：

$$\Lambda_{pc} = \mathrm{diag}(\sigma_1^2 \quad \cdots \quad \sigma_l^2)$$

$$\Lambda_{res} = \mathrm{diag}(\sigma_{l+1}^2 \quad \cdots \quad \sigma_m^2)$$

$$\sigma_1^2 \geqslant \cdots \geqslant \sigma_l^2 > > \sigma_{l+1}^2 \cdots \geqslant \sigma_m^2, PP^{\mathrm{T}} = I_{m \times m}$$

$$\begin{bmatrix} P_{pc}^{\mathrm{T}} \\ P_{res}^{\mathrm{T}} \end{bmatrix} [P_{pc} \quad P_{res}] = \begin{bmatrix} I_{l \times l} & 0 \\ 0 & I_{(m-l) \times (m-l)} \end{bmatrix} \tag{10-4}$$

3）故障检测

在获得新的传感器采集数据$x \in R^m$之后，首先也将其标准化，得到数据$y \in R^m$。这样，故障检测指标SPE与T^2就可以通过如下公式计算得到。

$$\mathrm{SPE} = y^{\mathrm{T}} \mathrm{P}_{res} \mathrm{P}_{res}^{\mathrm{T}} y \tag{10-5}$$

$$T^2 = y^{\mathrm{T}} \mathrm{P}_{pc} \Lambda \mathrm{P}_{pc}^{\mathrm{T}} y \tag{10-6}$$

检测指标SPE与T^2都有与之相对应的报警阈值，分别为$J_{th,SPE}$与J_{th,T^2}，一般可由历史数据计算获得。于是故障报警逻辑为：

$$\begin{cases} SPE \leqslant J_{th,SPE} \text{ 且 } T^2 \leqslant J_{th,T^2} \rightarrow \text{不报警} \\ \text{否则} \rightarrow \text{故障报警} \end{cases}$$

考虑数据序列之间的关联关系，可将标准 PCA 算法扩展成为 DPCA 算法（动态 PCA 方法）。实现很简单，只要将原始观测数据矩阵扩展成如下形式，然后按照 PCA 算法的 3 步骤依次计算即可。扩展后的观测数据矩阵为：

$$X(l) = \begin{bmatrix} x_t^{\mathrm{T}} & x_{t-1}^{\mathrm{T}} & \cdots & x_{t-l}^{\mathrm{T}} \\ x_{t-1}^{\mathrm{T}} & x_{t-2}^{\mathrm{T}} & \cdots & x_{t-l-1}^{\mathrm{T}} \\ \vdots & \vdots & \ddots & \vdots \\ x_{t+l-n}^{\mathrm{T}} & x_{t+l-n-1}^{\mathrm{T}} & \cdots & x_{t-n}^{\mathrm{T}} \end{bmatrix} \tag{10-7}$$

式中：x_t^{T}——m 个传感器在时间点 t 采集的数据。

10.2 基于 DPCA 的城轨车辆悬挂系统故障检测

在利用 DPCA 算法进行城轨车辆悬挂系统故障检测时，首先需要采集悬挂系统健康状态下图 10-4 所示 12 路传感器的历史数据，经高通滤波、二次积分等预处理以后，构造成式（10-1）所示形式，依次进行预处理与协方差矩阵分解构造投影空间。在获得新的传感器采集样本数据之后，计算相应的检测指标，用于健康状态评估与故障检测。

在实际应用中，检测指标 SPE 相对于 T^2 具有更好的故障敏感性，因此这里仅采用 SPE 指标作为是否发出故障报警的依据。基于 DPCA 方法的城轨车辆悬挂系故障检测结果如图 10-1 ~ 图 10-4 所示。图中，实线表示设置的报警阈值，点段线表示悬挂系统无故障工况下的检测指标 SPE 序列，间断线代表相应悬挂系部件性能 25% 衰减工况下的检测指标 SPE 序列，虚线则表示相应悬挂系部件性能 75% 衰减工况下的检测指标 SPE 序列。

从以上检测结果中可以看到，基于 DPCA 的城轨车辆悬挂系统故障检测方法在悬挂系部件发生故障后迅速检测到了故障，检测时间延时较短，一般在 2s 以内，最长的不超过 5s。同时，检测指标的幅值随着故障幅值的增大而增大，从一定程度上具有判断故障幅值大小的作用。因此，基于 DPCA 的城轨车辆悬挂系统故障检测方法在检测效果上优于基于模型的故障检测方法。

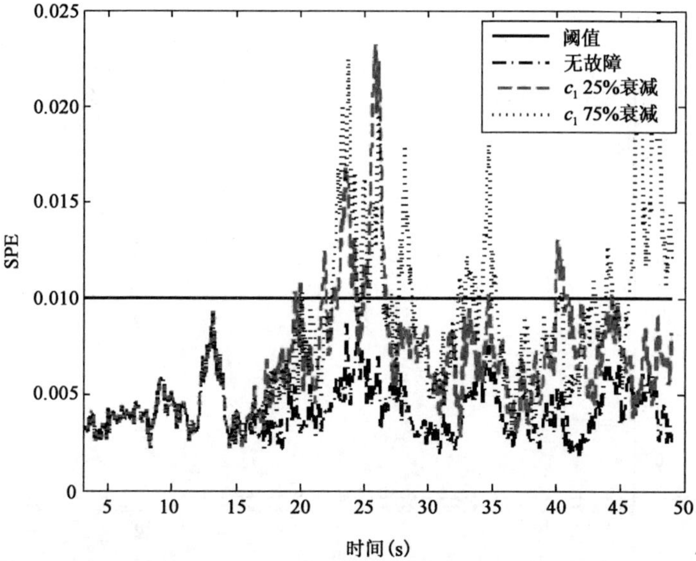

图 10-1 基于 DPCA 的一系阻尼故障检测结果

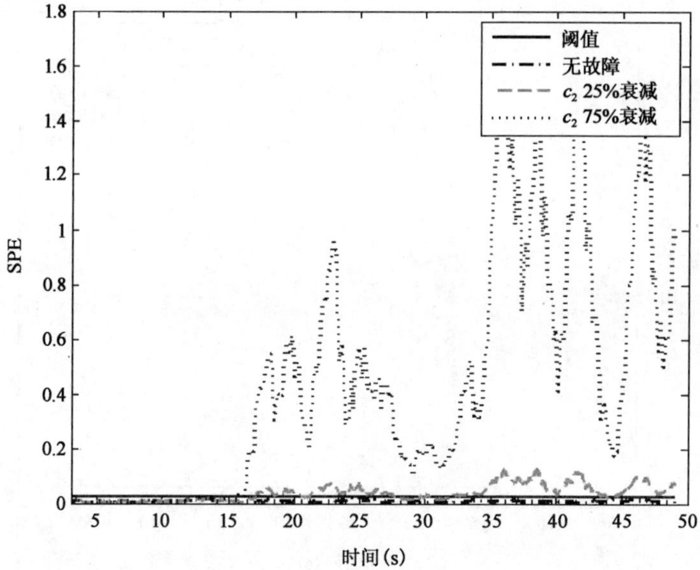

图 10-2 基于 DPCA 的二系阻尼故障检测结果

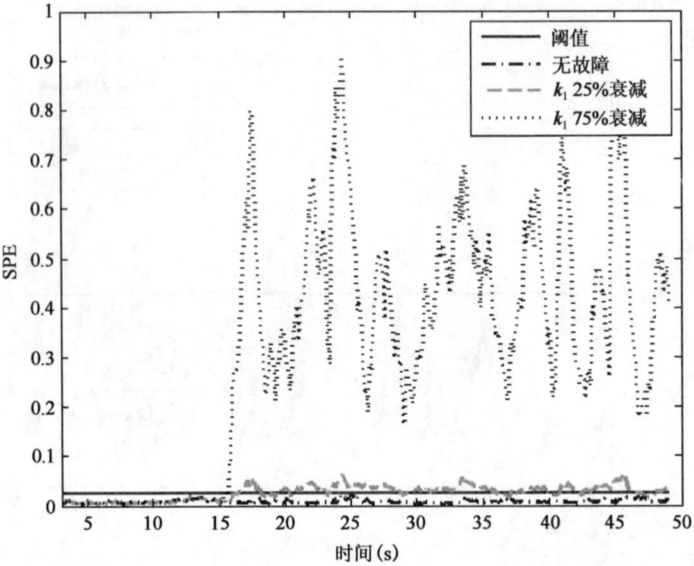

图 10-3　基于 DPCA 的一系弹簧故障检测结果

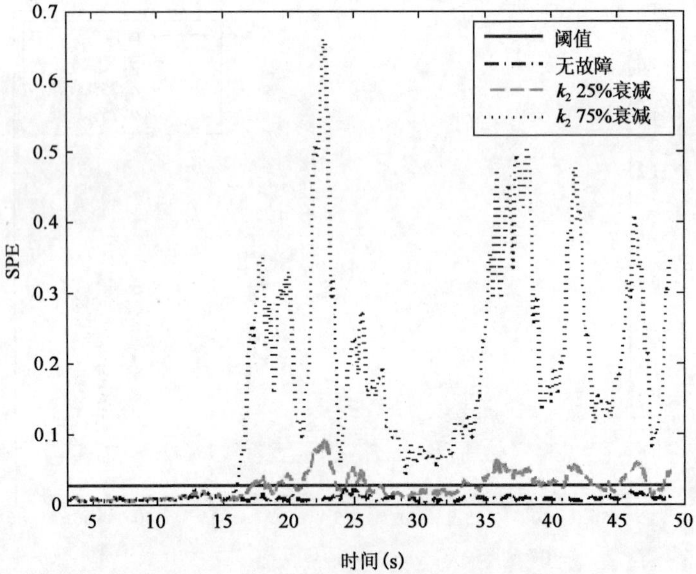

图 10-4　基于 DPCA 的二次空簧故障检测结果

10.3 T-PLS 的算法思想与步骤

PLS 的基本概念及算法在化学计量方面的文献中讨论得比较全面,如文献[4,5]。该方法在过程运行性能监控上的应用也得到了比较广泛的研究,如文献[6]。国内也已有对这方面工作进行详细论述、系统总结的工作,如文献[7]。这里对 PLS 的基本思想与算法步骤再做简要叙述。

PLS 的基本思想是,系统(或者过程)是被少量的潜变量所驱动的。这些潜变量无法直接测量,但是可以通过数据进行估计,是过程观测变量、质量变量等的线性组合,如式(10-8)和式(10-9)所示。

$$X = \hat{X} + E = \sum_{a=1}^{A} t_a p_a^{\mathrm{T}} + E = T_a P_a^{\mathrm{T}} + E \tag{10-8}$$

$$Y = \hat{Y} + F = \sum_{a=1}^{A} t_a q_a^{\mathrm{T}} + F = T_a Q_a^{\mathrm{T}} + F \tag{10-9}$$

式中:$\hat{X}$、$\hat{Y}$——数据矩阵 X 与 Y 的拟合矩阵;

E、F——拟合后的残差矩阵;

t_a——由相应位数的数据中顺序提取出来的潜向量;

p_a、q_a——相应的负载向量。

PLS 算法将过程变量 $X \in R^{m \times n}$ 与质量变量 $Y \in R^{m \times p}$ 看成是具有线性关系的数据矩阵。它没有逐个对变量进行判断取舍,而是利用信息分解,将这些显变量中的信息重新组合,综合筛选,提取出能最大程度解释过程变量信息,又能最大程度反映过程变量与质量变量线性关系的相互正交的潜变量。从而摒除了重叠信息或无意义的干扰信息,得到一个更为准确可靠的分析结果。PLS 算法几何意义与迭代过程如图 10-5 所示。

在提取潜变量 t_a 时遵循过程变量线性组合与质量变量线性组合协方差最大的原则,即:

$$\begin{cases} \max t_a^{\mathrm{T}} u_a \\ \text{s.t.} \quad t_a = X_a w_a \\ u_a = Y_a c_a \\ \| w_a \| = \| c_a \| = 1 \end{cases} \tag{10-10}$$

式中:X_a、Y_a——表示提取了 $a-1$ 个主元后的过程与质量数据矩阵。

PLS 可以被视为有偏的回归方法,式(10-9)的最终模型可以可以表达为对 X 的回归模型:

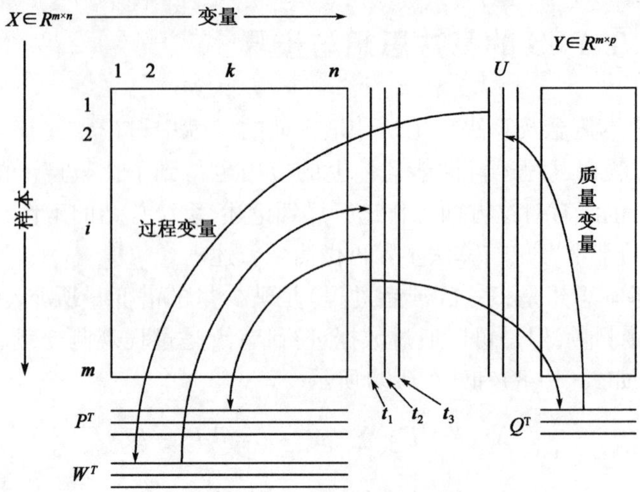

图 10-5 PLS 算法几何意义与迭代过程

$$Y = X\beta + F \tag{10-11}$$

其中：

$$\beta = W\,(P^T W)^{-1} Q^T$$

W、P、Q 的各列分别由 w_a、p_a 与 q_a 组成，$a=1,2,\cdots,A$。

PLS 的算法步骤如图 10-6 所示。

---

(1)开始：令 u 等于矩阵 Y 的第一列；

(2)X 中的各列在 u 上进行回归得到负载向量：$w^{\mathrm{T}} = u^{\mathrm{T}}X/u^{\mathrm{T}}u$；

(3)将 w 归一化；

(4)计算得分向量：$t = Xw/w^{\mathrm{T}}w$；

(5)Y 中各列在 t 上进行回归：$q^{\mathrm{T}} = t^{\mathrm{T}}Y/t^{\mathrm{T}}t$；

(6)计算 Y 的新等分：$u = Yq/q^{\mathrm{T}}q$；

(7)判断 u 是否收敛，如果是，进行第(8)步，如果不是，返回第(2)步；

(8)计算 X 的负载矩阵：$p^{\mathrm{T}} = t^{\mathrm{T}}X/t^{\mathrm{T}}t$；

(9)计算残差矩阵：$E = X - tp^{\mathrm{T}}$，$F = X - tq^{\mathrm{T}}$；

(10)用 E、F 代替 X、Y 计算下一个潜变量，重复上述步骤直到个潜变量均提取得到。

图 10-6 PLS 算法步骤

PLS 使用两个子空间来反映过程变化。一个是主元子空间，反映了和 Y 相关的变化。另一个是残差子空间，反映了和 Y 无关的变化。然而，样本的主元部分包含的成分过多，其中就有和 Y 正交的成分。另一方面，由于 PLS 的主要

目的是为了最大化 X 和 Y 之间的协方差，因此 PLS 并不会按照 X 的方差大小依次提取主元。所以在数据按照 PLS 算法进行分解之后 X 的残差 E 可能仍然非常大。因此有必要对 E 做进一步的分解。

使用 T－PLS 对数据进行建模时，数据 X,Y 可以被分解为如下几块，如图 10-7所示。

$$\begin{cases} X = T_y P_y^{\mathrm{T}} + \mathrm{T}_o P_o^{\mathrm{T}} + T_r P_r^{\mathrm{T}} \\ Y = T_y Q_y^{\mathrm{T}} + F \end{cases} \tag{10-12}$$

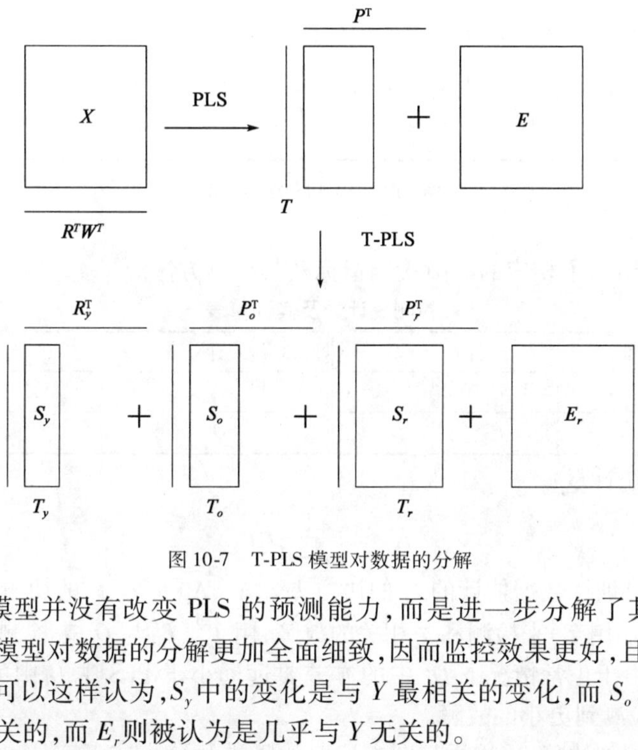

图 10-7　T-PLS 模型对数据的分解

T-PLS 模型并没有改变 PLS 的预测能力，而是进一步分解了其测量空间。由于 T-PLS 模型对数据的分解更加全面细致，因而监控效果更好，且监控结果更容易解释。可以这样认为，S_y 中的变化是与 Y 最相关的变化，而 S_o，S_r 中的变化是与 Y 不相关的，而 E_r 则被认为是几乎与 Y 无关的。

T-PLS 算法步骤如图 10-8 所示。

在多变量统计过程监控中，有两类统计量被广泛地用于过程检测。其中一种是衡量过程主要变化的 D 统计量，另一种是衡量过程残差部分的 Q 统计量，在 PLS 中分别叫作 T^2 与 SPE 统计量。在 T-PLS 中，$\hat{x}_y$，$\hat{x}_o$，$\hat{x}_r$ 衡量了过程中的主要变化，因此采用 D 统计量来监测比较适合。而 $\tilde{x}_r$ 代表了过程中的残差部分，因此用 Q 统计量来监测比较合适。对一个新的检测样本 x_{new}，相应的得分与残差部分可计算如下：

$$\begin{cases} t_{y,\mathrm{new}} = QR^{\mathrm{T}}x_{\mathrm{new}} \\ t_{o,\mathrm{new}} = P_o^{\mathrm{T}}(P - P_yQ)R^{\mathrm{T}}x_{\mathrm{new}} \\ t_{r,\mathrm{new}} = P_r^{\mathrm{T}}(I - PR^{\mathrm{T}})x_{\mathrm{new}} \\ \tilde{x}_{r,\mathrm{new}} = (I - P_rP_r^{\mathrm{T}})(I - PR^{\mathrm{T}})x_{\mathrm{new}} \end{cases} \tag{10-13}$$

(1)对 (X,Y) 运行 PLS 算法,得到 PLS 的得分矩阵 T 和相应的结构矩阵 Q,P,R;

(2) 对 $\hat{Y}$ 进行 PCA 分解:$\hat{Y} = TQ^{\mathrm{T}} = T_yQ_y^{\mathrm{T}}$,主元个数 $A_y = rank(Q)$;

(3)$\hat{X} = TP^{\mathrm{T}}, P_y^{\mathrm{T}} = (T_y^{\mathrm{T}}P_y)^{-1}T_y^{\mathrm{T}}\hat{X}$;

(4) 对 $\hat{X}_o$ 进行 PCA 分解,$\hat{X}_o = \hat{X} - T_yP_y^{\mathrm{T}} = T_oP_o^{\mathrm{T}}$,主元个数为 $A - A_y$;

(5) 对残差 E 进行 PCA 分解,$E = T_rP_r^{\mathrm{T}} + E_r$。

图 10-8　T－PLS 算法步骤

表 10-1 给出了相应的故障检测指标及其计算方法。

检测统计量及其计算表　　表 10-1

统 计 量	计　算	统 计 量	计　算
T_y^2	$t_{y,\mathrm{new}}^{\mathrm{T}}\Lambda_y^{-1}t_{y,\mathrm{new}}$	T_r^2	$t_{r,\mathrm{new}}^{\mathrm{T}}\Lambda_r^{-1}t_{r,\mathrm{new}}$
T_o^2	$t_{o,\mathrm{new}}^{\mathrm{T}}\Lambda_o^{-1}t_{o,\mathrm{new}}$	Q_r	$\Vert \tilde{x}_{r,\mathrm{new}} \Vert^2$

对于 D 统计量:

$$\Lambda_y = \frac{1}{m-1}t_y^{\mathrm{T}}t_y$$

表示通过训练数据估计的 t_y 的协方差。Λ_o、Λ_r 是 t_o、t_r 的协方差矩阵。在 T-PLS 中,我们用 T_y^2来检测和 Y 相关的故障,用 T_o^2、T_r^2与 Q_r 来检测与 Y 关系不大的故障。由于正常情况下 Q_r 中的方差要远远小于 PLS 中 Q 中的方差,所以 T-PLS 可以检测到更小的故障。

一旦检测到故障,采用贡献图方法对故障进行分离或者定位。贡献图描述了所有过程变量对检测统计量的贡献大小,认为对检测量贡献较大的过程变量与故障之间的关系最为紧密。第 j 个过程变量对某个检测量的贡献图可以被描述为如下形式:

$$\mathrm{cont}_j^{\mathrm{Index}} = (\gamma_j x)^2 = (\xi_j^{\mathrm{T}}\Gamma x)^2 \tag{10-14}$$

式中:γ_j——Γ 的第 j 行;

ξ_j——Γ 的第 j 列。

不同的检测统计量对应的 Γ 矩阵见表 10-2。

不同检测量对应的 Γ^2 矩阵　　表 10-2

检测统计量	Γ^2	检测统计量	Γ^2
T_y^2	$R\Lambda_y^{-1}R^{\mathrm{T}}$	T_o^2	$(I-RP^{\mathrm{T}})P_r\Lambda_r^{-1}P_r^{\mathrm{T}}(I-PR^{\mathrm{T}})$
T_o^2	$(RP^{\mathrm{T}}-RP_y^{\mathrm{T}})P_o\Lambda_o^{-1}P_o^{\mathrm{T}}(PR^{\mathrm{T}}-P_yR^{\mathrm{T}})$	Q_r	$(I-RP^{\mathrm{T}})(I-P_rP_r^{\mathrm{T}})(I-PR^{\mathrm{T}})$

10.4 基于 T-PLS 的悬挂系统故障检测与诊断

在利用 T－PLS 算法进行城轨车辆悬挂系统故障诊断之前，首先需要确定算法中过程变量 X 与质量变量 Y 分别对应于车辆系统中哪些值。与基于 DPCA 的悬挂系统故障检测方法一样，选取第 8 章图 8-17 中 12 路传感器输出经高通滤波、二次积分等预处理后数据作为 T-PLS 算法的过程变量 X，而图 8-17 中发生故障的 4 个悬挂系器件状态良好情况下的刚度或者阻尼系数在附加上较小的噪声波动后被作为质量变量数据 Y。与传统的化学工业过程监控不同，本文从过程变量数据到质量变量数据之间并不存在逻辑上的因果关系，因此在监控效果与检测结果分析上都存在一定程度的差异，但这并不影响 PLS 模型在悬挂系统状态监控与故障诊断上的应用。城轨车辆悬挂系统故障仿真试验平台数据被用于算法验证。

基于检测指标 T_y^2、T_o^2、T_r^2 与 Q_r 二系空簧故障检测结果分别如图 10-9～图 10-12 所示。

由图 10-9～图 10-12 可知，当空簧故障幅值较大时（出现 75% 的性能衰减），T_y^2 与 T_o^2 迅速地检测到了故障，T_r^2 没能检测到故障，而 Q_r 检测效果不好。相反，空簧故障幅值较小时（出现 25% 的性能衰减），T_y^2 的检测效果也不理想，而故障在 Q_r 指标下却表现得十分显著，尽管存在一定的延时。可以这样理解，二系悬挂系器件的故障幅值较大时，对多数传感器的输出都有较大的影响，被 T-PLS 模型理解为一种与质量变量 Y 相关性较强的故障，因而在 T_y^2 指标中表现显著，而在 Q_r 指标下检测效果不理想。另一方面，当其故障幅值较小时，对传感器的输出影响较小，被 T-PLS模型理解为一种残差噪声，因而在 Q_r 指标下被显著地检测到。二系阻尼器故障检测结果与二系空簧检测结果类似，在此不再赘述。

一系阻尼故障检测结果如图 10-13～图 10-16 所示。

由图 10-13～图 10-16 可知，一系阻尼器故障无论幅值大小，在 T_y^2、T_o^2 与 T_r^2 指标中均难以检测，而 Q_r 指标下被显著检测到。如图 8-17 所示，分析车辆悬挂系结构可知，二系悬挂系器件性能对车体传感器与转向架传感器输出均有影响，而一系悬挂系器件性能对传感器输出的影响能力则被局限在相对应的转向架上,相比二系悬挂系器件的影响能力相去甚远。因此一系故障很可能也被T-PLS模型理解为一种残差噪声。同时由于 T-PLS 模型对数据的分解十分细致,从而使 Q_r 指标对较小的噪声也十分敏感,所以一系故障在 Q_r 指标下均被显著检测获得。同样,在此略过一系弹簧故障的检测结果。

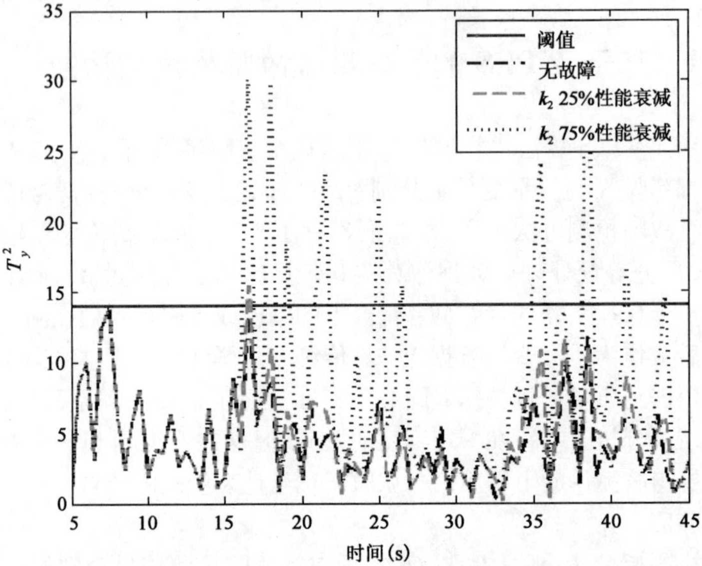

图 10-9　基于T_y^2的二系空簧故障检测结果

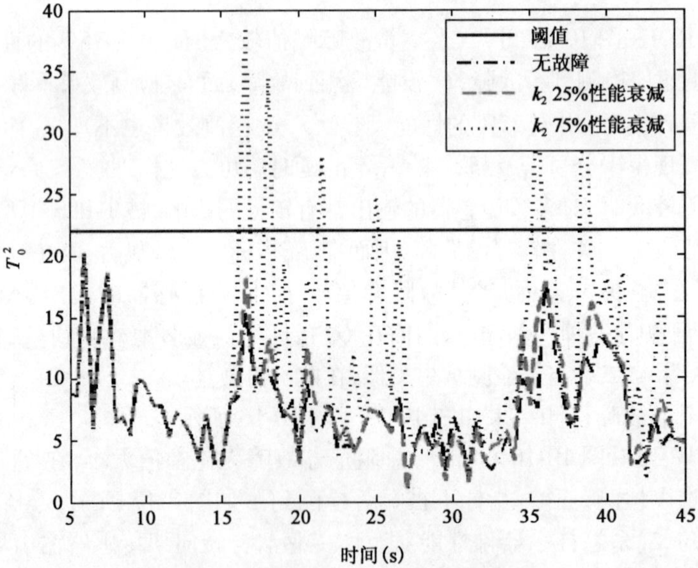

图 10-10　基于T_o^2的二系空簧故障检测结果

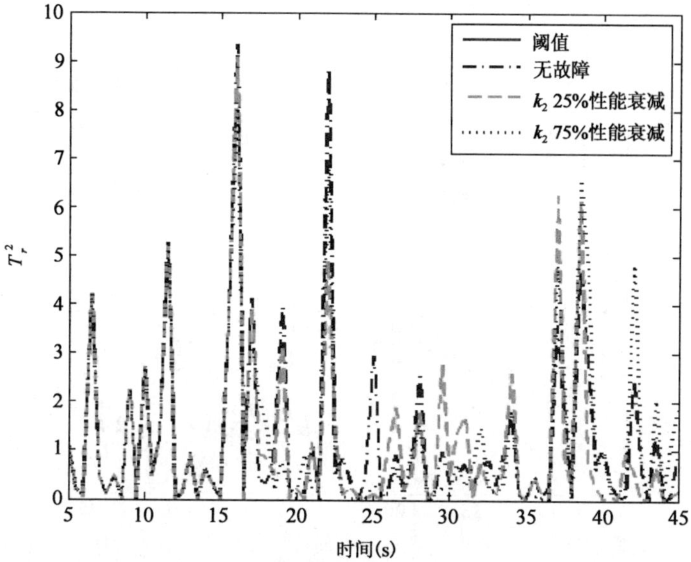

图 10-11 基于T_r^2的二系空簧故障检测结果

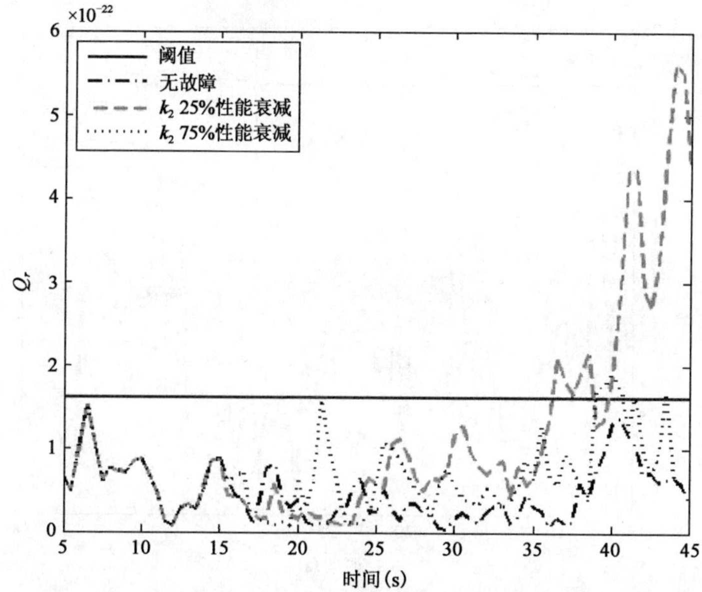

图 10-12 基于Q_r的二系空簧故障检测结果

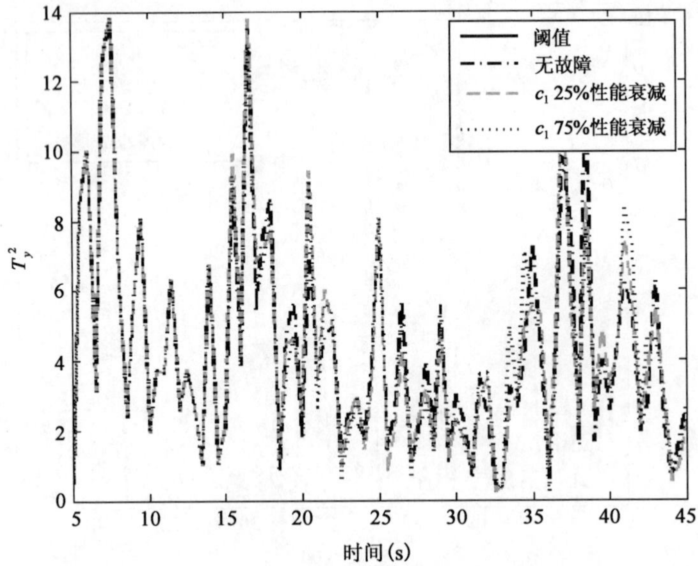

图 10-13　基于T_y^2的一系阻尼故障检测结果

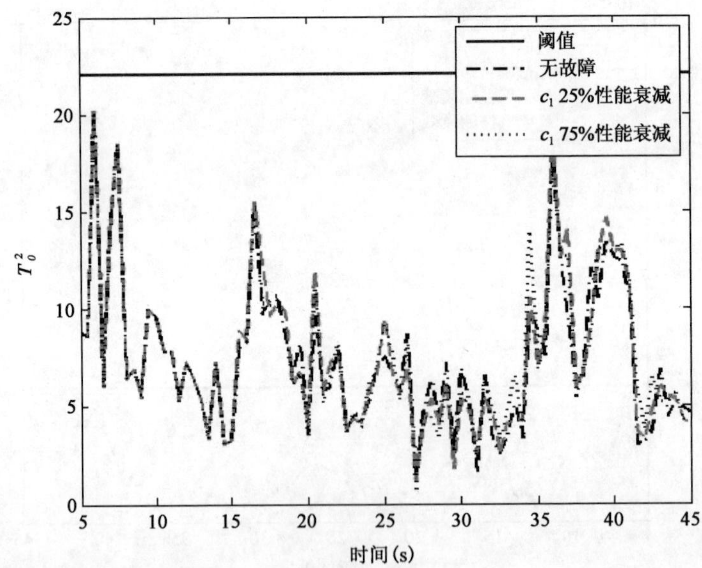

图 10-14　基于T_o^2的一系阻尼故障检测结果

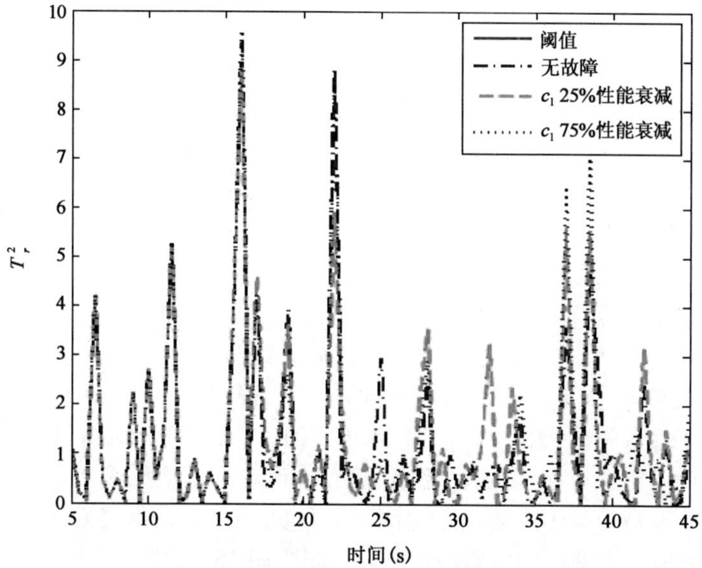

图 10-15 基于T_r^2的一系阻尼故障检测结果

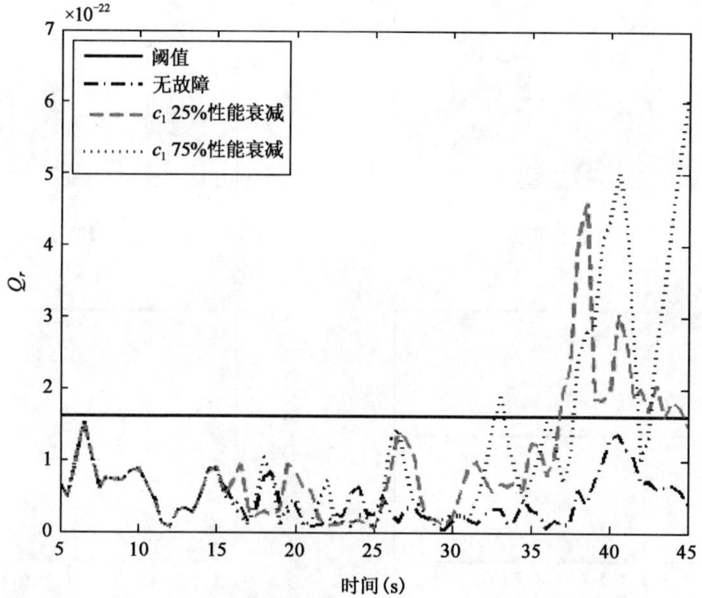

图 10-16 基于Q_r的一系阻尼故障检测结果

在分析故障检测结果的同时,我们已对故障定位给出了初步的分析结果。即二系故障在幅值较大情况下可以被 T_y^2 与 T_o^2 指标迅速检测到,而在 Q_r 指标下表现微弱;幅值较小的二系故障被 Q_r 指标显著检测获得;一系故障无论幅值大小一般情况下只能有 Q_r 指标检测获得,且存在一定的延时,但故障表现十分显著。

为了进一步分析发生故障的悬挂系部件位置,这里采用贡献图技术对各传感器输出数据的贡献值进行分析。图 10-17 所示为在 T-PLS 的检测统计量检测到二系空簧发生故障后,各传感器输出数据对相应统计量的贡献值分布情况。注意到图 10-17 的故障空簧位置与传感器编号,说明与二系空簧故障发生位置相对的车体传感器与转向架传感器上的数据对检测统计量的贡献更大。也就是说,图 10-17 中车体前方右侧空簧发生故障时,编号为 3、4 的车体传感器与编号为 9、10、11、12 的位于后方转向架的传感器对该故障较为敏感。这或许会与我们的直观判断不一致(编号为 1、2、5、6、7、8 的传感器距故障位置较近,应该对故障更敏感),但是这可能由点头、侧滚、摇头等运动的中心轴发生了变化有关,更详细的解释需要对车体运动状态做深入的研究。在二系阻尼发生故障以后,各传感器贡献值分布情况与空簧故障类似,如图 10-18 所示。

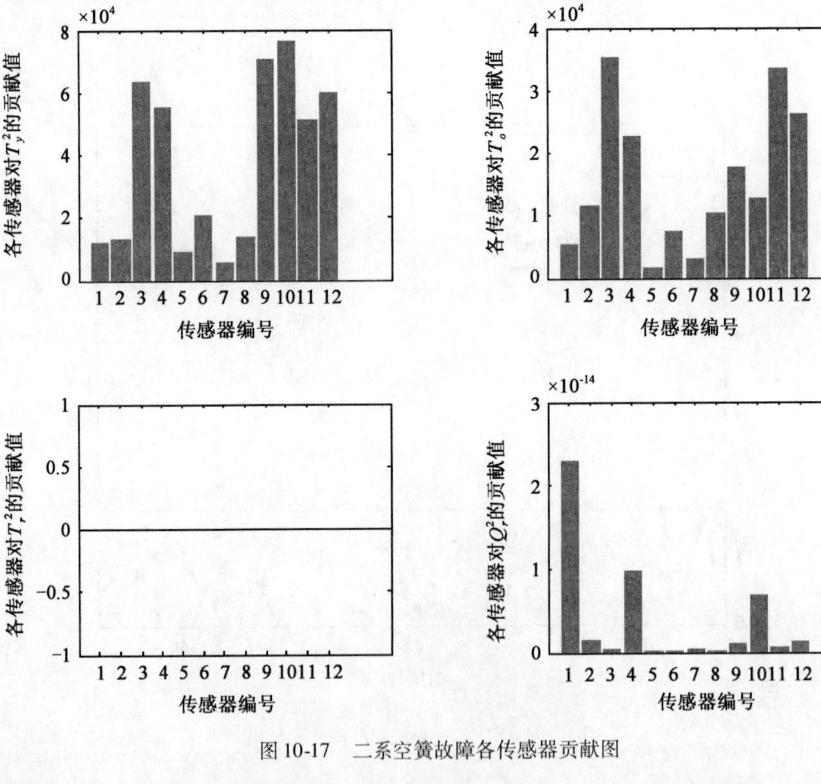

图 10-17 二系空簧故障各传感器贡献图

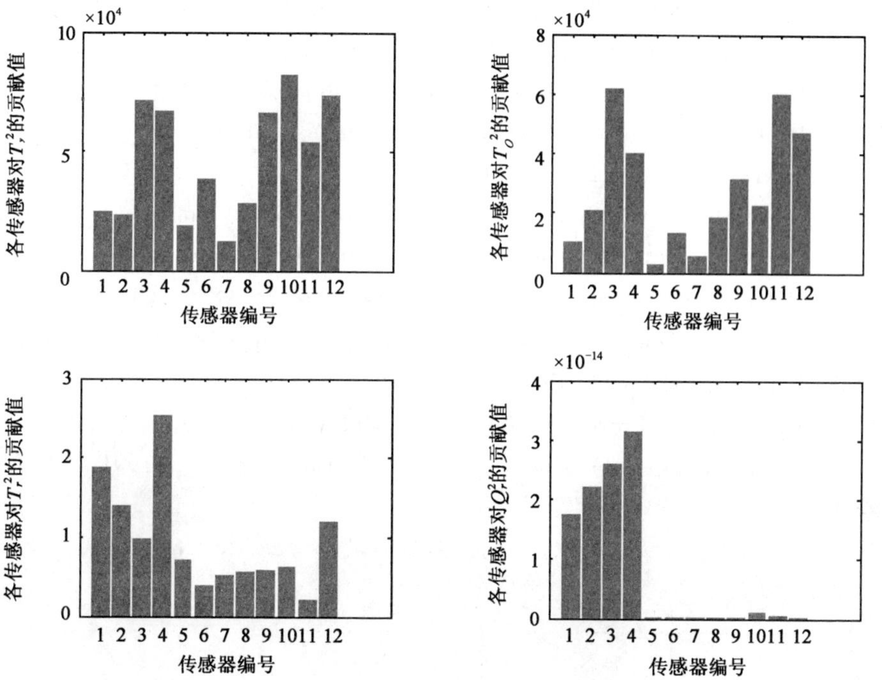

图 10-18　二系阻尼故障各传感器贡献图

综上所述，本章运用 T-PLS 的检测统计量与贡献图可以完成对城轨车辆悬挂系统的故障检测与初步故障定位。

10.5　本章小结

本章主要研究了数据驱动的城轨车辆悬挂系统故障诊断问题，以 DPCA 方法与 T-PLS 方法为例，在详细论述算法思想与步骤的基础上，结合仿真数据完成了多元统计分析方法在城轨车辆悬挂系统故障检测中的应用。在 T-PLS 方法一节中，利用贡献图技术讨论了悬挂系统的故障分离问题。仿真结果表明数据驱动的方法在一定程度上优于基于模型的方法。

本章参考文献

[1] Weihua Li, H. Henry Yue, Sergio Valle-Cervantes, et al. Recursive PCA for adaptive process monitoring[J]. Journal of Process Control, 2000, 10(5):

471-486.

[2] S. Joe Qin, Ricardo Dunia. Determining the number of principal components for best reconstruction[J]. Journal of Process Control, 2000, 10: 245-250.

[3] S. Joe Qin. Statistical process monitoring: basics and beyond[J]. Journal of Chemometrics, 2003, 17: 480-502.

[4] Wold S., Ruhe A., Wold H., et al. The Collinearity problem in linear regression – The partial least squares(PLS) approach to generalized inverses[J]. SIAM Journal on Scientific and Statistical Computing, 1984, 5(3): 735-743.

[5] Geladi P. and Kowalski B. R. Partial least squares regression: A tutorial[J]. Analytica Chimica Acta, 1986, 185: 1-17.

[6] Kresta J., MacGregor, Marlin T. E. Multivariate statistical monitoring of process operating performance[J]. Can. J. Chem. Eng., 1991, 69(1): 35-47.

[7] 周东华,李刚,李元.数据驱动的工业过程故障诊断技术[M].北京:科学出版社,2011.

第 11 章　基于 D-S 证据理论的列车垂向悬挂系统故障分离算法研究

本章基于 D-S 证据理论在列车悬挂系统故障分离中的应用,通过故障特征提取,建立典型的故障特征库,根据组合规则和决策规则,检测出发生故障的类型和位置,实现故障分离。本章首先介绍了 D－S 证据理论的原理与步骤,以及特征提取法和距离相似法,随后利用 MATLAB 软件进行两种不同车型的垂向悬挂系统故障分离研究。本章提出的方法为解决轨道交通车辆悬挂系统的故障分离问题提供了一种新的思路。

11.1　Dempster-Shafer 证据理论(DST)

Dempster-Shafer 证据理论(DST)的基本框形是由 Dempster 在 1967 年首先建立起来的,利用多值映射推导出事件的上下概率,并用其建模各类信息;之后,Shafer 进一步完善了 Dempster 提出的框架结构,建立了命题和集合之间的一一对应关系,把命题的不确定性问题转化为集合的不确定性问题,从而满足了比概率论弱的情况,形成了证据推理的数学理论。这个用于证据推理的数学理论被简称为证据理论,其中所定义的置信函数和似真函数,对信息的非精确和狭义不确定等认知方面的表示、度量和处理比概率论会更加灵活、有效[1-7]。

11.1.1　D-S 证据理论的基本概念

鉴于理解的方便,首先给出一些符号的定义。

定义 1　令 $\Theta=\{\theta_1,\theta_2,\cdots,\theta_n\}$ 是一个辨识框架。

该框架即为论域,其中的元素或子集是我们要研究的对象。2^Θ 是 Θ 的所有子集组成的幂集,且满足 $\varnothing\in 2^\Theta$,$\Theta\in 2^\Theta$。

例如,如果一台发动机发生的故障类型可能是 a、b 和 c。那么它的辨识框架为:$\Theta=\{a,b,c\}$;幂集为:$\Omega(\Theta)=\{\varnothing,\{a\},\{b\},\{c\},\{a,b\},\{a,c\},\{b,c\},$

$\{a,b,c\}\}$。其中$\varnothing$是空集，表示没有故障发生；$A=\{a,b\}$表示可能发生故障 a 或者故障 b。

以下给出 D-S 证据理论中几个基本概念。

定义 2 质量函数（基本概率赋值函数 BPA）映射 $m:2^{\Theta}\to[0,1]$ 是一个定义在 Θ 上的质量函数，如果满足

(1)对于空集$\varnothing$，有 $m(\varnothing)=0$；

(2)对于 $\forall A\in 2^{\Theta}$，$\sum_{A}m(A)=1$。

其中，函数 $m(A)$ 表示的是对集合 A 的置信度。可见，与传统的概率论相比，证据理论是研究 2^{Θ} 中的每个子集 A，并不只是 Θ 中的每个元素。

11.1.2 D-S 证据组合规则

如果 m_1、m_2 分别是两个定义在同一个辨识框架 Θ 上的两个不同基本概率赋值函数(BPA)，则定义 $m=m_1\oplus m_2$ 为组合后的 BPA，定义的组合公式为：

$$m(\varnothing)=0$$

$$m(C)=\frac{\sum\limits_{A\cap B=C}m_1(A)m_2(B)}{1-\sum\limits_{A\cap B\neq\varnothing}m_1(A)m_2(B)} \tag{11-1}$$

符号"$\oplus$"表示两个或多个质量函数，即基本概率赋值函数在 Dempster 组合规则中的组合作用，定义：

$$k=\sum_{A\cap B\neq\varnothing}m_1(A)m_2(B)>0 \tag{11-2}$$

称其为规范化因子，用它可以度量两个或多个基本概率赋值函数之间的冲突程度大小。k 值越大，表示证据间冲突越大，组合后得到的信息量就越少。故可知组合规则只有在 $k<1$ 的时候才是有意义的，即来自不同信息源的证据之间在不完全冲突的情况下才能使用此组合规则。

计算得到的 m 也是同一个辨识框架 Θ 下的基本概率赋值函数。注意，$m=m_1\oplus m_2$，表示的是两组证据 m_1 和 m_2 组合后新得到的。以上的组合规则满足下列关系式：

$$m_1\oplus m_2=m_2\oplus m_1 \tag{11-3}$$

$$m_1\oplus(m_2\oplus m_3)=(m_1\oplus m_2)\oplus m_3 \tag{11-4}$$

对于 n 个在辨识框架 Θ 上质量函数 $m_1,m_2,\cdots,m_n$，给出：

$$K=\sum_{\cap_{i=1}^{n}E_i=\phi}m_1(E_1)m_2(E_2)\cdots m_n(E_n)>0 \tag{11-5}$$

$$m(A)=(m_1\oplus m_2\oplus\cdots\oplus m_n)(A)=\frac{1}{1-K}\sum_{\cap_{i=1}^{n}E_i=A}m_1(E_1)\cdot m_2(E_2)\cdots m_n(E_n) \tag{11-6}$$

11.1.3 D-S证据决策准则

在基于D-S证据推理的故障分离方法中,要利用组合后的基本概率赋值函数(BPA)对系统出现的故障做出判断,就需要一定的判定准则。这里给出两条基本的准则:

(1)判定的故障类型应有最大的组合后的BPA;

(2)得到的判定的故障元件的BPA和其他BPA之差要大于某个阈值。

11.2 特征提取法及距离相似性算法

本章在利用D-S证据理论时,采用欧氏距离算法计算两组向量之间的距离,以求得两者的相似程度,从而达到故障分离的目的。通过比较两个数据矩阵,来衡量二者之间的相似程度,距离越近就越相似。

在进行相似性度量时,本章中距离算法回避直接比较两个数据矩阵中所有元素的相似度并做加和的做法,而是采用以下步骤:首先,计算两个数据矩阵的时域和频域特征,将数据简单化;其次,通过距离算法求得两个数据矩阵之间的距离;最后,对上步得到的距离求倒数,该值越大表明二者越相似。

距离相似性算法详细步骤如下。

1)特征提取

在故障分离中,通过对信息的处理得到合适的特征是非常重要的一步。选取的准确性直接影响最后的分离结果。在本章的改进算法中,采用的是特征为4个时域特征:平均值、均方值、歪度指标、峭度,以及3个频域特征:频率中心、均方根频率和均方差频率[8]。

对于有限长度的离散时间序列$x_1,x_2,\cdots,x_n$,其统计的时域特征值如下。

(1)平均值

$$\overline{X}=\frac{1}{N}\sum_{i=1}^{N}x_i(t) \tag{11-7}$$

(2)均方值

$$X_{rms}^2=\frac{1}{N}\sum_{i=1}^{N}x_i^2(t) \tag{11-8}$$

(3)歪度指标

$$C_w=\frac{\frac{1}{N}\sum_{i=1}^{N}(|x_i|-\overline{x})^3}{X_{rms}^3} \tag{11-9}$$

(4)峭度

$$C_q = \frac{\frac{1}{N}\sum_{i=1}^{N}(|x_i| - \bar{x})^4}{X_{rms}^4} \tag{11-10}$$

上述提到的时域特征指标只能反映机械设备的总体运转状态是否正常,因而在机械设备故障诊断系统中用于故障监测,趋势预报。要想确定故障的部位和类型就需要作进一步的精密分析。在这方面,频谱分析是现代信号处理技术的又一种基本的常用方法。

(1)频率中心

$$\mathrm{FC} = \frac{\int_0^{+\infty} fs(f)\,\mathrm{d}f}{\int_0^{+\infty} s(f)\,\mathrm{d}f} \tag{11-11}$$

(2)均方根频率

$$\mathrm{RMSF} = \left[\frac{\int_0^{+\infty} f^2 s(f)\,\mathrm{d}f}{\int_0^{+\infty} s(f)\,\mathrm{d}f}\right]^{1/2} \tag{11-12}$$

(3)均方差频率

$$\mathrm{RVF} = \left[\frac{\int_0^{+\infty} (f - FC)^2 s(f)\,\mathrm{d}f}{\int_0^{+\infty} s(f)\,\mathrm{d}f}\right]^{1/2} \tag{11-13}$$

其中,f 是频率,$s(f)$ 是信号功率谱。FC 和 RMSF 表现的是主频率的位置变化,RVF 描述的是收敛性。

2)距离计算

令:

$$A = [a_{i1} \quad a_{i2} \quad \cdots \quad a_{ij}], B = [b_{i1} \quad b_{i2} \quad \cdots \quad b_{ij}]$$

其中 A 是故障库中某种故障第 i 种特征值(时域或频域)向量,B 是待检故障库中某种故障的相应的特征向量,j 是传感器的个数。

改进的距离公式为:

$$d_i = \left[\frac{1}{n}\sum_{j=1}^{n}(a_{ij} - b_{ij})^2\right]^{\frac{1}{2}} \tag{11-14}$$

式中:d_i——A 与 B 的第 i 种特征值向量之间的距离;

i——特征数;

j——传感器数;

n——传感器总数。

最后得到一个 7 ×1 的列向量：

$$D = \begin{bmatrix} d_{11} & d_{12} & \cdots & d_{1M} \\ d_{21} & d_{22} & \cdots & d_{2M} \\ \vdots & \vdots & \vdots & \vdots \\ d_{71} & d_{72} & \cdots & d_{7M} \end{bmatrix} \tag{11-15}$$

矩阵 D 就是某种待检故障的 7 种特征与故障库中所有故障的特征之间的距离矩阵，其中，M 为故障特征库中的故障总数。距离越近就越相似，即矩阵 D 中 d_{im} 值越小，表明该待检故障与故障库中的第 m 种故障越相似，也就是能诊断出的故障最可能的是故障库的第 m 种故障。

距离相似性：

$$p'_{im} = \frac{1}{d_{im}} \tag{11-16}$$

归一化：

$$P = \begin{bmatrix} p_{11} & p_{12} & \cdots & p_{1M} \\ p_{21} & p_{22} & \cdots & p_{2M} \\ \vdots & \vdots & \vdots & \vdots \\ p_{71} & p_{72} & \cdots & p_{7M} \end{bmatrix} = \begin{bmatrix} p_1 \\ p_2 \\ \vdots \\ p_7 \end{bmatrix} \tag{11-17}$$

$$\sum_{m=1}^{M} p_{im} = 1 \quad (i = 1, \cdots, 7, M = 16)$$

11.3 城轨车辆垂向悬挂系统的故障分离

以城轨列车悬挂系统仿真试验平台为基础，用于仿真研究与算法验证。

仿真试验中，安装了两类传感器，分别为 4 个车体加速度传感器、前后转向架加速度传感器，分别用于获取车体垂向加速度信号、转向架垂向加速度信号。车体加速度传感器布设在车底板的四个角，以获取车体垂向运动的运动状态信息；8 个转向架加速度传感器分 4 个前转向架传感器和 4 个后转向架传感器，布设在转向架构架的四个角，以获取转向架的运动状态信息。

它的算法思路如图 11-1 所示。首先，对各加速度信号进行高通滤波、二次积分等处理，获得垂向位移输出；其次，对位移序列信号，计算其 4 个时域特征值，并做快速傅立叶变换（FFT），获得 3 个故障信号的频域特征值；第三，建立典型故障特征库；第四，当检测到一个新的故障之后，运用距离相似性匹配算法将当前发生的 7 个故障特征值与存储在故障特征库中每一种典型故障的故障特征值进行相似性匹配,此计算得到的相似性即为所求的 7 组基本概率赋值函数;最后,运用 D-S 证据理论融合得到的 7 组基本概率赋值函数,得到融合后的基本概率赋值函数值,依据决策规则得出最后的分离诊断结果。在得出的基本概率赋值函数中,具有最大值的即认为是最有可能发生的故障类型。

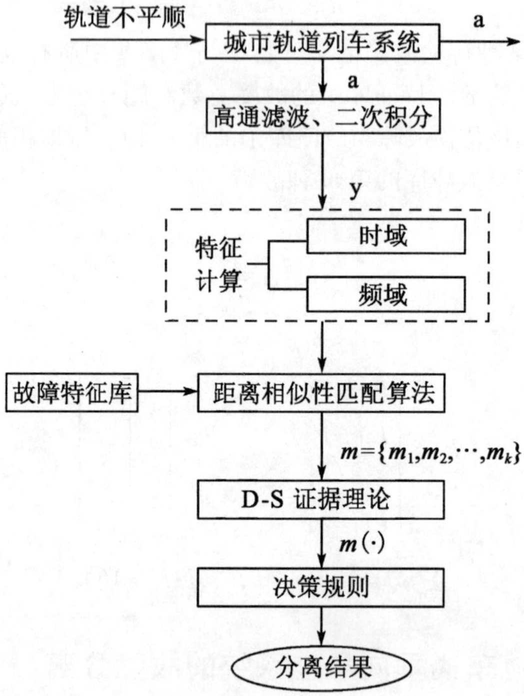

11-1　基于 D-S 证据理论的城轨车辆悬挂系统故障分离流程

11.3.1　建立故障特征库

当列车悬挂系统发生故障时,时域序列会发生一些变化,这些变化就是当前故障所表现出来的特征,即故障特征。而这种变化,在频域中会表现得更加显著,因此,在产生时域残差序列后,经过快速傅立叶变化(FFT),获得频域特征,这些特征值作为特征序列用来相似性匹配。该应用中,一共考虑了 8 种不同的典型故障。其中故障发生位置如图 11-2 所示,分别为右前方二系空簧 k_{21}、二系阻尼器 c_{21},前转向架左前方一系弹簧 k_{11},前转向架右后方一系弹簧 k_{12},与左后方二系空簧 k_{22}、二系阻尼器 c_{22},后转向架上的左前方一系弹簧 k_{13},后转向架上

的右后方一系弹簧 k_{14},并且按照这些部件衰减系数的变化,将故障分为轻微故障、中等故障和严重故障。这里规定:当系数变化范围在 0% ~25% 之间,定义为轻微故障;当系数变化范围在 25% ~60% 之间,定义为中等故障(MF);当系数变化范围高出 60% 以上,定义为严重故障(SF)。

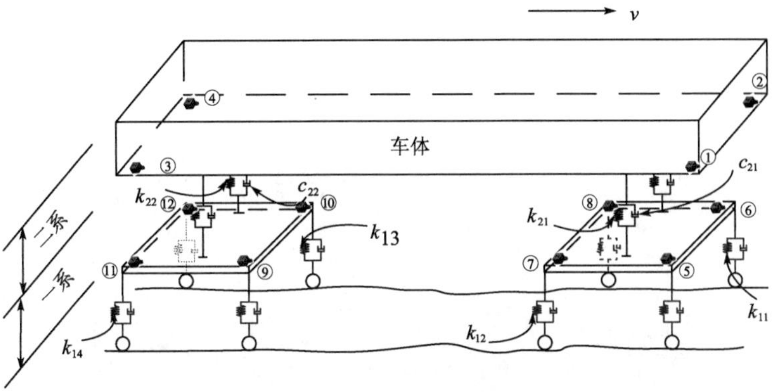

图 11-2 故障分布图

对于绝大多数部件来说,轻微故障是很难检测出来的。因此本次主要研究的是中等故障和严重故障。中等故障选择的故障幅值为 45% 、47% 和 53% ;严重故障考虑的是 70% 、72% 和 78% 。详细故障信息见表 11-1。其中,45% 表示弹簧或阻尼器发生故障时的衰减程度,也就是说弹簧或阻尼系数减少 45% ,在此称作故障幅值。

故障库中的典型故障类型 表 11-1

故障序号	故障部件	故障类型	详细描述
F_1	c_{21}	MF	25% ~60% 阻尼衰减
F_2	c_{21}	SF	60% ~100% 阻尼衰减
F_3	k_{21}	MF	25% ~60% 刚度衰减
F_4	k_{21}	SF	60% ~100% 刚度衰减
F_5	c_{22}	MF	25% ~60% 阻尼衰减
F_6	c_{22}	SF	60% ~100% 阻尼衰减
F_7	k_{22}	MF	25% ~60% 刚度衰减
F_8	k_{22}	SF	60% ~100% 刚度衰减
F_9	k_{11}	MF	25% ~60% 刚度衰减
F_{10}	k_{11}	SF	60% ~100% 刚度衰减
F_{11}	k_{12}	MF	25% ~60% 刚度衰减
F_{12}	k_{12}	SF	60% ~100% 刚度衰减
F_{13}	k_{13}	MF	25% ~60% 刚度衰减
F_{14}	k_{13}	SF	60% ~100% 刚度衰减
F_{15}	k_{14}	MF	25% ~60% 刚度衰减
F_{16}	k_{14}	SF	60% ~100% 刚度衰减

右前方的二系空簧故障与右前方的二系阻尼故障的 12 维残差频域幅频序列分别如图 11-3 与图 11-4 所示。从图中可以看到,两种不同故障的幅频序列在不同频段的能量分布都存在较大的区别,这就是基于 D-S 证据理论的故障分离方法的前提。

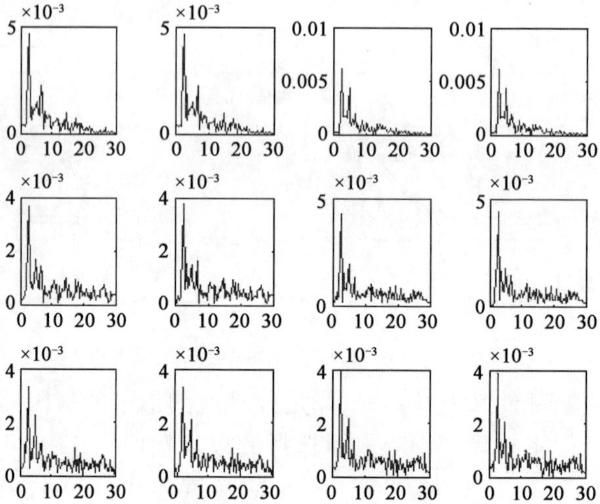

图 11-3　右前方二系空簧故障幅频特征

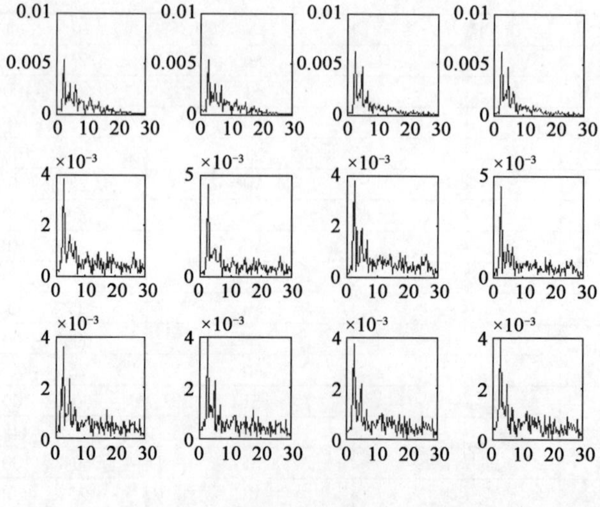

图 11-4　右前方二系阻尼故障幅频特征

11.3.2 基于 D-S 证据理论的故障分离试验结果

为了验证基于 D-S 证据理论的故障分离算法的有效性和准确性,在对相同故障不同衰减程度的条件下又做了一组新的试验,衰减程度分别是 50% 和 75%,以产生以上 8 项故障情况下系统的位移幅频序列,并依据这些新产生的幅频序列建立待检故障特征库。这样在分离故障时,如果新发生的故障与原先建好的故障特征库中的故障部件和类型对应,表明该方法准确有效。这些新的位移幅频序列与故障特征库中典型故障所对应的位移幅频序列并不完全一样。但是对于相同的故障,其具有相同的故障特征,因此幅频序列相近。如图 11-5 所示为新一组试验获取的右前方二系空簧故障系统幅频序列,可以看到图 11-5 与图 11-3 的 12 维残差幅频序列在不同频段的能量分布情况都大体一致,但也有区别。

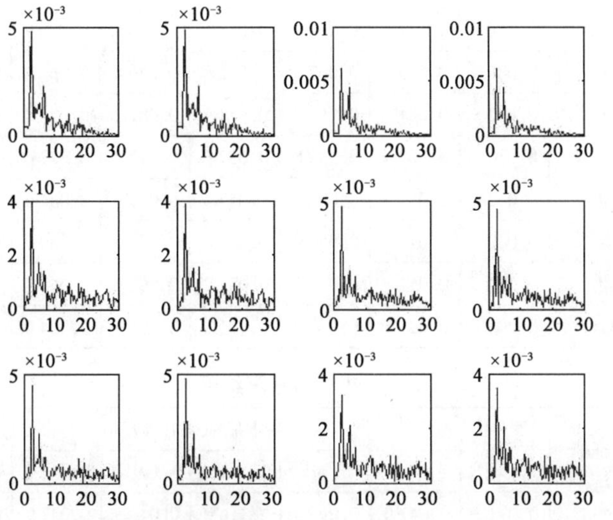

图 11-5 待检故障库中右前方二系空簧幅频特征

这里分别列出二系空簧 k_{21},其故障衰减程度为 50%(MF),和一系弹簧 k_{13},其故障衰减程度为 75%(SF)的故障分离结果,如表 11-2、表 11-3 和其立体三维柱状图 11-6、图 11-7 所示,其结果更为明显和直观。在表格中,加粗的黑体是所在行的最大值,它所对应的列是最有可能发生的故障部件和类型。图中,纵坐标数值最大的一项所对应的横坐标就是最有可能发生的故障部件和类型。

k_{21}_50%的分离结果 表 11-2

待检故障模式	特征值	基本概率赋值函数值							
		c_{21}(MF)	c_{21}(SF)	k_{21}(MF)	k_{21}(SF)	c_{22}(MF)	c_{22}(SF)	k_{22}(MF)	k_{22}(SF)
k_{21}_50%	m_1	0.069 5	0.046 1	0.117 4	0.114 8	0.036 8	0.044 8	0.065 8	0.054 2
	m_2	0.034 8	0.021 8	0.115 1	0.065 4	0.035 0	0.019 7	0.045 3	0.054 2
	m_3	0.052 6	0.032 0	0.061 1	0.047 7	0.058 5	0.037 6	0.046 7	0.029 4
	m_4	0.044 9	0.026 5	0.125 7	0.051 1	0.045 1	0.024 7	0.044 1	0.025 4
	m_5	0.028 7	0.022 2	0.248 1	0.062 3	0.044 1	0.032 2	0.051 0	0.042 2
	m_6	0.029 1	0.022 7	0.243 6	0.074 8	0.039 7	0.030 5	0.053 0	0.045 4
	m_7	0.028 7	0.022 2	0.249 0	0.062 9	0.044 4	0.032 2	0.050 9	0.041 9
	融合	0.000 1	0.000 0	0.968 5	0.003 6	0.000 2	0.000 0	0.000 5	0.000 1

待检故障模式	特征值	基本概率赋值函数值							
		k_{11}(MF)	k_{11}(SF)	k_{12}(MF)	k_{12}(SF)	k_{13}(MF)	k_{13}(SF)	k_{14}(MF)	k_{14}(SF)
k_{21}_50%	m_1	0.064 6	0.031 9	0.062 0	0.033 5	0.055 9	0.090 9	0.069 1	0.042 6
	m_2	0.086 0	0.069 5	0.067 5	0.082 6	0.076 8	0.062 8	0.074 5	0.089 1
	m_3	0.092 8	0.081 5	0.069 9	0.081 9	0.082 2	0.073 4	0.085 8	0.066 9
	m_4	0.070 5	0.080 4	0.093 8	0.052 6	0.072 4	0.077 4	0.090 8	0.070 5
	m_5	0.052 8	0.051 3	0.055 7	0.057 4	0.069 0	0.061 6	0.063 6	0.057 8
	m_6	0.049 2	0.047 0	0.054 9	0.055 6	0.071 5	0.059 9	0.064 7	0.058 6
	m_7	0.052 6	0.051 3	0.055 3	0.057 2	0.068 7	0.061 7	0.063 4	0.057 8
	融合	0.003 1	0.001 1	0.002 9	0.001 3	0.005 4	0.004 6	0.006 5	0.002 2

k_{13}_75%的分离结果 表 11-3

待检故障模式	特征值	基本概率赋值函数值							
		c_{21}(MF)	c_{21}(SF)	k_{21}(MF)	k_{21}(SF)	c_{22}(MF)	c_{22}(SF)	k_{22}(MF)	k_{22}(SF)
k_{13}_75%	m_1	0.071 3	0.047 0	0.096 5	0.116 0	0.040 3	0.047 9	0.058 7	0.069 4
	m_2	0.034 0	0.017 6	0.048 8	0.024 0	0.027 1	0.014 0	0.047 6	0.064 9
	m_3	0.043 9	0.023 5	0.056 2	0.035 0	0.051 8	0.023 9	0.026 5	0.018 0
	m_4	0.082 3	0.027 9	0.045 0	0.044 7	0.042 9	0.023 0	0.034 0	0.020 2
	m_5	0.018 7	0.012 6	0.022 0	0.012 7	0.019 1	0.012 3	0.080 2	0.039 5
	m_6	0.020 8	0.014 1	0.025 0	0.015 8	0.021 0	0.013 7	0.096 0	0.047 2
	m_7	0.018 4	0.012 4	0.021 7	0.012 6	0.018 9	0.012 1	0.079 2	0.038 7
	融合	0.000 1	0.000 0	0.000 2	0.000 0	0.000 0	0.000 0	0.001 9	0.000 1

续上表

待检故障模式	特征值	基本概率赋值函数值							
		k_{11}(MF)	k_{11}(SF)	k_{12}(MF)	k_{12}(SF)	k_{13}(MF)	k_{13}(SF)	k_{14}(MF)	k_{14}(SF)
k_{13}_75%	m_1	0.058 9	0.031 0	0.046 8	0.032 4	0.065 0	0.077 6	0.097 0	0.044 0
	m_2	0.086 0	0.071 4	0.061 5	0.113 0	0.123 1	0.053 3	0.138 4	0.075 1
	m_3	0.084 2	0.090 9	0.048 3	0.069 5	0.118 6	0.062 0	0.179 0	0.068 7
	m_4	0.081 5	0.087 4	0.076 5	0.079 4	0.097 2	0.095 3	0.072 7	0.089 9
	m_5	0.068 4	0.063 2	0.045 4	0.106 9	0.166 4	0.111 0	0.125 4	0.096 0
	m_6	0.064 8	0.056 7	0.045 8	0.107 0	0.135 0	0.111 4	0.124 1	0.101 6
	m_7	0.066 4	0.062 2	0.044 2	0.104 9	0.172 3	0.113 2	0.124 6	0.098 1
	融合	0.012 9	0.005 0	0.001 2	0.030 7	0.451 4	0.043 3	0.428 4	0.024 7

正如表11-2所示，新发生的故障是k_{21}（故障幅值是50%）。表中第一行m_1是归一化的第一个时域特征的相似性（新发生的故障和故障库中的每种典型故障之间的），同理，第二行到第七行$m_2 \cdots m_7$也是其余6种特征值的归一化的相似性。例如，第一个数值0.069 5表示的是新故障k_{21}_50%和故障库中第一种故障c_{21}(MF)之间的平均值的相似性。根据D-S证据理论融合规则公式，首先融合前两行，之后两两融合，最后得到融合结果，也就是最后一行m。得到融合结果之后，按照决策规则，得到故障分离结果。最大的基本概率赋值函数对应的故障类型是k_{21}(MF)。从这个结果看，分析得出k_{21}是最可能发生的故障，发生的故障程度是中等故障。这个最终分离结果与实际发生的新故障是一致的。

在此仿真试验中，一共对16种新的故障做了故障分离，最后只有一种故障在分离过程中诊断失误。从表11-3中的结果可得到，发生的故障部件类型能准确分离，但是在诊断故障具体发生的衰减程度的结果是错误的。分析其原因，第一，所选择诊断的元器件在列车上分布较相邻，故传感器最后反馈得到的数据区别不大；第二，本次错误诊断的待检测故障类型实际为严重故障，其所产生的时域和频域特征与中等故障时提取的特征值较相似，难以区分，故将其误诊为中等故障；第三，主要原因是系统建模过程的复杂性和非线性造成的，模型不够精确与可靠，导致提取的故障特征不是完全准确的。

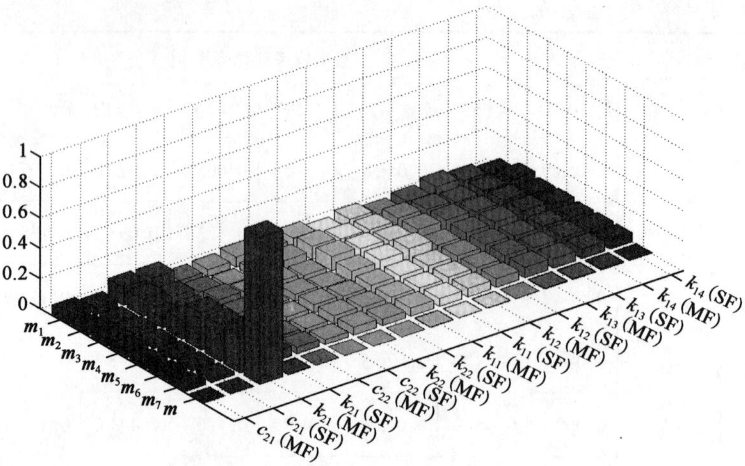

图 11-6　k_{21}_50% 的分离结果柱状图

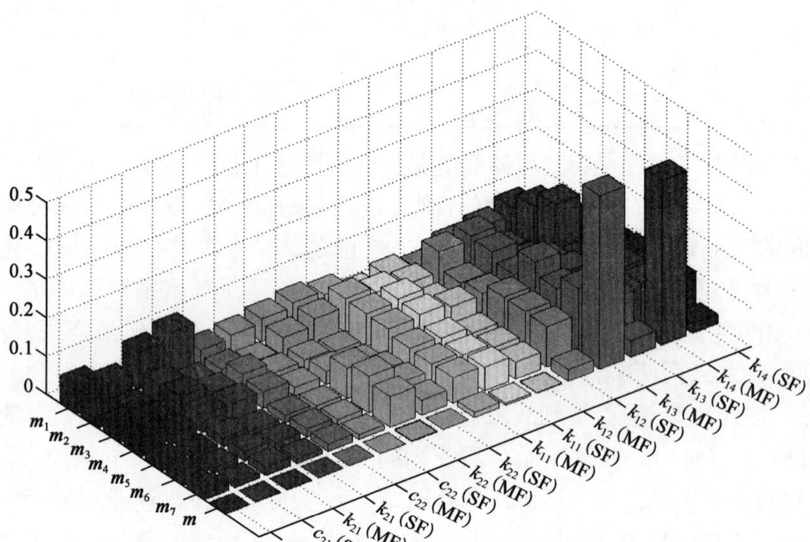

图 11-7　k_{13}_75% 的分离结果柱状图

11.4　D-S 证据理论在轻型轨道交通车辆垂向悬挂故障分离中的应用

在轻型轨道列车上安装的传感器类型有三种，分别为车体加速度传感器、转向架加速度传感器与角加速度传感器，分别用于获取车体垂向加速度信号、转向架垂向加速度信号，以及车体与转向架的角加速度信号。三节车体加速度传感器与角加速度传感器布设在车底板的中心点，以获取车体垂向运动的运动状态信息；转向架加速度传感器布设在转向架构架上方中心盘位置，以获取转向架的运动状态信息。

在车辆动力学仿真软件SIMPACK中，通过实际城轨列车结构参数建立车辆模型，并按照上述传感器的布设位置安装传感器。为简化运行条件，美国五级轨道谱用于轨道激励输入。在SIMPACK中，将仿真运行采集的车体和转向架加速度数据通过SIMAT模块接口接入MATLAB/Simulink中实现对采样数据的高通滤波、二次积分等预处理工作，对角加速度数据同样进行上述数据处理工作，获得系统输出，为之后的计算提供可靠的数据来源。

本章运用基于D-S信息融合的故障分离方法的主要目的是诊断出发生故障的类型和位置。它的算法思路如图11-8所示，具体过程与上节的仿真过程类似，在此不再赘述。

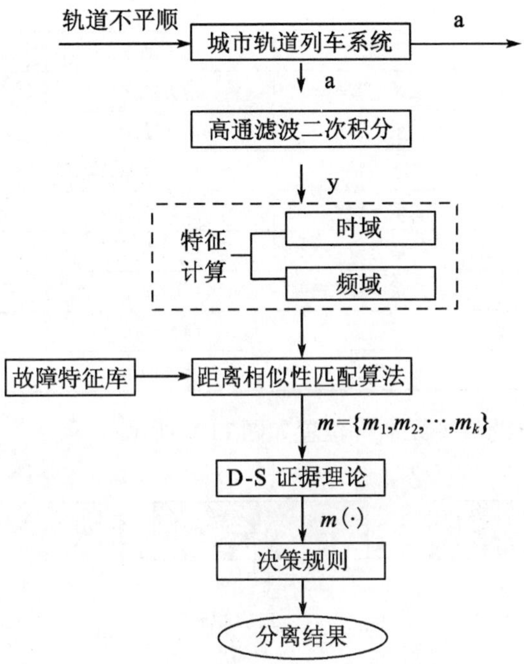

图11-8 基于D-S证据理论的轻型轨道车辆的故障分离流程

11.4.1 建立故障特征库

城市轻型轨道列车系统模型的输出为9项。在本节应用仿真中，一共考虑了 8 种不同的故障,具体见表 11-4,分别是前方动车的二系阻尼故障(c_1p_1)、后方动车二系阻尼故障(c_1p_3)、拖车二系阻尼故障(c_2t_2)、前方动车一系阻尼故障(c_3p_1),以及与阻尼故障相对应位置上的 4 类弹簧故障($k_1p_1, c_1p_3, k_2t_2, k_3p_1$)。由于考虑故障发生的随机性,此次建立的典型故障特征库中,考虑的故障幅值是 25% 和 50%。

故 障 分 类 表 11-4

故障序号	故障类型	故障位置	故障幅值
F_1	二系阻尼	前方动车	25%
F_2	二系阻尼	前方动车	50%
F_3	二系阻尼	后方动车	25%
F_4	二系阻尼	后方动车	50%
F_5	二系阻尼	中间拖车	25%
F_6	二系阻尼	中间拖车	50%
F_7	一系阻尼	前方动车	25%
F_8	一系阻尼	前方动车	50%
F_9	二系空簧	前方动车	25%
F_{10}	二系空簧	前方动车	50%
F_{11}	二系空簧	后方动车	25%
F_{12}	二系空簧	后方动车	50%
F_{13}	二系空簧	中间拖车	25%
F_{14}	二系空簧	中间拖车	50%
F_{15}	一系弹簧	前方动车	25%
F_{16}	一系弹簧	前方动车	50%

试验应用仿真的故障元器件位置如图 11-9 所示。

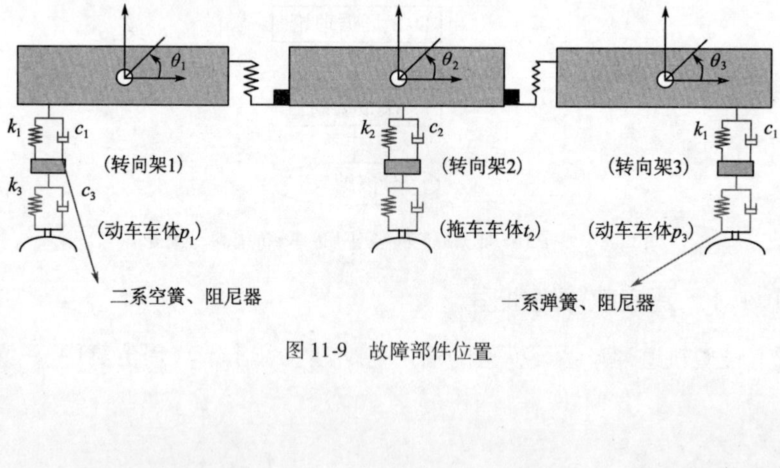

图 11-9 故障部件位置

前方动车的二系阻尼故障与前方动车一系弹簧故障的 9 维残差频域幅频序列分别如图 11-10 与图 11-11 所示。这两种故障的衰减程度均为 50% 。从图中可以看到,两种不同故障的残差幅频序列在各项幅值与不同频段的能量分布都存在较大的区别,这就是分离故障的前提。

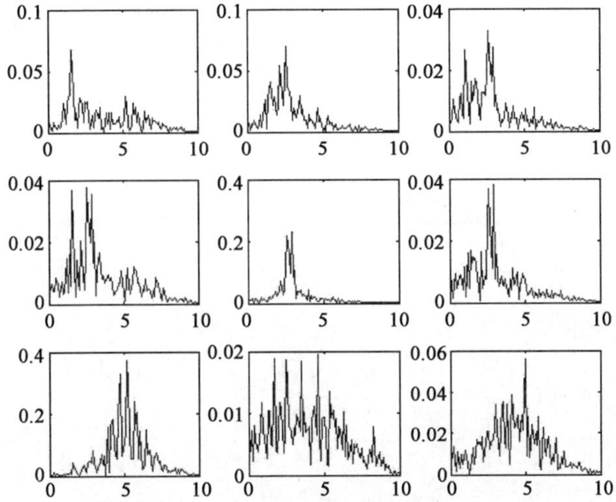

图 11-10 前方动车二系阻尼故障残差幅频特征

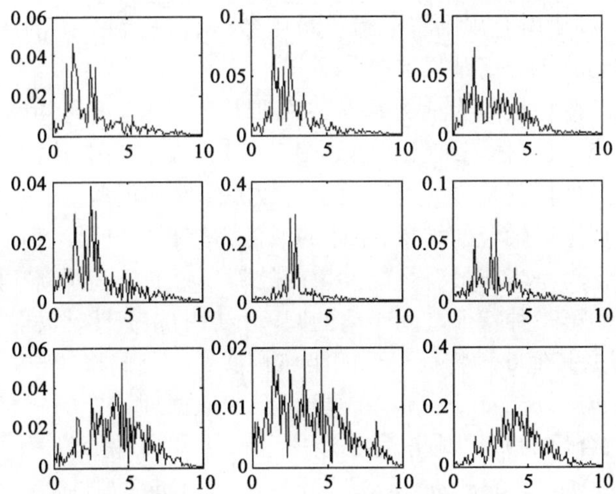

图 11-11 前方动车一系弹簧故障残差幅频特征

11.4.2 故障分离

图 11-12 为待检故障库中前方动车二系阻尼故障残差幅频特征。注意到悬

挂系各部件在发生故障时，故障幅值在 0 ~ 100% 之间都有可能发生，因此在建立故障特征库时对同种故障考虑不同故障幅值的情况是有必要的。

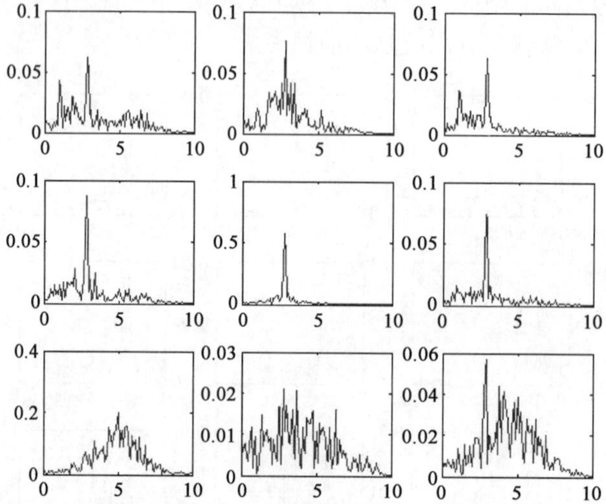

图 11-12　待检故障库中前方动车二系阻尼故障残差幅频特征

首先运用距离相似性度量算法计算得出新发生的故障与建立的故障特征库中每一种典型故障的相似性，将得出的 7 组相似性归一化后作为 D-S 证据理论中的质量函数，利用融合规则将 7 组质量函数融合，得到最终的质量函数，并根据决策规则得到故障分离结果。

以发生的新待检故障为前方动车二系阻尼，衰减程度是 40% 为例，仿真试验结果见表 11-5，其立体三维柱状图如图 11-13 所示。图中，纵坐标数值最大的一项所对应的横坐标就是最有可能发生的故障部件和类型。表中融合结果即为应用 D-S 证据理论后融合的结果，粗体的数值为该行中的最大值，其所在列对应的典型故障即认为是当前最有可能发生的故障。第一行表示新故障与故障库中所有典型故障的第一种特征之间距离的归一化后的相似性，同样地，第 2 行到第 7 行，分别是根据其他 6 种特征得到的距离相似性。我们将其归一化后得到的 7 组相似性记为 $m=\{m_1, m_2, \cdots, m_7\}$。根据 D-S 证据理论中的融合公式，两两融合，最后得到融合后的 m。因此，第一步中，由式(11-2)得到 k 为：

$$k=\sum_{F_i \cap F_j=\phi} m_1(F_i)m_2(F_j)=m_1(F_1)m_2(F_2)+\cdots+m_1(F_{16})m_2(F_{15})=0.9378$$

再由式(11-1)可得第一次融合后的值：

$$n(F_1)=\sum_{F_1=F_i \cap F_j} m_1(F_i)m_2(F_j)/(1-C)=m_1(F_1)m_2(F_1)/(1-C)=0.0933$$

用相同方法，得到：

$n_1 = [n_1(F_1), \cdots, n_1(F_{16})] = [0.0933, 0.0610, 0.0672, 0.0643, 0.0602, 0.0406, 0.0624, 0.0664, 0.0663, 0.0869, 0.0576, 0.0529, 0.0600, 0.0585, 0.0576, 0.0450]$

第二步，根据相同的公式，两两融合，得到最后的融合结果为：

$m = [m(F_1), \cdots, m(F_{16})] = [0.7463, 0.1125, 0.0067, 0.0025, 0.0000, 0.0000, 0.0131, 0.0348, 0.0165, 0.0518, 0.0033, 0.0048, 0.0035, 0.0008, 0.0033, 0.0002]$

最后，根据决策规则，得出最后的分离结果。在最后融合的基本概率赋值函数值中，$m(F_1)$是最大的值，其次是$m(F_2)$。从结果可以看出，最有可能发生的故障是前方动车二系阻尼，这与实际对应，而故障发生的衰减程度是在25%和50%之间，被分为中等故障，这与实际的待检故障一致。

前方动车二系阻尼（衰减程度是40%）的分离结果 表11-5

待检故障模式	特征值	基本概率赋值函数值							
		F_1	F_2	F_3	F_4	F_5	F_6	F_7	F_8
$c_1p_1\_40$	m_1	0.0640	0.0646	0.0677	0.0765	0.0626	0.0636	0.0617	0.0616
	m_2	0.0906	0.0587	0.0617	0.0522	0.0597	0.0396	0.0629	0.0669
	m_3	0.0859	0.1667	0.0617	0.0585	0.0536	0.0147	0.0630	0.0656
	m_4	0.0709	0.0727	0.0697	0.0580	0.0605	0.0063	0.0693	0.0692
	m_5	0.2216	0.0958	0.0551	0.0442	0.0070	0.0032	0.0671	0.0895
	m_6	0.1742	0.1115	0.0518	0.0392	0.0074	0.0045	0.0725	0.0974
	m_7	0.2279	0.0955	0.0547	0.0442	0.0068	0.0031	0.0663	0.0887
	融合	0.7463	0.1125	0.0067	0.0025	0.0000	0.0000	0.0131	0.0348
待检故障模式	特征值	基本概率赋值函数值							
		F_9	F_{10}	F_{11}	F_{12}	F_{13}	F_{14}	F_{15}	F_{16}
$c_1p_1\_40$	m_1	0.0601	0.0585	0.0602	0.0521	0.0605	0.0595	0.0602	0.0665
	m_2	0.0685	0.0922	0.0595	0.0631	0.0616	0.0612	0.0595	0.0420
	m_3	0.0629	0.0637	0.0496	0.0630	0.0616	0.0606	0.0496	0.0194
	m_4	0.0733	0.0799	0.0677	0.0710	0.0694	0.0694	0.0677	0.0250
	m_5	0.0676	0.0822	0.0495	0.0509	0.0488	0.0295	0.0495	0.0384
	m_6	0.0807	0.1176	0.0459	0.0529	0.0394	0.0244	0.0459	0.0347
	m_7	0.0665	0.0812	0.0497	0.0506	0.0475	0.0288	0.0497	0.0388
	融合	0.0165	0.0518	0.0033	0.0048	0.0035	0.0008	0.0033	0.0002

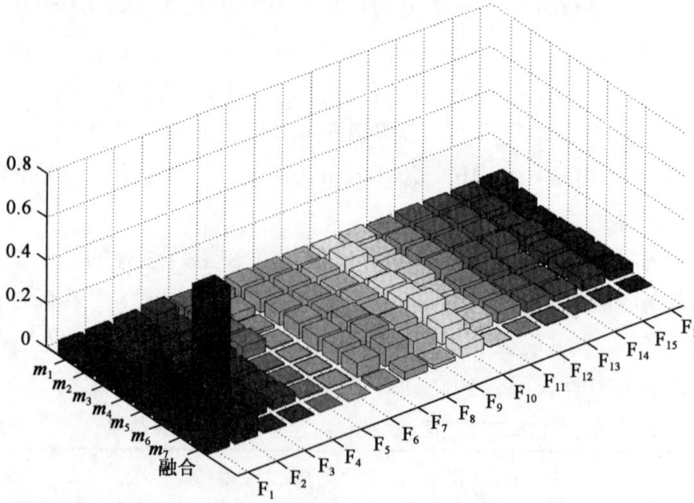

图 11-13 前方动车二系阻尼（衰减程度是 40%）的分离结果柱状图

从最后的仿真试验结果得出，所有的故障均可以正确分离。因此，基于 D-S 证据理论的分离方法应用到轻轨列车实现分离故障是可行的。

11.5 本章小结

本章考虑了城轨车辆和轻型轨道列车垂向悬挂系统的故障分离问题，提出了基于 D-S 证据理论的信息融合的故障分离方法。这一方法先对加速度信号进行高通滤波和二次积分后，产生位移输出信号，计算得到时域和频域特征值。之后采用距离算法进行相似性匹配，最后运用 D-S 证据理论来分离故障。从试验结果可以看出，该方法在检测单故障时具有优越性，分离结果准确有效。但是也存在弊端：一方面，该方法在应用到城轨列车悬挂系统进行故障分离时，准确率不能达到 100%，分析其原因有以下几方面：第一，所选择诊断的元器件在列车上分布较相邻，故传感器最后反馈得到的数据区别不大；第二，本次错误诊断的待检测故障类型实际为严重故障，其所产生的时域和频域特征与中等故障时提取的特征值较相似，难以区分，故将其误诊为中等故障；第三，主要原因是系统建模过程的复杂性和非线性造成的，模型不够精确与可靠，导致提取的故障特征不是完全准确的；另一方面考虑到轨道车辆发生故障的复杂性，很有可能发生的不是单故障而是并发故障，而且轻型轨道车辆目前应用很少。

本章参考文献

[1] 文成林,徐晓斌. 多源不确定信息融合理论及应用[M]. 北京:科学出版社,2012.

[2] 蒋海娜. 基于 Desert – Smarandache 理论的故障诊断信息融合方法[D]. 杭州:杭州电子科技大学,2009.

[3] 杨慧. 多传感器信息融合技术的研究与应用[D]. 哈尔滨:哈尔滨工程大学,2010,3.

[4] 刘晓兰. 多传感器信息融合技术的现状与展望[J]. 机电一体化,2010,16(9).

[5] 何友,王国宏. 多传感器信息融合及应用[M]. 北京:电子工业出版社,2007.

[6] Francis T, Varma H, Fadaie K, et al. Confusion in data fusion[J]. International Journal of Remote Sensing. 2003,24(4):627-636.

[7] 李刚. 浅析多传感器信息融合[J]. 科技风,2011(4).

[8] 朱大奇,刘永安. 故障诊断的信息融合方法[J]. 控制与决策,2007,22(12):1321-1328.

第 12 章　基于 DSmT 的列车横向悬挂系统故障分离算法研究

本章的主要研究内容是基于 DSmT 的信息融合方法在城轨列车悬挂系统故障分离中的应用。通过建立广义辨识框架,得出超幂集,根据组合规则,确定发生的并发故障类型。本章首先介绍 DSmT 信息融合方法的理论与原理,随后介绍 SIMPACK 模型与传感器布设方案,最后利用 MATLAB 软件进行仿真试验得到试验结果。该仿真试验是以广州地铁 1 号线和 8 号线运行的城轨车辆其中一节车为模型,为解决城轨车辆悬挂系统的并发故障分离问题提供了一种新的思路。

12.1　DSmT 理论

第 11 章介绍的 D-S 证据理论虽然在检测单发故障时有较高的准确率,而且计算效率高,但其不足是要求辨识框架内的所有元素都是排它的,即不存在交集,但在实际应用中,很多复杂的系统发生故障时,并不能满足 D-S 证据理论中的假设条件,很有可能出现两种故障或多种故障同时发生的情况,这就需要用交集来表示。

Dezert-Smarandache 理论是与 D-S 证据类似的一种推理理论,简称为 DSmT,它是由 Dezert 在 2002 年提出,由 Dezert 和 Smarandache 等学者共同发展起来的。相对于 D-S 证据理论,DSmT 不仅可以很好地表示和处理不确定信息,而且可以很好地表示和处理冲突信息,其辨识框架中的元素不再要求是相互排斥的。因此,可以用其中元素的交来表示并发故障,这就使得并发故障的诊断有了理论框架[1]。

12.1.1　DSmT 理论的相关概念

定义 1　广义辨识框架设 $\Theta=\{\theta_1,\theta_2,\cdots,\theta_n\}$ 是由 n 个完备的假设组成的一个非空有限集合,那么 Θ 就称为广义辨识框架。

定义 2 超幂集与 D-S 证据理论中幂集 2^{Θ} 相似,DSmT 中定义了超幂集。设 Θ 为广义辨识框架,那么超幂集 D^{Θ} 是通过对辨识框架中的元素交(∩)和并(∪)运算产生的集合,它满足三个条件:

(1)$\varnothing,\theta_1,\theta_2,\cdots,\theta_n \in D^{\Theta}$;

(2)如果 $A,B \in D^{\Theta}$,那么,$A \cap B \in D^{\Theta}$ 且 $A \cup B \in D^{\Theta}$;

(3)除了通过规则(1)或(2)获得的元素外,没有其他元素属于 D^{Θ}。

当 Θ 的势 $|\Theta| = n$ 时,D^{Θ} 的势达到 2^{2^n} 数量级。因为对任何给定的有限集 Θ 都有 $|D^{\Theta}| \geqslant |2^{\Theta}|$,所以我们把 D^{Θ} 称为 Θ 的超幂集。

定义 3 广义质量函数(广义基本概率赋值函数 GBPA)设 Θ 为广义辨识框架,如果映射 $m:D^{\Theta} \to [0,1]$ 满足下列条件:

(1)$m(\varnothing) = 0$;

(2)$m(A) > 0$;

(3)$\sum\limits_{A \in D^{\Theta}} m(A) = 1$。

则称 m 为广义辨识框架 Θ 上的广义基本概率赋值函数。

12.1.2 DSmT 模型的组合规则

DSmT 假设存在并集的情况,但在一些特殊的情况下,某些故障是不存在并集的,也就是不存在并发故障,所以为更好地描述存在并集的融合及其特殊情况,将这些互斥约束加到模型中,定义为混合 DSm 模型,用 $\mu(\Theta)$ 来表示。所以,自由 DSm 模型 $\mu^f(\Theta)$(存在并集,所有约束不具有排他性)和 Shafer 模型 $\mu^0(\Theta)$(不存在并集,即具有排他性)都可以看作是混合 DSmT 模型 $\mu(\Theta)$ 的两个特例。

假设在广义辨识框架上有相互独立的 k 个证据,它们的 GBPA 分别为 m_1,$m_2,\cdots,m_k$,当同时作用时,对于给定的 $A \in D^{\Theta}$,组合公式如下:

$$m_{\mu(\Theta)}(A) = \delta(A)[S_1(A) + S_2(A) + S_3(A)] \tag{12-1}$$

公式中所涉及的所有集合都是标准形式,$\delta(A)$ 是集合 A 的特征非空函数,当 $A \notin \varnothing$ 时 $\delta(A) = 1$,否则 $\delta(A) = 0$,这里 $\varnothing = \{\varnothing_{\mu},\varnothing\}$,$\varnothing_{\mu}$ 是 D^{Θ} 中,由于受到模型 $\mu(\Theta)$ 的约束而被强制为空的所有元素的集合,$\varnothing$ 是经典或通常意义上的空集。

$S_1(A) = m_{\mu^f(\Theta)}(A)$,$S_2(A)$,$S_3(A)$ 的定义如下:

$$S_1(A) = \sum_{\substack{X_1,X_2,\cdots,X_k \in D^{\Theta} \\ X_1 \cap X_2 \cap \cdots \cap X_k = A}} \prod_{i=1}^{k} m_i(X_i) \tag{12-2}$$

$$S_2(A) = \sum_{\substack{X_1,X_2,\cdots,X_k \in \varnothing \\ [u=A]\cup[u\in\varnothing\cap(A=I_t)]}} \prod_{i=1}^{k} m_i(X_i) \tag{12-3}$$

$$S_3(A) = \sum_{\substack{X_1,X_2,\cdots,X_k \in D^\Theta \\ X_1\cup X_2\cup\cdots\cup X_k = A \\ X_1\cap X_2\cap\cdots\cap X_k \in \varnothing}} \prod_{i=1}^{k} m_i(X_i) \tag{12-4}$$

其中,$u = u(X_1)\cup u(X_2)\cup\cdots\cup u(X_k)$,$u(X)$是组成 X 的所有 θ_i 的并集,$I_t = \theta_1\cup\theta_2\cup\cdots\cup\theta_n$ 表示完全未知。$S_1(A)$是 k 个独立信息源基于自由 DSm 模型的经典组合公式;$S_2(A)$是将所有相对和绝对空集的 BPA 转化为相对的或完全的未知;$S_3(A)$是将相对空集的 GBPA 转换给非空集合的并集。在进行故障诊断的实际应用中,$S_2(A)$和 $S_3(A)$表示实际不可能发生的单故障和并发故障,为防止其他有用的信息丢失,这里将这些不可能发生的故障定义为$\varnothing$之后,对这些故障所含有的信息进行重新分配[2]。

12.1.3 DSmT 决策准则

在诊断并发故障的分离方法中,要利用组合后的 GBPA 对系统出现的故障做出判断,就需要一定的判定准则。这里给出两条基本的准则:

(1)判定的故障类型应有最大的 GBPA;

(2)判定的故障元件的 GBPA 和其他 GBPA 之差要大于某个阈值。

12.2 仿真应用

基于 D-S 证据理论的信息融合方法在检测单发故障中具有对不确定信息融合的优势,这由第 11 章列车悬挂系统的仿真应用结果可以看出,该故障诊断方法是一种有效可行的诊断故障的方法。

但是,由于 D-S 证据理论的假设条件(要求辨识框架中的所有约束相互排斥,不存在并集),使其在检测复杂故障的过程中有限制,只能检测简单的单发故障,对并发故障不能检测。而在实际的系统运行中,当发生故障时,两种或多种故障有很大的可能同时发生。因此,有必要对并发故障的诊断方法进行深入的研究,从而不断完善故障诊断技术。本章就是利用 DSmT 理论来分离悬挂系统的并发故障。

针对城轨列车垂向悬挂系统动力模型,本章仿真试验建立在横向模型的基础上,实现仿真研究与算法验证。利用 SIMPACK 软件与 MATLAB 之间的接口,搭建城轨车辆悬挂系统故障仿真试验平台如图 12-1 所示,可以实现车辆在运行过程中任意时刻悬挂系部件发生任意幅值故障工况的仿真模拟。

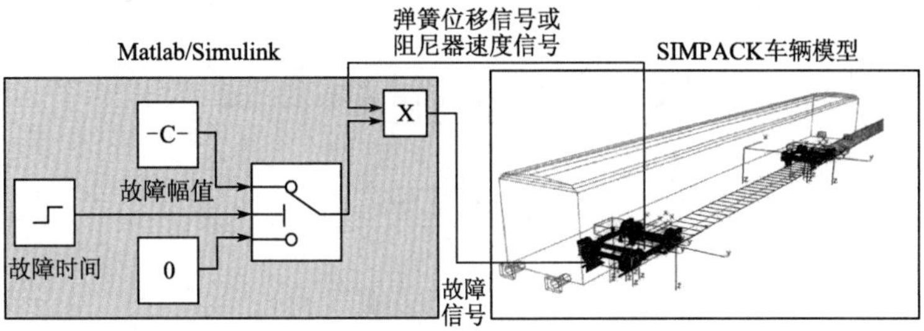

图 12-1 城轨车辆悬挂系统故障仿真试验平台

在这个仿真应用中,安装了两类加速度传感器,如图 12-2 所示,分别为车体加速度传感器、前后转向架加速度传感器,分别用于获取车体横向加速度信号、转向架横向加速度信号。车体加速度传感器布设在车底板的四个角,以获取车体横向运动的运动状态信息;8 个转向架加速度传感器分 4 个前转向架传感器和 4 个后转向架传感器,布设在转向架构架的四个角,以获取转向架的运动状态信息。

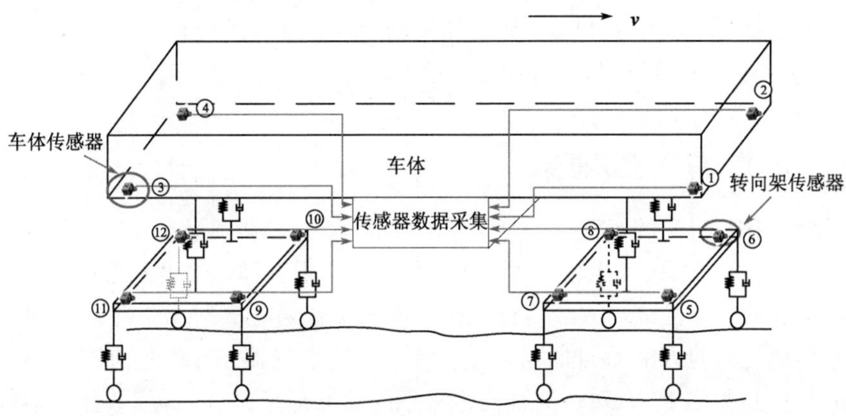

图 12-2 传感器布设方案

它的算法思路如图 12-3 所示。首先,对各加速度信号进行高通滤波、二次积分等处理,获得横向位移输出;其次,对位移序列信号,计算其 4 个时域特征值,并做快速傅立叶变换(FFT),获得 3 个故障信号频域特征值;第三,建立广义辨识框架,并得出超幂集;第四,当检测到一个新的并发故障之后,运用距离相似性匹配算法将当前发生的 7 个故障特征值与存储在故障特征库中每一种典型故障的故障特征值进行相似性匹配,此计算得到的相似性即为所求的 7 组基本概率赋值函数；最后，运用 DSmT 证据理论融合得到的 7 组基本概率赋值函数，得到最后的基本概率赋值函数，依据决策规则得出最后的分离诊断结果。在得出的基本概率赋值函数中，具有最大值的即认为是最有可能发生的故障类型。

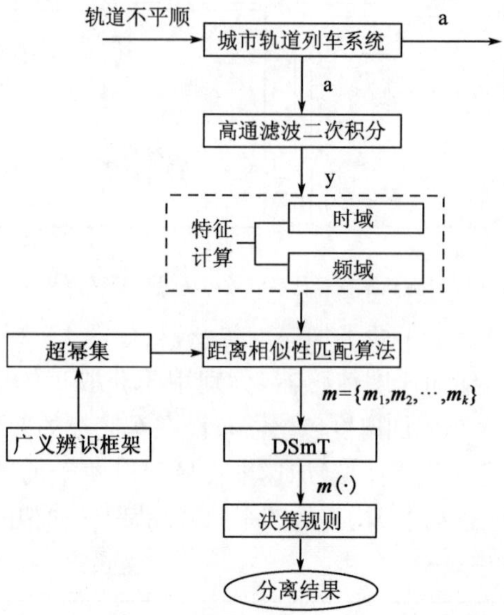

图 12-3 基于 DSmT 诊断并发故障的流程图

12.2.1 广义辨识框架

该应用中，研究的车辆类型是常见的城轨车辆，根据现场实际列车悬挂系统常发生的故障，考虑的故障元器件是弹簧和阻尼，根据弹簧刚度和阻尼系数的变化，这些部件能被检测出故障。我们在此应用中仅考虑 3 种常发生的故障进行诊断，分别是右前方二系阻尼器 c_{21}，左后方二系阻尼器 c_{22}，和右前方二系空簧 k_{21}，具体信息见表 12-1，对这三种故障考虑的幅值都是 30%，详细故障元器件位置如图 12-4 所示。

故 障 类 型 表 12-1

分 类	故 障	类 型	位 置	故障模式
F_1	c_{21}	二系阻尼	前转向架右侧	衰减 30%
F_2	c_{22}	二系阻尼	后转向架左侧	衰减 30%
F_3	k_{21}	二系空簧	前转向架右侧	衰减 30%

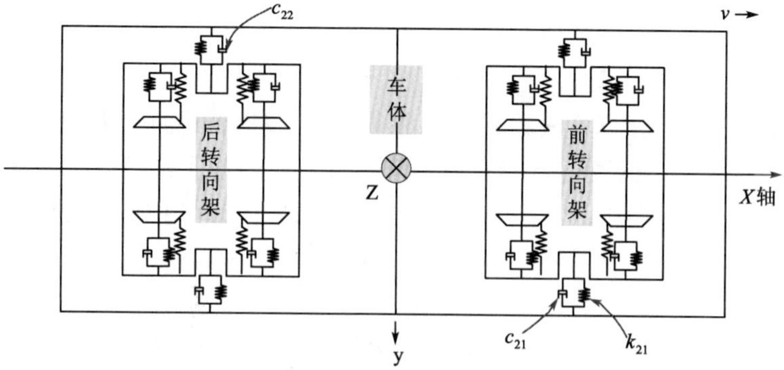

图 12-4 横向车辆模型俯视图

当广义辨识框架 $\Theta=\{F_1,F_2,F_3\}$ 时,超幂集 $D^{\Theta}=\{\alpha_0,\alpha_1,\cdots,\alpha_{18}\}$,$|D^{\Theta}|=19$,其中,$\alpha_i(i=0,1,2,\cdots,18)$定义如下:

$\alpha_0=\varnothing$

$\alpha_1=F_1\cap F_2\cap F_3$

$\alpha_2=F_1\cap F_2$

$\alpha_3=F_1\cap F_3$

$\alpha_4=F_2\cap F_3$

$\alpha_5=(F_1\cup F_2)\cap F_3$

$\alpha_6=(F_1\cup F_3)\cap F_2$

$\alpha_7=(F_2\cup F_3)\cap F_1$

$\alpha_8=(F_1\cap F_2)\cup(F_1\cap F_3)\cup(F_2\cap F_3)$

$\alpha_9=F_1$

$\alpha_{10}=F_2$

$\alpha_{11}=F_3$

$\alpha_{12}=(F_1\cap F_2)\cup F_3$

$\alpha_{13}=(F_1\cap F_3)\cup F_2$

$\alpha_{14}=(F_2\cap F_3)\cup F_1$

$\alpha_{15}=F_1\cup F_2$

$\alpha_{16}=F_1\cup F_3$

$\alpha_{17}=F_2\cup F_3$

$\alpha_{18}=(F_1\cup F_2)\cup F_3$

根据经验,列车悬挂系统中常发生的并发故障主要是右前二系阻尼器和左后二系阻尼器,所以 $F_1\cap F_2\neq\varnothing$,其他并发故障都设为$\varnothing$。根据混合 DSmT 组合规则可知,为$\varnothing$的故障所包含的 GBPA 可通过 $S_2(A)$或 $S_3(A)$进行重新分配,将其赋值给它们的并集或全集。例如,$F_1\cap F_3=\varnothing$,则将 $m(F_1\cap F_3)$的值赋给了 $m(F_1\cup F_3)$。最后的广义辨识框架如下:

$$D^{\Theta}=\{F_1,F_2,F_3,F_1\cap F_2,F_1\cup F_3,F_2\cup F_3,F_3\cup(F_1\cap F_2)\}$$

12.2.2 试验结果

根据前文可知,首先,对得到的各加速度信号进行高通滤波、二次积分等处理,获得横向位移输出;其次,对位移序列信号,计算其 4 个时域特征值,并做快速傅立叶变换(FFT),获得 3 个故障信号频域特征值;第三,建立典型故障库,确定广义辨识框架;第四,检测到一个新的故障之后,运用距离相似性匹配算法将当前发生的 7 个故障特征值与存储在故障特征库中每一种典型故障的故障特征值进行相似性匹配,此计算得到的相似性即为 7 组独立的证据。这里为了验证基于 DSmT 的故障分离算法的有效性和准确性,我们新仿真的并发故障为 c_{21} 与 c_{22} 同时发生,衰减程度分别是 20% 和 15% ,这里也考虑了故障发生的随机性,并且要保证在故障发生的程度不高时能检测出来;最后,运用 DSmT 的组合规则融合之前得到的 7 组广义基本概率赋值函数,对于得到的融合结果,根据 12.1.3 节的决策规则即可得到诊断结果,见表 12-2。

基于 DSmT 的并发故障分离结果 表 12-2

特征值	c_{21}	c_{22}	k_{21}	$c_{21}\cap c_{22}$	$c_{21}\cup k_{21}$	$c_{22}\cup k_{21}$	$k_{21}\cup(c_{21}\cap c_{22})$
m_1	0.3708	0.3068	0.3224	—	0	0	—
m_2	0.3510	0.3780	0.2710	—	0	0	—
m_3	0.3016	0.3654	0.3330	—	0	0	—
m_4	0.3326	0.3683	0.2992	—	0	0	—
m_5	0.4125	0.3543	0.2332	—	0	0	—
m_6	0.3994	0.3631	0.2375	—	0	0	—
m_7	0.4118	0.3553	0.2329	—	0	0	—
D-S	0.5175	0.4169	0.0656	—	0	0	—
DSmT	0.0065	0.0053	0.0008	0.7526	0.0052	0.0047	0.2249

在表 12-2 中,前 7 行是基于距离相似性得出的待检故障与故障库中的每种故障之间的相似性,即 7 组广义质量函数;最后两行是分别基于 D-S 证据理论和基于 DSmT 得到的诊断结果,其中加粗的数字是其所在行中最大的数字,因此待检故障类型属于所对应的列。根据决策准则,D-S 组合规则无法诊断出列车悬挂系统发生的故障类型,得出的结果具有冲突性,而 DSmT 组合规则可以很好地分离出故障,可见 DSmT 在处理并发故障中更符合实际的应用。

因为在超幂集中,单发故障的检测可以看作是并发故障的特殊情况,即为 D-S 证据理论,所以本文所提出的理论及方法也可以对单发故障给予诊断,为避免和前文试验重复,这里不再给出具体结果。

12.3 本章小结

本章仿真应用考虑了城轨车辆横向悬挂系统的并发故障分离问题,提出了一种基于 DSmT 信息融合的故障分离方法。这一方法先对加速度信号进行高通滤波和二次积分后,计算得到时域和频域特征值。之后建立广义辨识框架并采用距离算法进行特征相似性匹配,最后运用 DSmT 信息融合的组合规则和决策规则来分离故障。仿真试验结果一定程度上说明了该方法诊断系统中并发故障的可行性,是对第 3 章仿真试验的进一步研究,对比试验结果可以看出,该方法更具有优越性,分离结果更准确有效。但是,随着现代工业及科学技术的迅速发展,设备的结构越来越复杂,自动化程度也越来越高,发生并发故障的可能性越来越大,而产生并发故障的类型也越来越多,对此本书提出的方法很容易出现"焦元爆炸"现象,故有必要针对并发故障诊断的理论做深入研究,提出更简单有效的方法。

本章参考文献

[1] 文成林,徐晓斌. 多源不确定信息融合理论及应用[M]. 北京:科学出版社,2012.

[2] 蒋海娜. 基于 Desert-Smarandache 理论的故障诊断信息融合方法[D]. 杭州:杭州电子科技大学,2009.

第13章　基于SVM的列车悬挂系统故障分离方法

本章主要研究的内容是基于SVM的列车悬挂系统的故障分离。首先介绍了SVM算法的二元分类和多元分类原理,随后以第8章介绍的城轨列车悬挂系统中一系弹簧、二系空簧、二系阻尼的中等故障和严重故障特征数据为基础,使用SVM算法对列车悬挂系统进行故障分离,并对故障特征、故障特征值和故障分离的结果做出了描述与分析。

13.1　SVM概述

20世纪60年代,Vapnik开始了统计学习理论的研究,之后相继提出VC维理论、结构风险最小化原则、最优边界分类器等理论,对线性分类器提出了另一种设计最佳准则,其原理也从线性可分扩展到线性不可分的情况,甚至扩展到非线性函数中,这种分类器被称为支持向量机(Support Vector Machine,SVM)。

SVM的主要思想可以概括为以下两点。

(1)它针对线性可分情况进行分析,对于线性不可分的情况,通过使用非线性映射算法将低维输入空间线性不可分的样本转化为高维特征空间,使其线性可分,从而使得高维特征空间采用线性算法对样本的非线性特征进行线性分析成为可能。

(2)它基于结构风险最小化原则,在特征空间中建构最优分割超平面,使得学习器得到全局最优化,并且使得在整个样本空间的期望风险以某个概率满足一定上界。

SVM具有以下特征:

(1)SVM学习问题可以表示为凸优化问题,因此可以利用已知的有效算法发现目标函数的全局最小值。而其他分类方法(如基于规则的分类器和人工神经网络)都采用一种基于贪心学习的策略来搜索假设空间,这种方法一般只能获得局部最优解。

(2)SVM 通过最大化决策边界的边缘来控制模型的能力。尽管如此,用户必须提供其他参数,如使用核函数和引入松弛变量等。

(3)通过对数据中每个分类属性引入一个哑变量,SVM 可以应用于分类数据。

对于数据分类问题,传统神经网络方法存在以下不足:在泛化方面,模型不断增大,会覆盖训练数据,这个缺点是由神经网络在选择模型时,参数选择和统计测量的优化算法造成的。由于基于统计学习理论的 SVM 的精确性和显著的泛化性能,其在机器学习、计算机视觉、模式识别等领域得到广泛应用。具体来说,神经网络通过实证风险最小化(Empirical Risk Minimization,ERM)来最小化训练数据的错误;而 SVM 通过结构风险最小化(Structure Risk Minimization,SRM)规则来最小化期望风险的上限,因此,其泛化性能优于神经网络。

基于 SVM 的故障诊断流程如图 13-1 所示。

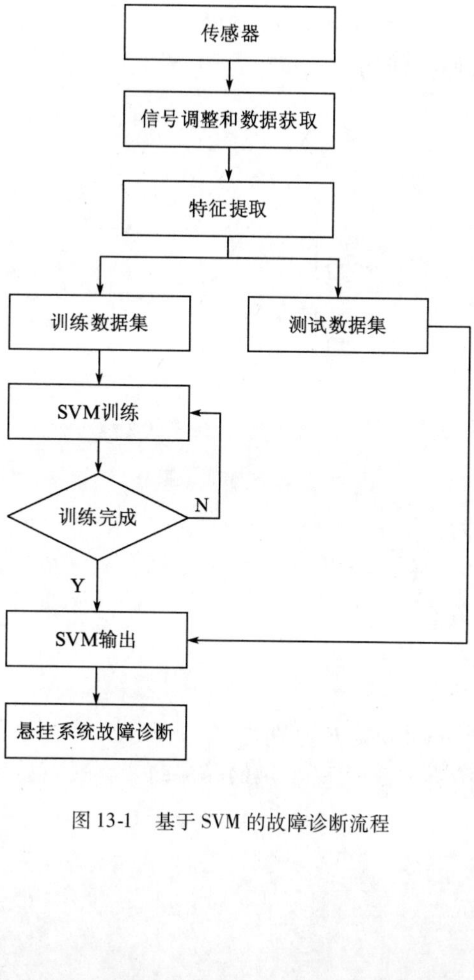

图 13-1 基于 SVM 的故障诊断流程

13.2 SVM 算法研究

13.2.1 二元分类

SVM 在 20 世纪 60 年代由 Vapnik 在统计学习理论的基础上引入,然而在 20 世纪 90 年代,计算能力突飞猛进之后,SVM 才大量应用于实际的分析。原始的 SVM 用于两种分类的问题,数据由一系列支持向量定义的超平面划分。

SVM 可以看成是通过在两个数据集中生成一条直线或一个超平面来进行分类。在二元情况下,SVM 可以很容易解释,如图 13-2 所示。图中,一系列的点采自两个不同分类的数据,其中圆圈表示分类 A,方框表示分类 B。SVM 要在两个分类间生成一条线性边界(图中的实线),使得边缘(图中的虚线)区域最大。最近的数据点用来定义边缘,这些数据点就是支持向量(SV,即图中的灰色圆圈和方框),SV 一旦选定,其他的特征集就可以去掉了,因为 SV 已经包含了分类器必需的所有信息,而其他的特征集就是可有可无的了。

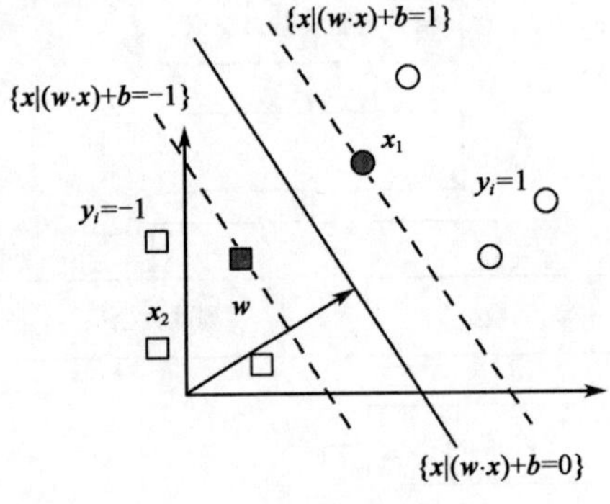

图 13-2　SVM 的数据分类

边界可以表示为:

$$(w \cdot x) + b = 0, w \in R^N, b \in R \tag{13-1}$$

式中:w——定义边界;

x——N 维输入向量;

b——阈值。

在边缘上,分类 A 和分类 B 分别为:

$$(w \cdot x) + b = 1 \tag{13-2}$$

$$(w \cdot x) + b = -1 \tag{13-3}$$

因为 SV 表示已知分类数据的极端，以下决策函数用来对分类 A 或分类 B 的任何数据点进行分类：

$$f(x)=\operatorname{sign}[(w\cdot x)+b] \tag{13-4}$$

最优化平面可由以下最优化问题获得：

$$\operatorname{Min}\tau(w)=\frac{1}{2}\|w\|^2 \tag{13-5}$$

$$\text{s.t.}\quad y_i[(w\cdot x_i)+b]\geqslant 1\quad (i=1,\cdots,l) \tag{13-6}$$

式中：l——训练集的数量。

约束最优化问题的解决方案可由下式得到：

$$w=\sum v_i x_i \tag{13-7}$$

式中：x_i——从训练中获得的 SV。

把式(13-2)代入式(13-4)，可得

$$f(x)=\operatorname{sign}[\sum_{i=1}^{l}v_i(x\cdot x_i)+b] \tag{13-8}$$

当直线边界不足以实现分类目标时，可以通过生成超平面实现高维中的线性分离。SVM 中，用转换函数 $\phi(x)$ 把数据从 N 维输入空间转换到 Q 维特征空间：

$$s=\phi(x) \tag{13-9}$$

其中，$x\in R^N$，$s\in R^Q$，如图 13-3 所示。

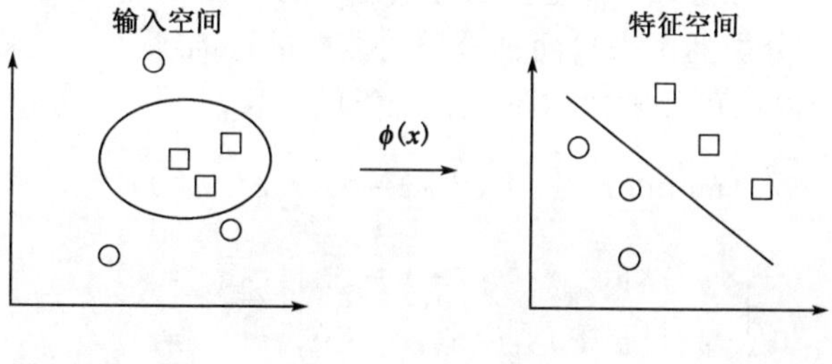

图 13-3 边界为非线性的输入空间转换到边界为线性的特征空间

把式(13-9)代入式(13-8)，可得：

$$f(x)=\operatorname{sign}\left\{\sum_{i=1}^{l}v_i[\phi(x)\cdot\phi(x_i)]+b\right\} \tag{13-10}$$

为了减少计算负担及保持高维转换效率，这里使用 kernel 函数代替转换过程函数，kernel 函数为：

$$K(x\cdot y)=\phi(x)\cdot\phi(y) \tag{13-11}$$

因此：

$$f(x) = \text{sign}\left[\sum_{i=1}^{l} v_i K(x \cdot x_i) + b\right] \tag{13-12}$$

式中：v_i——权重因子，决定输入向量中哪个向量能作为SV（$v_i > 0$）。

kernel函数可以是多项式、S曲线、高斯RBF，这里取高斯RBF：

$$K(x \cdot y) = \exp(-\|x-y\|^2/2\sigma^2) \tag{13-13}$$

这里的kernel函数中的参数σ可大致通过迭代决定，即从全部特征集中选取一个最优值。

由于存在不可分数据造成的分类重叠现象，可限定参数v_i的范围，以减少SV定义的边界中异常值的影响。对于不可分的情况，$0 < v_i < C$；对于可分的情况，C为无限大，而在不可分的情况下，它是可变的，这取决于训练允许的误差，即C较大时，误差小，C较小时，误差大。

SVM的计算过程相当于将大的二次算法（QP）问题分解成一系列小的QP问题。这里，SVM用的分解方法和工作集选择策略与文献[1]中的相同。

13.2.2 多元分类

以上讨论的二元分类方法只能把数据分成两类。但在现实生活中，更多的是多元分类的情况。例如，在旋转电动机的故障诊断中，有多种故障分类，如机械不平衡、未对准、轴承故障等。

解决多元分类问题的一种主要的方法是一对一方法，该方法构造$k(k-1)/2$个分类器，每个分类器由来自两种分类的数据进行训练。对于来自第i个和第j个分类的训练数据，可以解决以下二元分类问题：

$$\text{minimize}\ \frac{1}{2}\|w^{ij}\|^2 + C\sum_{i=1}^{M}\xi_j^{ij}\,(w^{ij})^{\mathrm{T}} \tag{13-14}$$

$$\text{s. t.}\begin{cases}(w^{ij})^{\mathrm{T}}\phi(x_t) + b^{ij} \geqslant 1 - \xi_t^{ij} & (y_t = i)\\(w^{ij})^{\mathrm{T}}\phi(x_t) + b^{ij} \leqslant -1 + \xi_t^{ij} & (y_t \neq j)\\\xi_t^{ij} \geqslant 0 & (j = 1,\cdots,l)\end{cases} \tag{13-15}$$

式中：ξ_i——松弛变量，表示边界与在错误边界一边的样本x_i之间的距离；

C——惩罚系数。

构造$k(k-1)/2$个分类器之后，有很多方法可以用来进行特征测试。经过多次测试，选择以下策略进行决策：如果$\text{sign}[(w^{ij})^{\mathrm{T}}\phi(x) + b^{ij}]$表示$x$在第$i$个分类中，那么给第$i$个分类的票数加1；否则，给第$j$个分类的票数加1；最后，$x$属于得票最多的那个分类。

13.3 在列车悬挂系统中应用 SVM 技术进行故障分离

SVM 故障分离仿真的数据选用第 8 章介绍的城轨列车悬挂系统中一系弹簧、二系空簧、二系阻尼的中等故障和严重故障特征数据，运用 SVM 算法的分类方法对故障特征数据进行分离试验。取 12 个传感器相应的 12 路位移信号，分别计算包括 4 个时域特征和 3 个频域特征在内的总共 7 个故障特征值，再利用独立组元分析（PCA）方法，剔除不相关和无用的特征值，最后用到的是 63 个有用的故障特征值。

这里，总的仿真时间是 50s，各种故障发生在仿真开始 20s 后。转向架和车体上的 12 个加速度信号的采样时间是 0.1s。使用二重积分，获取转向架和车体的位移信号。50s 内记录了 500 个采样点的值，取仿真开始 20s 后即总共 30s 的 300 个采样点的数据。第一个二系阻尼 45%、47%、53% 阻尼系数衰减时的位移数据如图 13-4 所示，第一个二系阻尼 70%、72%、78% 阻尼系数衰减时的位移数据如图 13-5 所示，第一个一系弹簧 45%、47%、53% 刚度系数衰减时的位移数据如图 13-6 所示，第一个一系弹簧 70%、72%、78% 刚度系数衰减时的位移数据如图 13-7 所示。

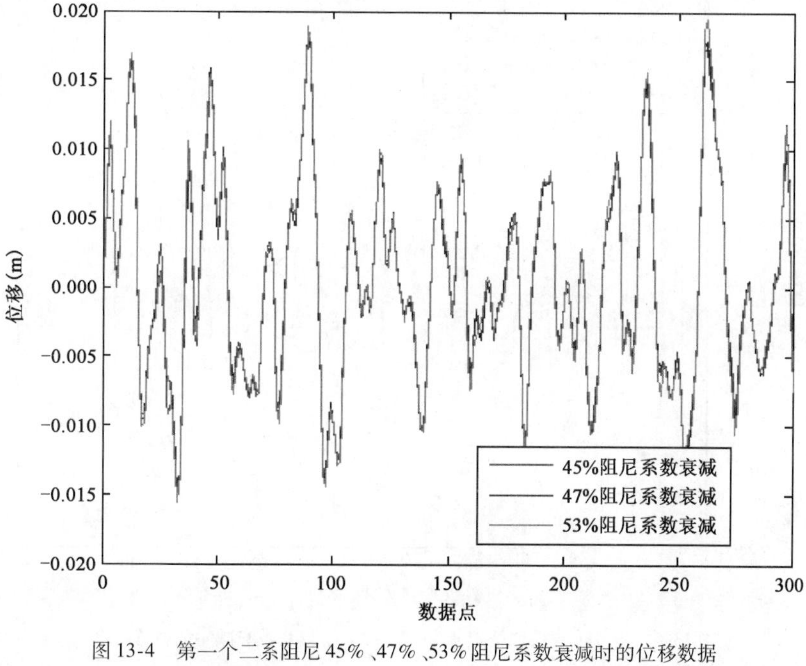

图 13-4 第一个二系阻尼 45%、47%、53% 阻尼系数衰减时的位移数据

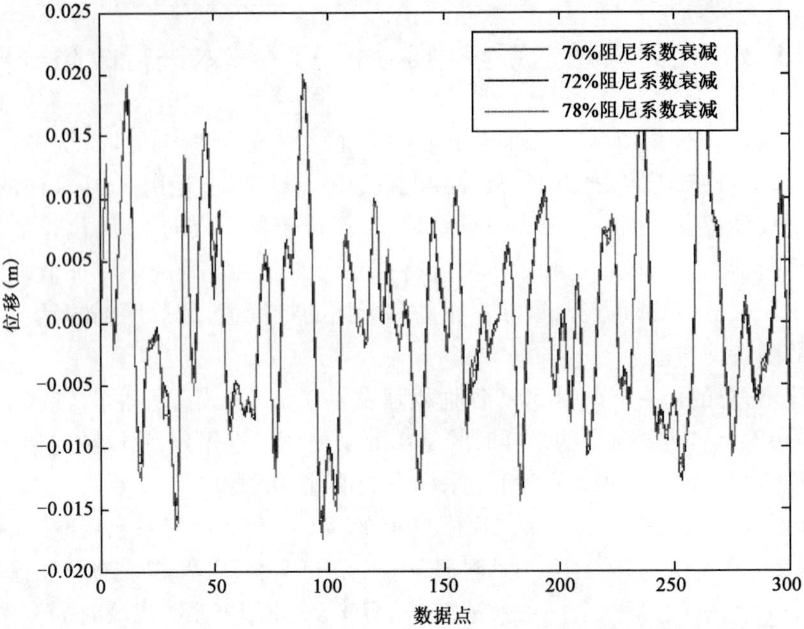

图 13-5　第一个二系阻尼 70%、72%、78%阻尼系数衰减时的位移数据

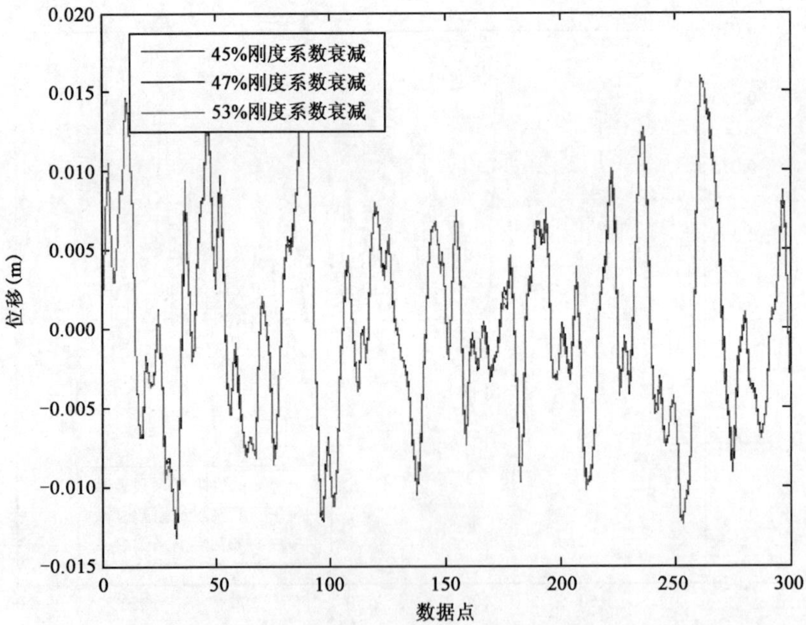

图 13-6　第一个一系弹簧 45%、47%、53%阻尼系数衰减时的位移数据

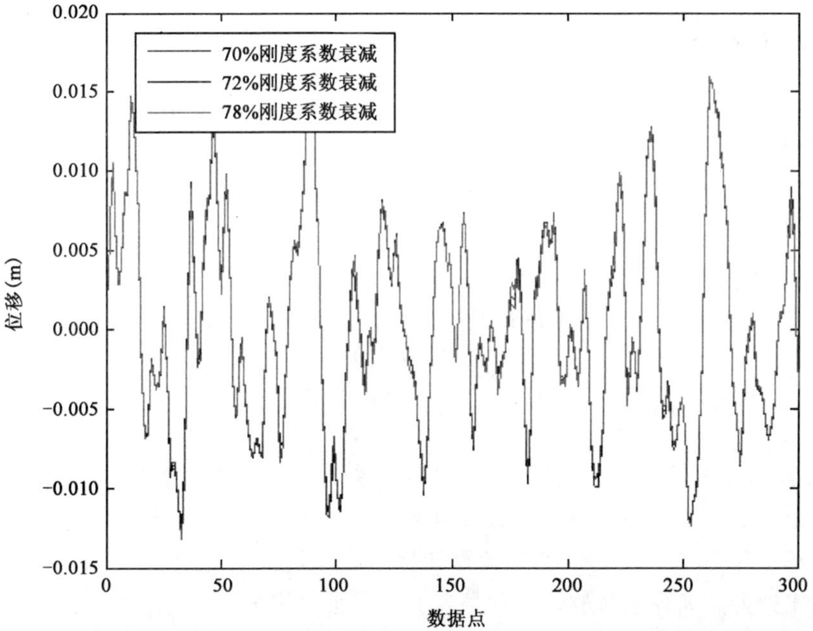

图 13-7 第一个一系弹簧 70%、72%、78%阻尼系数衰减时的位移数据

13.3.1 故障特征值

对于每一个记录的值,计算 7 个故障特征值(4 个时域特征,3 个频域特征)。因为有 12 个传感器对应 12 个位移信号,所以每个组件故障一共有 84 个故障特征值。再利用独立组元分析(PCA)方法,剔除不相关和无用的特征值,最后用到的是 63 个有用的故障特征值。第一个二系阻尼 45%阻尼系数衰减时的 63 个故障特征值见表 13-1。

第一个二系阻尼 45%阻尼系数衰减时的 63 个故障特征值 表 13-1

0.19	49.85	11.47	-11.26	431.22	111.81	421.33
-0.07	62.30	2.80	-16.76	437.55	112.63	427.89
0.04	40.90	1.05	4.26	321.16	96.49	299.64
0.02	35.51	-2.07	13.16	328.23	97.55	306.35
-0.12	34.49	-0.62	-3.32	326.60	97.30	303.93
-0.14	39.88	-0.02	-1.95	308.30	94.54	286.24
0.06	322.11	-74.29	-103.14	188.61	73.94	179.56
-0.06	26.45	-0.13	1.98	351.27	100.91	329.55
-0.08	27.48	0.27	-0.35	348.58	100.53	326.67

13.3.2 SVM 故障分离

SVM 故障分离包括两方面的内容:一方面,辨识故障发生的组件,即辨识是一系弹簧发生故障,还是二系空簧发生故障,抑或是二系阻尼发生故障;另一方面,辨识发生的故障类型,即辨识是中等故障还是严重故障。对于以上两方面内容,分别用故障组件辨识精度 FCA(Fault Component identification Accuracy)和故障类型预测精度 FTA(Faulty Type prediction Accuracy)表示,其定义如下:

$$\mathrm{FCA}=\frac{\text{准确预测的组件故障个数}}{\text{总的组件故障个数}}\times 100\% \tag{13-16}$$

$$\mathrm{FTA}=\frac{\text{准确预测的组件故障类型个数}}{\text{总的组件故障类型个数}}\times 100\% \tag{13-17}$$

采用基于 SVM 的多元分类方法对悬挂系统的故障进行分离,对于每个组件故障,记录 3 个不同的故障测度(中等故障为 45%、47% 和 53%,严重故障为 70%、72% 和 78%)。采用 PCA 计算和提取故障特征值。使用 kernel 函数不同的 SVM 分类器训练这些故障特征值。为了验证故障分离的效果,产生用于故障训练集中的采用不同故障测度的新的组件故障。相应的故障特征描述见表 13-2。

故障特征描述表 表 13-2

序　号	行　号	故障组件	故障描述
1	1 ~ 3	C_{21}	45%、47%、53% 阻尼系数衰减
2	4 ~ 6	C_{21}	70%、72%、78% 阻尼系数衰减
3	7 ~ 9	K_{21}	45%、47%、53% 刚度系数衰减
4	10 ~ 12	K_{21}	70%、72%、78% 刚度系数衰减
5	13 ~ 15	C_{22}	45%、47%、53% 阻尼系数衰减
6	16 ~ 18	C_{22}	70%、72%、78% 阻尼系数衰减
7	19 ~ 21	K_{22}	45%、47%、53% 刚度系数衰减
8	22 ~ 24	K_{22}	70%、72%、78% 刚度系数衰减
9	25 ~ 27	K_{11}	45%、47%、53% 刚度系数衰减
10	28 ~ 30	K_{11}	70%、72%、78% 刚度系数衰减
11	31 ~ 33	K_{12}	45%、47%、53% 刚度系数衰减
12	34 ~ 36	K_{12}	70%、72%、78% 刚度系数衰减
13	37 ~ 39	K_{13}	45%、47%、53% 刚度系数衰减
14	40 ~ 42	K_{13}	70%、72%、78% 刚度系数衰减

续上表

序 号	行 号	故障组件	故障描述
15	43～45	K_{14}	45%、47%、53%刚度系数衰减
16	46～48	K_{14}	70%、72%、78%刚度系数衰减
17	49～64	以上所有	50%、75%阻尼系数衰减和刚度系数衰减

在用MATLAB进行SVM训练和预测时，采用LIBSVM工具箱[2]。悬挂系统故障分离结果见表13-3和表13-4。

采用原始特征和SVM处理的故障分离结果 表13-3

Kernel函数	FCA训练	FCA测试	FTA训练	FTA测试
线性函数	100%	68.75%	100%	68.75%
多项式($d=1,\gamma=0.1$)	100%	75%	100%	68.75%
高斯RBF($C=100,\gamma=0.0001$)	100%	75%	100%	68.75%

采用PCA故障提取和SVM处理的故障分离结果 表13-4

Kernel函数	FCA训练	FCA测试	FTA训练	FTA测试
线性函数	100%	68.75%	100%	68.75%
多项式($d=1,\gamma=0.1$)	100%	75%	100%	68.75%
高斯RBF($C=100,\gamma=0.0001$)	100%	87.5%	100%	75%

从故障分离结果可以看出，使用高斯RBF作为kernel函数的SVM获得最佳的性能表现，训练数据的精度都达到100%。然而，使用测试数据的时候会出现预测错误的情况。

因为悬挂系统的复杂性和非线性，要使组件故障的分离取得100%的准确率是很难的。然而，可以注意到，训练数据能获得很好的分离结果。因为发生的故障都在故障训练集中，故障组件和故障类型总能被准确预测出来。因此，拥有足够多的不同故障量度的故障训练集在实际应用中是很有用的。

13.4 本章小结

本章介绍使用SVM算法对城市轨道列车悬挂系统的故障进行分离的方法。首先介绍SVM在故障诊断方面的应用；接着介绍SVM的具体算法，重点介绍其在二元分类上的应用；然后运用SVM算法对悬挂系统的中等故障和严重故障进行分离仿真，并给出故障分离结果。

研究发现,SVM 在故障分离中存在的问题是:对悬挂系统组件故障的分离不能取得 100% 的准确率,即 SVM 对于某些故障,并不能实现有效的分离,这主要是系统的非线性造成的,而 SVM 在线性特征上的分离是比较有效的,目前还不能完全解决非线性特征的分离。

本章参考文献

[1] T. Joachims. Making large-scale SVM learning practical, in: B. Scholkopf, C. J. Burges, A. Simola (Eds.), Advances in Kernel Methods-Support Vector Learning, MIT Press, Cambridge, MA, USA, 1999, pp. 169-184.

[2] A. Ypma, R. Ligteringen, R. P. W. Duin, et al. Pump vibration datasets, Pattern recognition group, Delft University of Technology, 1999.

第 14 章　城轨列车悬挂系统故障模拟试验平台的搭建

在以往的研究中，故障诊断方法可以很好地在理论和软件仿真中对城轨列车的悬挂系统进行故障检测与分离，但从现实考虑，实际列车运行试验花费巨大，试验条件难以控制，而且悬挂系统故障工况下的实车试验更是难以实施；另一方面，基于软件仿真的城轨列车悬挂系统只是理论可行，具体到实际列车上的应用效果无法保证。所以，城轨列车悬挂系统故障模拟仿真试验平台可以进行实测数据的验证，是连接仿真模型和实际城轨列车的桥梁。

14.1　城轨列车悬挂系统

14.1.1　列车悬挂系统组成与功能

城轨列车一般由车体、转向架、车轮、受电弓等部分组成，如图 14-1 所示。在其运行过程中，受到轨道高低不平顺、列车转向产生的冲击，使车体发生沉浮、

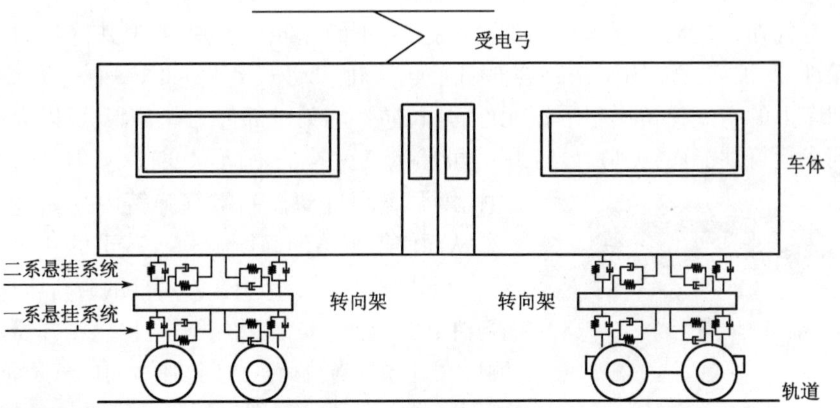

图 14-1　城轨列车结构

点头与侧滚等运动。而列车悬挂系统正是减小这些运动的幅度,降低车体的振动、摇摆幅值,保证列车能够安全、平稳地在城市轨道上运行的关键系统。

在搭建城轨列车悬挂系统试验平台之前,首先需要了解列车悬挂系统的组成结构和相关功能。列车悬挂系统是城轨列车的关键组成部分之一,支撑着车体与转向架,包含一系悬挂系统和二系悬挂系统[1],如图 14-2 所示。

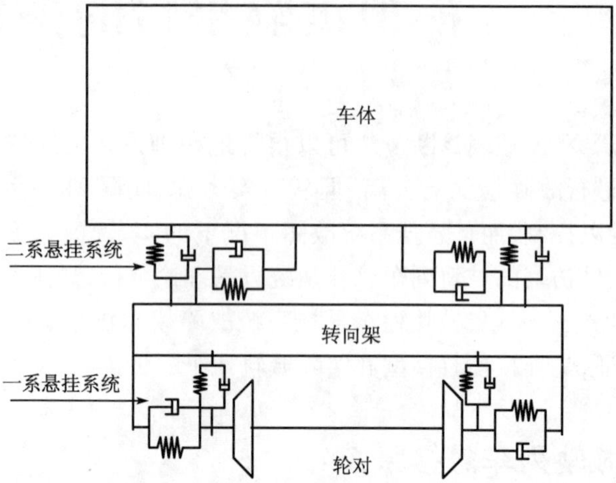

图 14-2　列车悬挂系统组成结构

14.1.2　列车悬挂系统元器件

在悬挂系统上布置有大量的空气弹簧等弹性元件和阻尼器等阻尼元件,以此起到减振的作用。

空气弹簧是地铁列车振动和噪声控制的重要部件之一,由于其优越的隔振降噪性能,被广泛应用于铁路客车、地铁、轻轨和动车组上,如图 14-3 所示。轨道列车上的空气弹簧属于隔振元件,是转向架的关键部件之一,因其可以大幅提高列车运行性能而得到广泛应用。虽然空气弹簧的垂向刚度较小,但是可以通过高度调整阀自动控制空气弹簧内的充气与排气,从而使得车体的高度随列车载重的变化而变化[1]。其原理在于,作用在弹簧杆的载荷增加时,容器内的定量气体受压缩,气压升高,则弹簧的刚度增大;反之,当载荷减少时,弹簧内的气压下降,刚度减小。因其具有理想的弹性特性,可以极大地改善轨道列车的运行品质。弹簧产生的作用力

图 14-3　空气弹簧

与弹簧长度的变化量成正比，力的方向与弹簧长度的变化方向则相反。

阻尼器在列车悬挂系统起到减振的作用，当车体与转向架发生相对运行时，它们之间产生的作用力与阻尼器内活塞运动速度成正比，力的方向与活塞的运动方向相反。

悬挂系统部件故障体现在部件的性能衰减甚至失效。例如，空气弹簧断裂引起弹簧系数衰减、空气弹簧气囊因磨损引发漏气等问题均会导致空气弹簧性能故障，阻尼器也会因其不可避免的漏油，致使阻尼系数发生变化，进而引发阻尼器性能衰减故障。

基于上述元器件的理论知识和我国地铁公司的实际维修经验，城轨列车悬挂系统故障发生频率较高，特别是其中的一些关键元器件（如空气弹簧、阻尼器）的寿命周期为 1 ~ 2 年，需要定期地检修更换；否则其严重的性能衰减会影响悬挂系统的正常运营，对整列列车都会产生重要的安全隐患，直接影响列车运行，危及旅客生命安全。

14.1.3 故障诊断传感器网络布置方案

本章以二系悬挂系统故障诊断为例，布设的传感器主要用于获取二系悬挂系统关键元器件发生故障时的信号数据。如图 14-4 所示，4 个加速度传感器被布设于在车体车底板的四个角，传感器旁边圈内数字代表传感器编号。所用传感器为 *X-Y-Z* 三向加速度传感器，可以获取布设位置处 3 个方向的振动加速度信号。4 个加速度传感器信号经由数据采集系统进行存储，获得的传感器信号被作为列车系统输出，用以列车悬挂系统状态监控与故障诊断。

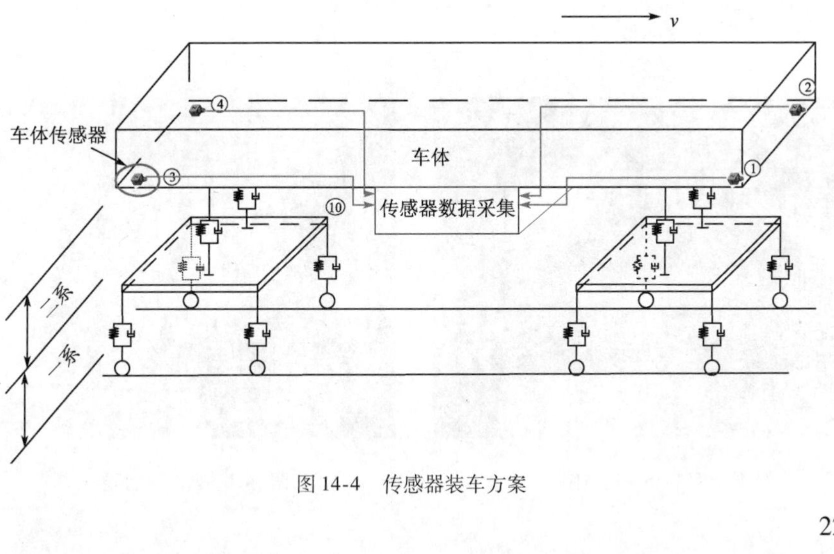

图 14-4 传感器装车方案

14.2 城轨列车悬挂系统故障试验平台

14.2.1 试验平台的组成

试验平台是按照城轨列车主要结构成比例缩小的模型,具有悬挂系统所有关键的部件。该试验平台由试验平台列车、轨道、列车控制器、故障模拟系统、传感器系统、数据采集与分析系统构成,其中试验平台列车上故障模拟系统由阻尼器、空气弹簧构成,均可以调节相关值的大小,从而模拟该部件的故障情况。试验平台及各组成部分如图 14-5 ~ 图 14-10 所示。

图 14-5 试验平台列车

图 14-6 轨道图

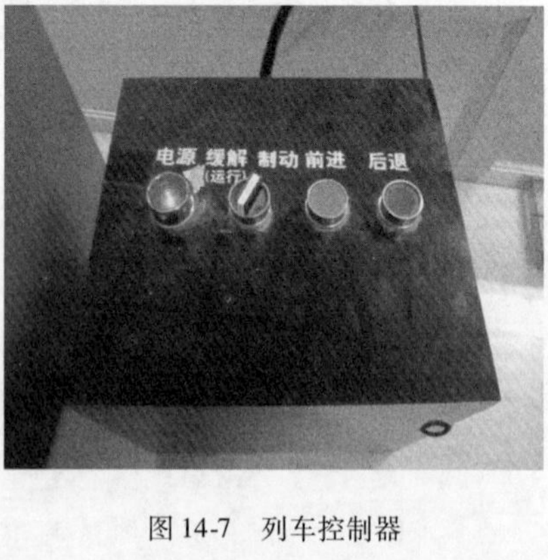

图 14-7 列车控制器

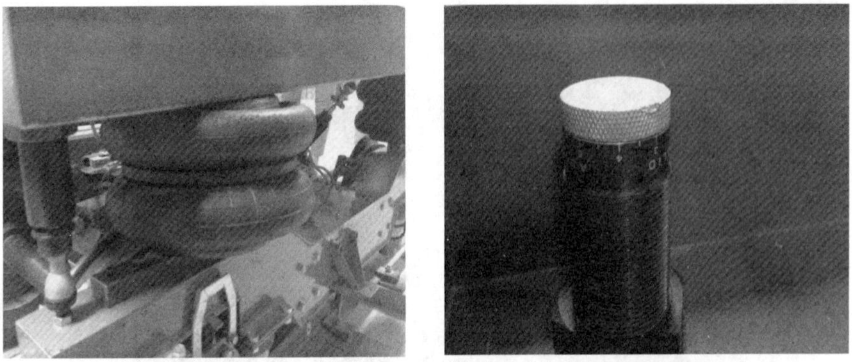

a)可调控气囊 b)可调控阻尼器

图 14-8 故障模拟系统

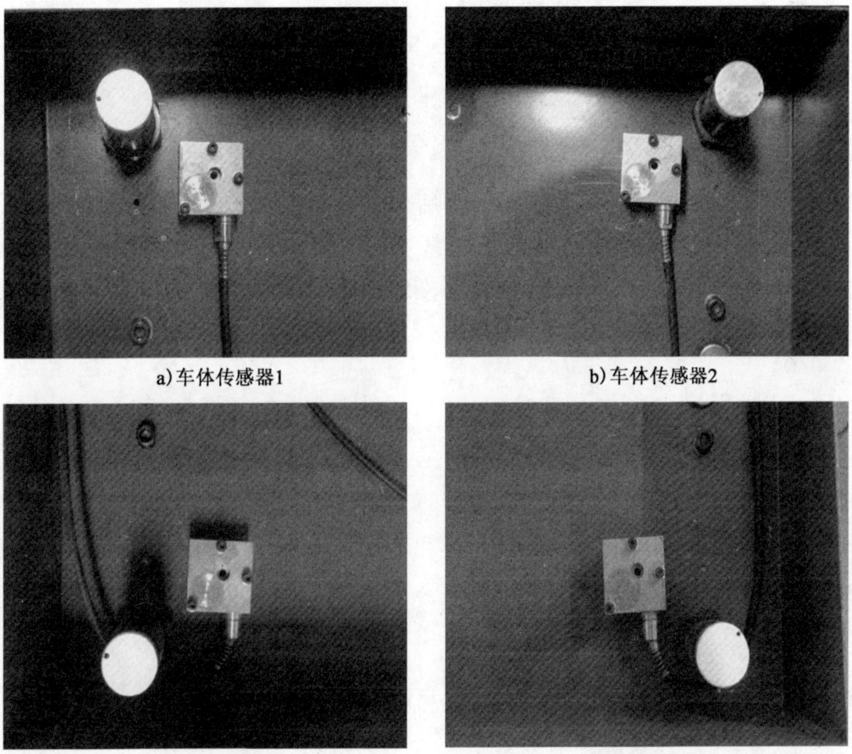

a)车体传感器1 b)车体传感器2

c)车体传感器3 d)车体传感器4

图 14-9 传感器系统

图 14-10　数据采集与分析系统

14.2.2　悬挂系统元器件的特性

1)空气弹簧

橡胶空气弹簧是一种由橡胶、网线贴合成的曲形胶囊,胶囊两端需用两块钢板相连接,形成一个空气室。橡胶与网线本身不提供对负荷的承载力,而是由充入胶囊内的空气来完成。根据负载的大小调节气压的高低。空气弹簧的相关组件与效果如图 14-11 ~ 图 14-14 所示。

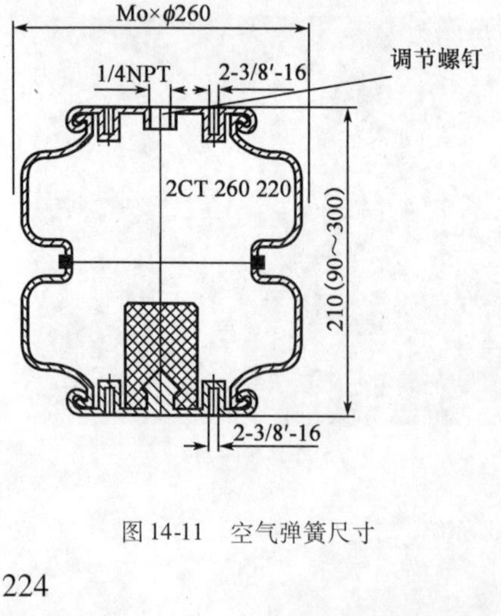

图 14-11　空气弹簧尺寸

图 14-12　空气弹簧效果

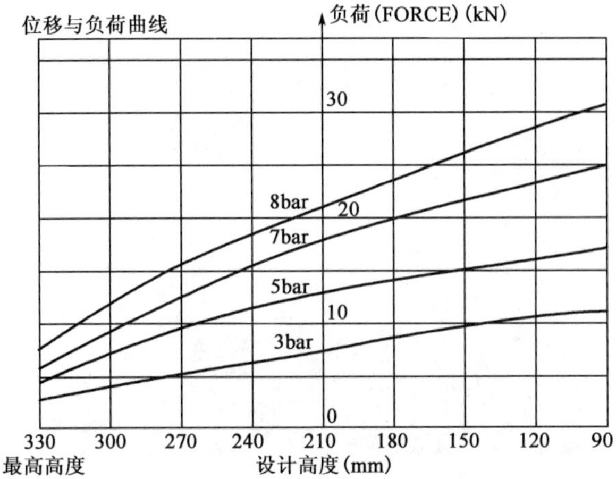

图 14-13　空气弹簧的位移与负荷曲线图

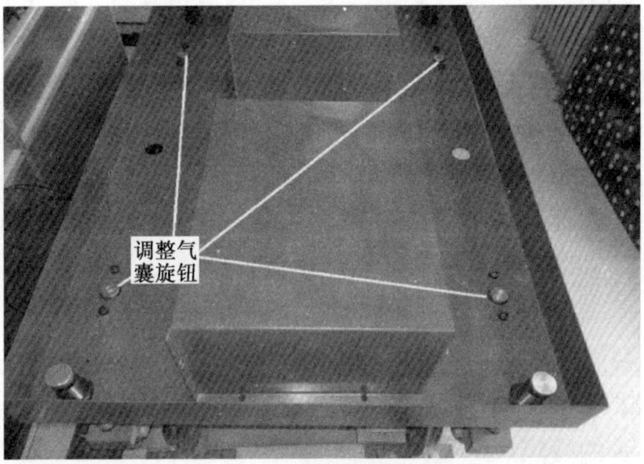

图 14-14　空气弹簧及旋钮的位置

2)可调阻尼器

速度(伸—压)无级可调的压缩阻尼器(图 14-15):它的结构原理是采用空心活塞杆,在空心杆中装有对外密封的针形调节阀针,改变针形调节阀针与中心阻尼孔的间隙来达到速度(伸—压)的改变和控制,在导向密封系统和活塞间配有定值复位弹簧,定值复位弹簧套在空心活塞杆上,空心活塞杆在外力作用下向外拉伸,定值复位弹簧使其回弹压缩。油缸缸径为 28mm,阻尼孔为 5mm,通过油缸尾端的调节旋钮调节阻尼大小,阻尼系数由 0 ~ 1 之间可调,即调节旋钮标示点处于数值 1 位置,此时阻尼系数为 0.1;调节旋钮标示点处于数值 9 位置,此时阻尼系数为0.9。

图14-15　可调阻尼器

3)加速度传感器

车体安装的 *X-Y-Z* 三向加速度传感器,设置于车厢车体底面四角位置,共4个,占用12路传输通道,用以检测车体底部四角振动信号。

其主要技术指标要求为:灵敏度2 500mV/g,频率响应0.01 ~ 400Hz(±10%),测量量程±2g,分辨率0.000 01g,使用温度范围-30 ~ +80℃,横向误差≤5.0%。

14.2.3　试验平台的功能

城轨列车悬挂系统试验故障仿真模拟平台功能如下:

(1)可以模拟列车悬挂系统关键部件不同故障的工况,如二系悬挂系统中阻尼器、空气弹簧的故障。

(2)可以分别获得车体四角的垂向、横向振动加速度,车体的角速度,以及转向架的垂向、横向振动加速度数据。

(3)试验平台在获取相关故障情况下的数据后,可以经由采集与分析系统完成对数据的采集、分析和存储。

14.3　故障等级分类

故障分类的方法有很多种,本章基于故障产生的危害影响,进行故障分类,如图14-16所示。

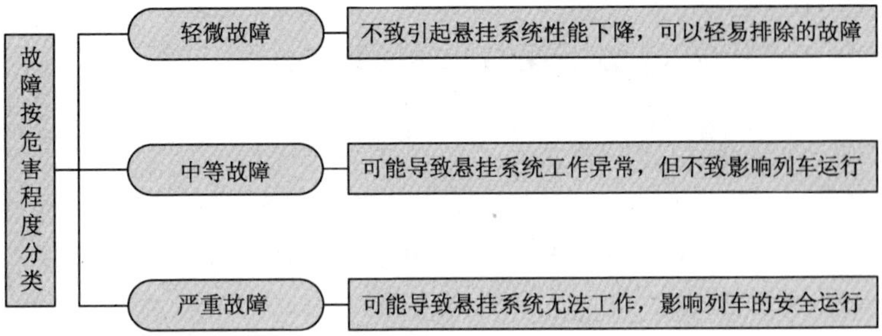

图14-16　故障危害程度分类

在实际试验中，以二系悬挂系统为例，分别考虑了二系空气弹簧故障和阻尼器故障。故障发生位置分别为列车运行方向的右前方二系垂向阻尼器、二系空气弹簧，左后方二系垂向阻尼器、二系空气弹簧，及二系左、右侧横向阻尼器。对每一个发生故障的悬挂系部件又考虑了三种不同程度的故障等级情况，详细故障信息见表14-1。

故 障 信 息　　表14-1

故障命名	故障位置	故障等级	故障幅值
*C*_rf_z_20%	二系右前垂向阻尼器	微小故障	0～35%性能衰减
*C*_rf_z_50%	二系右前垂向阻尼器	中等故障	35%～65%性能衰减
*C*_rf_z_80%	二系右前垂向阻尼器	严重故障	65%～100%性能衰减
*C*_lb_z_20%	二系左后垂向阻尼器	微小故障	0～35%性能衰减
*C*_lb_z_50%	二系左后垂向阻尼器	中等故障	35%～65%性能衰减
*C*_lb_z_80%	二系左后垂向阻尼器	严重故障	65%～100%性能衰减
*C*_r_x_20%	二系右侧横向阻尼器	微小故障	0～35%性能衰减
*C*_r_x_50%	二系右侧横向阻尼器	中等故障	35%～65%性能衰减
*C*_r_x_80%	二系右侧横向阻尼器	严重故障	65%～100%性能衰减
*C*_l_x_20%	二系左侧横向阻尼器	微小故障	0～35%性能衰减
*C*_l_x_50%	二系左侧横向阻尼器	中等故障	35%～65%性能衰减
*C*_l_x_80%	二系左侧横向阻尼器	严重故障	65%～100%性能衰减
*K*_rf_25%	二系右前空气弹簧	一般故障	0～50%性能衰减
*K*_rf_75%	二系右前空气弹簧	严重故障	50%～100%性能衰减
*K*_lb_25%	二系左后空气弹簧	一般故障	0～50%性能衰减
*K*_lb_75%	二系左后空气弹簧	严重故障	50%～100%性能衰减

14.4 试验平台数据采集与处理

试验平台试验的具体步骤如下:

(1)检查试验的安全性及试验设备的完整性。检查试验平台列车、轨道、控制器、传感器、数据采集与分析系统、故障模拟系统是否完好,接触点、连接线是否完整,检查电源是否安全可靠。

(2)检查试验平台设备工作是否正常。在保证安全及设备完好的情况下,接通电源,观察控制器指示灯是否正常工作,检查试验平台列车是否可以正常运行,检查数据采集与分析系统机柜上的各功能指示灯是否正常闪烁。保证所有试验平台设备均可以正常工作。

(3)登录采集卡,运行程序。将计算机与数据采集与分析系统相连,登录采集板块,运行数据采集程序。

(4)故障模拟及数据采集。

模拟列车二系悬挂系统正常运行情况及数据采集。试验平台列车正常时,所有空气气囊(空气弹簧)充气饱满,所有阻尼器旋钮指针对应刻度6,即阻尼系数为0.6。通过控制器运行试验平台列车,从轨道的起点运行至轨道的终点。同时,数据采集程序伴随列车的运行采集这一过程中由传感器获得的数据,并进行存储。

模拟列车二系悬挂系统垂向阻尼器发生25%性能衰减故障运行情况及数据采集。此时,所有空气气囊(空气弹簧)充气饱满状态,其中列车运行方向右前垂向阻尼器旋钮指针对应刻度4.5,即阻尼系数为0.45,其他阻尼器正常不变。通过控制器运行试验平台列车,从轨道的起点运行至轨道的终点。同时,数据采集程序伴随列车的运行采集这一过程中由传感器获得的数据,并进行存储。

结合表14-2不同故障位置不同故障等级对应的阻尼及弹簧调节值进行调节,并参照上述采集方法进行所有故障工况下的数据采集。

(5)试验重复10次,并将存储的数据分别打包,拷贝。

(6)关闭所有设备,恢复原样,关闭电源,结束试验。

通过试验获得的数据并不能直接采用DPCA、PLS和D-S证据理论等方法分析故障,需要通过数据解析转化为可以处理的十进制数据,并通过数据截取来去掉对结果有较大误差影响的数据,这样才能保证数据对实际故障反映的真实性和有效性。对于截取后的数据,组合成同类型矩阵,即完成了对试验数据的处理。

故障模拟不同工况的元器件调节值　　表14-2

故障位置	故障等级	阻尼调节值	弹簧调节值
正常	无	均为6.0	饱满
二系右前垂向阻尼器	垂向微小故障	右前阻尼4.5	饱满
	垂向中等故障	右前阻尼3.0	饱满
	垂向严重故障	右前阻尼1.5	饱满
二系左后垂向阻尼器	垂向微小故障	右前阻尼4.5	饱满
	垂向中等故障	右前阻尼3.0	饱满
	垂向严重故障	右前阻尼1.5	饱满
二系右侧横向阻尼器	横向微小故障	右前阻尼4.5	饱满
	横向中等故障	右前阻尼3.0	饱满
	横向严重故障	右前阻尼1.5	饱满
二系左侧横向阻尼器	横向微小故障	右前阻尼4.5	饱满
	横向中等故障	右前阻尼3.0	饱满
	横向严重故障	右前阻尼1.5	饱满
二系右前空气弹簧	一般故障	均为6.0	30%气体泄漏
	严重故障	均为6.0	70%气体泄漏
二系左后空气弹簧	一般故障	均为6.0	30%气体泄漏
	严重故障	均为6.0	70%气体泄漏

14.5 本章小结

本章依据列车悬挂系统的结构组成、作用功能，同时参照实车物理结构，搭建实际的城轨列车悬挂系统故障模拟仿真的试验平台，实现了悬挂系统不同故障工况的模拟仿真，获得了真实数据，为故障诊断算法的验证提供了可靠的数据支持。

本章参考文献

[1] 赵洪伦.轨道车辆结构与设计[M].北京:中国铁道出版社,2009.

第15章　悬挂系统故障检测模拟试验研究

轨道不平顺是指实际轨道受自身结构、外界因素等影响造成的位置、形状存在的偏差[1]。轨道车辆运行时轮对会一直受到线路不平顺等激扰,并持续产生振动。由于轨道不平顺具有普遍性,所以对轨道不平顺激励下的列车悬挂系统故障诊断的实时在途检测十分必要。

15.1　基于 DPCA 方法的城轨列车悬挂系统故障检测

15.1.1　DPCA 在故障检测中的实现

主元分析(Principal Component Analysis,PCA)首次由 Pearson 在 1901 年提出,它是一种应用广泛的多元统计分析方法,随后大量的文献对其作了深入研究,使其理论逐步完善。PCA 的原理是把多变量样本空间分解成由主元变量张成的较低维的投影子空间和一个相应的残差子空间,并分别在这两个空间中构造能够反映空间变化的统计量,然后将观测向量分别向两个子空间进行投影,并计算相应的统计量指标[2]。

本章采用动态 PCA 方法,即 DPCA 算法对城轨列车悬挂系统进行故障检测。采用 DPCA 算法对城轨列车悬挂系统故障进行检测前,要采集二系悬挂系统处于正常状态时 4 路传感器的历史数据,并做协方差矩阵的分解,从而构造投影的空间。在获得悬挂系统不同故障工况的数据后,计算相应的检测指标,从而进行状态评估与故障检测。

实现过程包括四个步骤。

1)构造数据矩阵

将原始观测数据矩阵进行扩展,扩展后的观测数据矩阵为:

$$X = \begin{bmatrix} x_t^T & x_{t-1}^T & \cdots & x_{t-l}^T \\ x_{t-1}^T & x_{t-2}^T & \cdots & x_{t-l-1}^T \\ \vdots & \vdots & \ddots & \vdots \\ x_{t+l-n}^T & x_{t+l-n-1}^T & \cdots & x_{t-n}^T \end{bmatrix} \tag{15-1}$$

其中，x_t^T 为 m 个传感器在 t 时刻采集的数据。

2)数据的提取和标准化

对矩阵 X 进行标准化处理，化成均值为0方差为1的数据多元数据序列，标准化的公式为：

$$y_i = \frac{x_i - x_{\text{mean}}}{x_{\text{std}}} \tag{15-2}$$

式中：x_i——原始数据第 i 次的采样数值；

x_{mean}——原始数据的均值；

x_{std}——原始数据的方差；

y_i——标准化处理后的数值。

标准化后的数据矩阵 Y 表示为：

$$Y = \begin{bmatrix} y_1^{\mathrm{T}} \\ \vdots \\ y_N^{\mathrm{T}} \end{bmatrix} \in R^{N\times m} \tag{15-3}$$

3)协方差矩阵的分解

协方差矩阵为：

$$\sum\nolimits_0 \approx \frac{1}{N} Y^{\mathrm{T}} Y \tag{15-4}$$

采用SVD(奇异值分解)或者EVD(特征值分解)，协方差矩阵 Σ_0 被分解为如下形式：

$$\frac{1}{N} Y^{\mathrm{T}} Y = P \Lambda P^{\mathrm{T}} \tag{15-5}$$

$$\Lambda = \begin{bmatrix} \Lambda_{\text{pc}} & 0 \\ 0 & \Lambda_{\text{res}} \end{bmatrix} \tag{15-6}$$

用 $\sigma_i^2, i=1,2,\cdots,m$ 表示协方差矩阵的第 i 个奇异值，有：

$$\Lambda_{\text{pc}} = \text{diag}(\sigma_1^2 \quad \cdots \quad \sigma_1^2)$$

$$\Lambda_{\text{res}} = \text{diag}(\sigma_{l+1}^2 \quad \cdots \quad \sigma_m^2)$$

$$\sigma_1^2 \geqslant \cdots \geqslant \sigma_l^2 \gg \sigma_{l+1}^2 \cdots \geqslant \sigma_m^2, \mathrm{PP}^{\mathrm{T}} = I_{m\times m} \tag{15-7}$$

$$\begin{bmatrix} P_{\text{pc}}^{\text{T}} \\ P_{\text{res}}^{\text{T}} \end{bmatrix} [P_{\text{pc}} \quad P_{\text{res}}] = \begin{bmatrix} I_{l \times l} & 0 \\ 0 & I_{(m-l)\times(m-l)} \end{bmatrix}$$

4)故障检测

在获得新的传感器采集数据 $x \in R^m$ 之后,同样将其标准化处理,得到数据 $y \in R^m$。这样,故障检测指标 T^2 就可以通过如下公式计算得到。

$$T^2 = y^{\text{T}} P_{\text{pc}} \Lambda P_{\text{pc}}^{\text{T}} y \tag{15-8}$$

检测指标 T^2 的报警阈值 J_{th,T^2},可由历史数据计算获得。故障报警逻辑为:

$$\begin{cases} T^2 \leqslant J_{th,T^2} \rightarrow \text{不报警} \\ \text{否则} \rightarrow \text{故障报警} \end{cases}$$

关于 DPCA 主要的理论和方法参见第 10 章。

15.1.2 基于 DPCA 算法的悬挂系统故障检测结果

通过 MATLAB 开发了基于 DPCA 方法的城轨列车悬挂系统故障检测程序,对已经处理好的数据进行故障检测,并规定每间隔 1s 进行一次 T^2 指标统计,若统计后存在≥20 个数据点超出阀值线,则认为检测到故障,发出故障报警。

轨道不平顺激励下的二系悬挂系统垂向、横向阻尼器发生故障时,基于 DPCA 的故障检测结果分别如图 15-1 ~ 图 15-4 所示,图中水平粗实线表示设置的报警阈值,底部细实线表示悬挂系统正常工况下的检测指标,虚线代表相应悬挂系部件性能微小故障、中等故障、严重故障工况下的检测结果。

对于空气弹簧故障发生故障时,基于 DPCA 的故障检测结果如图 15-5、图 15-6所示,图中水平粗实线表示设置的报警阈值,底部细实线表示悬挂系统空气弹簧正常工况下的检测指标,虚线代表相应悬挂系部件性能发生一般故障、严重故障工况下的检测结果。

由故障检测结果图 15-1 可知:在轨道不平顺激励下,基于 DPCA 二系右前垂向阻尼器发生微小故障时,第 4s 可以检测到故障,但超过阀值线的点比较分散,说明检测的效果不佳;发生中等故障或严重故障时,1s 内就可以检测到故障,检测效果良好。

由故障检测结果图 15-2 可知:在轨道不平顺激励下,基于 DPCA 二系左后垂向阻尼器发生微小故障或中等故障时,第 1s 可以检测到故障,但仍有较多的点未超过阀值线,检测的效果较好;发生严重故障时,第 1s 内就可以检测到故障,检测效果良好。

由故障检测结果图 15-3 可知:在轨道不平顺激励下,基于 DPCA 二系左侧横向阻尼器发生微小故障时,第 2s 可以检测到故障,但超过阀值线的点较少且分布分散,说明检测的效果较差;发生中等故障或严重故障时,第 1s 内就可以检测到故障,检测效果良好。

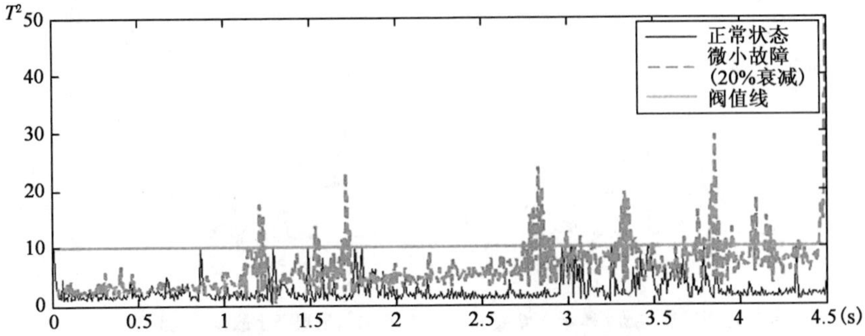

a) 轨道不平顺激励下基于DPCA的二系右前垂向阻尼器微小故障的检测结果

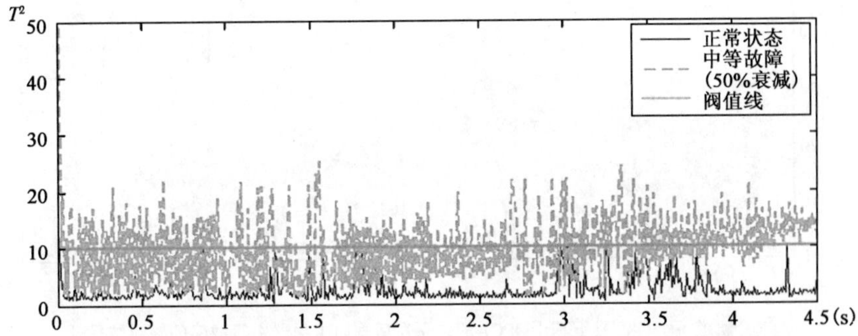

b) 轨道不平顺激励下基于DPCA的二系右前垂向阻尼器中等故障的检测结果

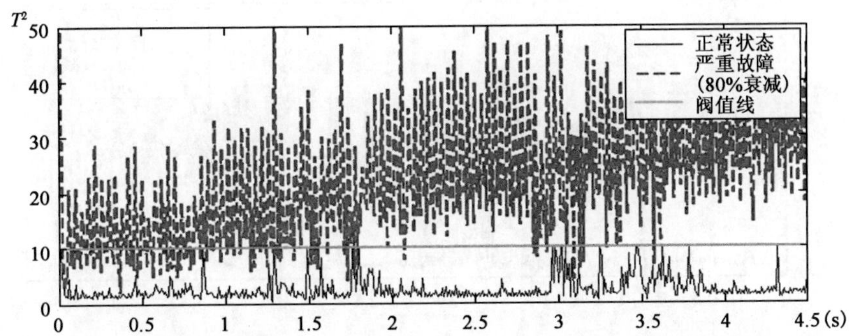

c) 轨道不平顺激励下基于DPCA的二系右前垂向阻尼器严重故障的检测结果

图 15-1 轨道不平顺激励下基于 DPCA 二系右前垂向阻尼的故障检测结果

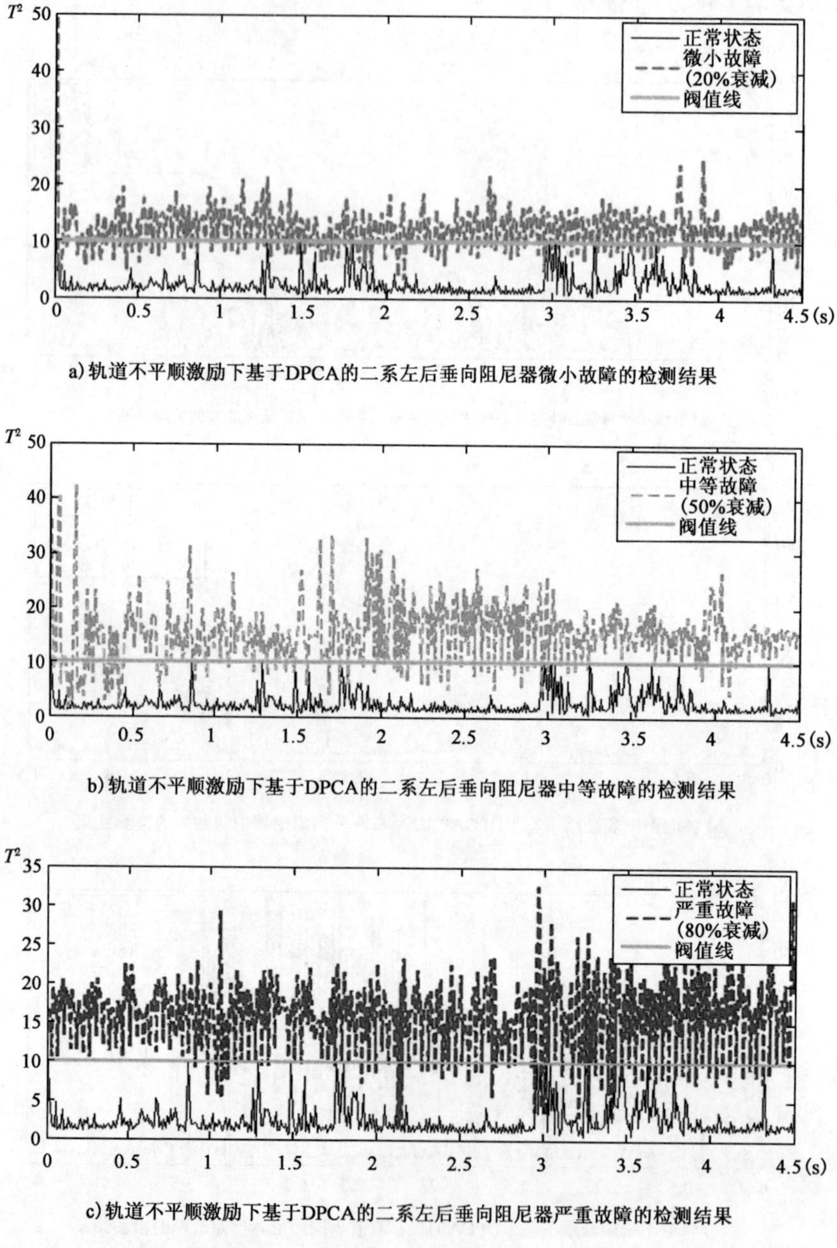

a) 轨道不平顺激励下基于DPCA的二系左后垂向阻尼器微小故障的检测结果

b) 轨道不平顺激励下基于DPCA的二系左后垂向阻尼器中等故障的检测结果

c) 轨道不平顺激励下基于DPCA的二系左后垂向阻尼器严重故障的检测结果

图 15-2　轨道不平顺激励下基于 DPCA 二系左后垂向阻尼的故障检测结果

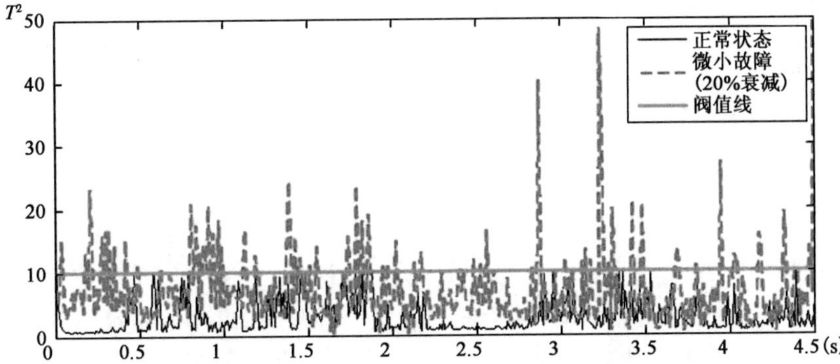

a) 轨道不平顺激励下基于DPCA的二系左侧横向阻尼器微小故障的检测结果

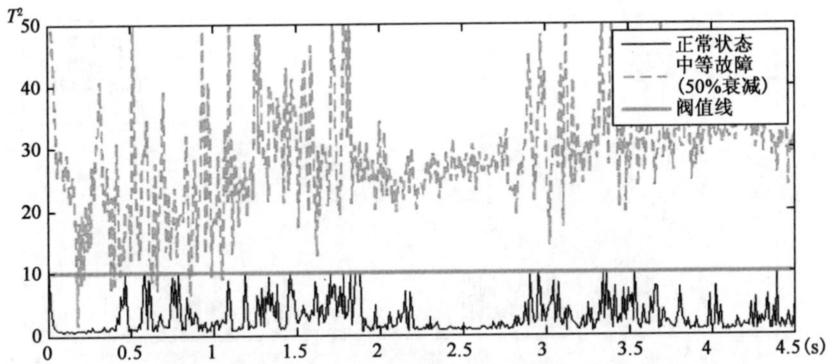

b) 轨道不平顺激励下基于DPCA的二系左侧横向阻尼器中等故障的检测结果

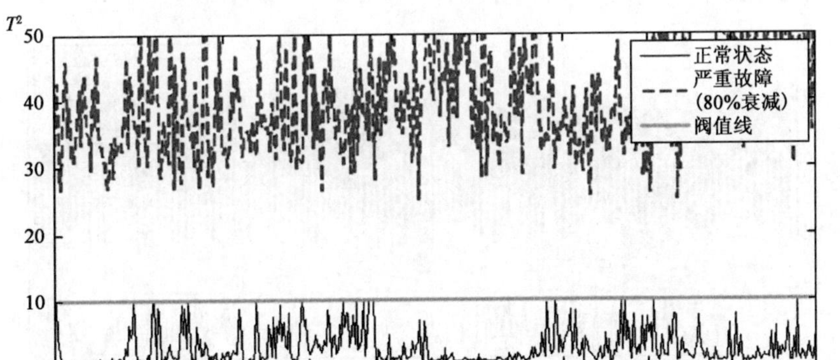

c) 轨道不平顺激励下基于DPCA的二系左侧横向阻尼器严重故障的检测结果

图 15-3 轨道不平顺激励下基于 DPCA 二系左侧横向阻尼的故障检测结果

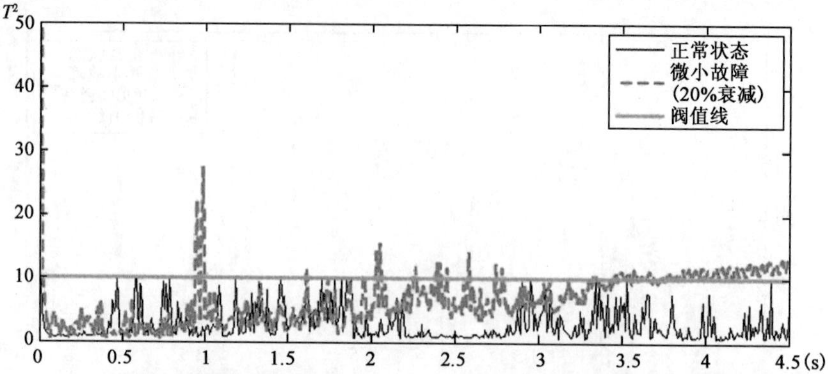

a) 轨道不平顺激励下基于DPCA的二系右侧横向阻尼器微小故障的检测结果

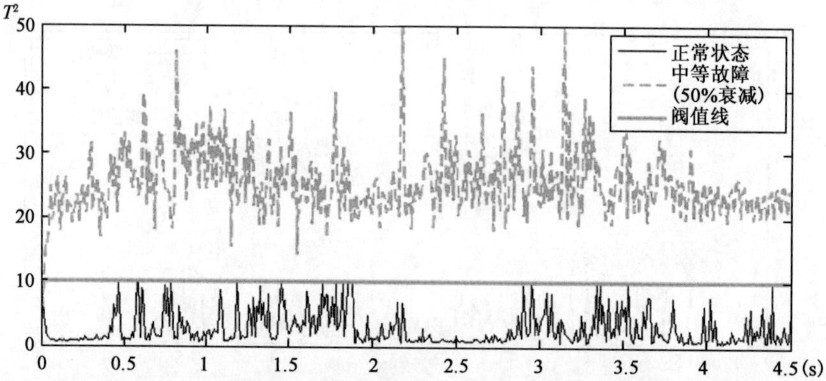

b) 轨道不平顺激励下基于DPCA的二系右侧横向阻尼器中等故障的检测结果

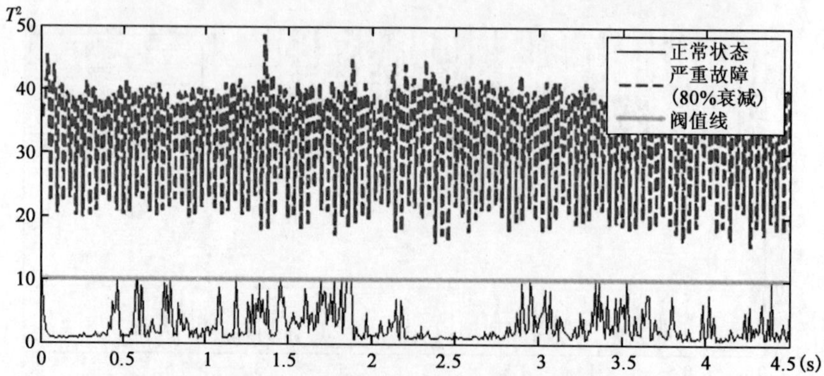

c) 轨道不平顺激励下基于DPCA的二系右侧横向阻尼器严重故障的检测结果

图 15-4 轨道不平顺激励下基于 DPCA 二系右侧横向阻尼的故障检测结果

由故障检测结果图 15-4 可知:在轨道不平顺激励下,基于 DPCA 二系右侧横向阻尼器发生微小故障时,第 5s 可以检测到故障,距离故障发生时的报警时间较长,说明检测的效果一般;发生中等故障或严重故障时,第 1s 内就可以检测到故障,检测效果良好。

由故障检测结果图 15-5 得知:在轨道不平顺激励下,基于 DPCA 二系右前空气弹簧发生一般故障时,第 2s 可以检测到故障,说明预警时间稍有延迟,检测的效果较好;发生严重故障时,第 1s 内就可以检测到故障,检测效果良好。

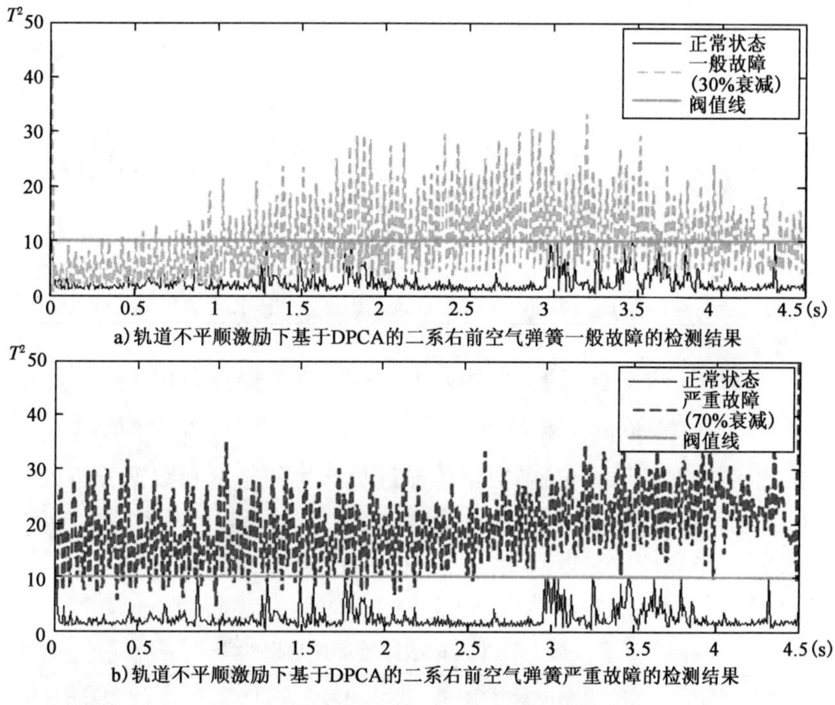

图 15-5 轨道不平顺激励下基于 DPCA 二系右前空气弹簧的故障检测结果

由故障检测结果图 15-6 可知:在轨道不平顺激励下,基于 DPCA 二系左后空气弹簧发生一般故障时,第 4s 可以检测到故障,说明预警时间有延迟,检测的效果一般;发生严重故障时,第 1s 内就可以检测到故障,检测效果良好。

通过进行 20 组试验,计算 DPCA 对城轨列车悬挂系统不同故障工况的检测成功率及从故障发生时至报警的时间。其中轨道不平顺激励下的基于 DPCA 方法完成故障检测的成功率 $P_{\mathrm{I,DPCA}} = n/20$,$n$ 为成功检测到故障的次数。及时报警时间 $T_{\mathrm{I,DPCA}} = \sum t_i/20$,$t_i$为第 i 次故障检测从开始至发生报警所用的时间。

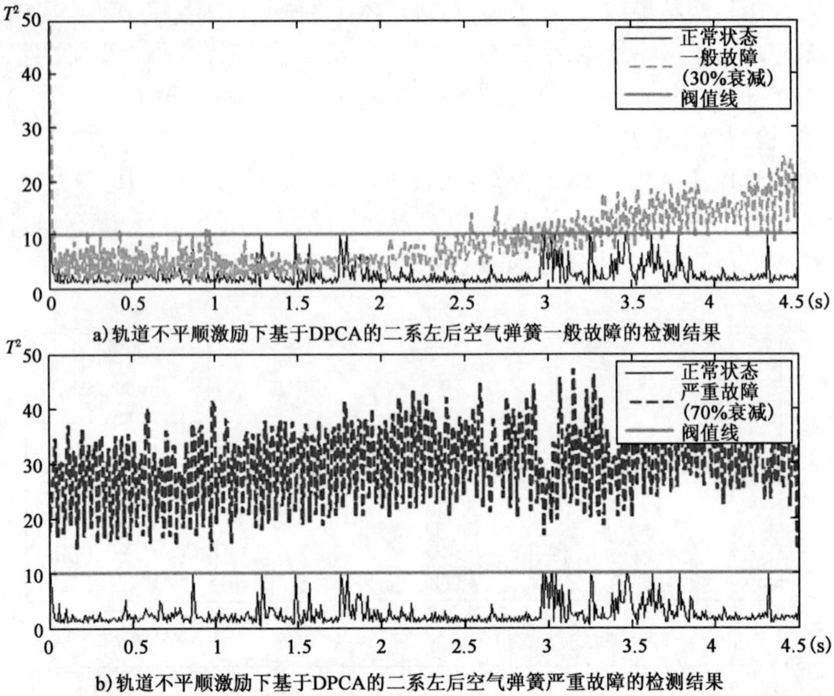

图 15-6 轨道不平顺激励下基于 DPCA 二系左后空气弹簧的故障检测结果

故障检测延迟的原因包括:数据传输过程产生的延迟和数据分析处理过程中的延迟,故障发生后的数据不能够瞬时的产生与故障幅值相对应的振动,因此故障检测过程中会产生延迟问题。

PCA 故障检测方法的成功率,如表 15-1 所示。

基于 DPCA 的故障检测成功率 表 15-1

故 障 位 置	故 障 等 级	检测成功率(%)	报警时间(s)
二系右前垂向阻尼器	微小故障	80	4
	中等故障	100	1
	严重故障	100	1
二系左后垂向阻尼器	微小故障	80	3
	中等故障	90	2
	严重故障	100	1
二系右侧横向阻尼器	微小故障	75	4
	中等故障	100	1
	严重故障	100	1

续上表

故障位置	故障等级	检测成功率(%)	报警时间(s)
二系左侧横向阻尼器	微小故障	80	5
	中等故障	100	1
	严重故障	100	1
二系右前空气弹簧	一般故障	90	2
	严重故障	100	1
二系左后空气弹簧	一般故障	80	4
	严重故障	100	1

15.2 基于PLS方法的城轨列车悬挂系统故障检测

15.2.1 PLS故障检测法介绍

PLS的基本思想是:系统(或者过程)是被少量的潜变量所驱动的,这些潜变量无法直接测量,但是可以通过数据进行估计,是过程观测变量、质量变量的线性组合[3],如式(15-9)和式(15-10)所示。

$$X = \hat{X} + E = \sum_{a=1}^{A} t_a p_a^{\mathrm{T}} + E = TP^{\mathrm{T}} + E \tag{15-9}$$

$$Y = \hat{Y} + F = \sum_{a=1}^{A} t_a q_a^{\mathrm{T}} + F = TQ^{\mathrm{T}} + F \tag{15-10}$$

式中:$\hat{X}$、$\hat{Y}$——分别代表数据矩阵X与Y的拟合矩阵;

E、F——分别表示拟合后的残差矩阵;

t_a——由相应位数的数据中顺序提取出来的潜向量;

p_a、q_a——相应的负载向量。

PLS算法将过程变量$X \in R^{m \times n}$与质量变量$Y \in R^{m \times p}$看成是具有线性关系的数据矩阵。它不是按顺序对每个变量均进行判断取舍,而是利用信息的分解,把这些显变量中的信息进行重新组合以及综合性的筛选,从而提取出既可以最大程度解释过程变量信息,又可以最大程度反映过程变量与质量变量线性关系的相互正交的潜变量。这样就除去了重叠或无意义的干扰信息,得到一个更为准确可靠的分析结果[4,5]。

PLS 的算法步骤如下：

(1)令 u 等于矩阵 Y 的第一列；

(2)X 中的各列在 u 上进行回归得到负载向量：$W^{\mathrm{T}}=u^{\mathrm{T}}X/u^{\mathrm{T}}u$；

(3)将 w 归一化；

(4)计算得分向量：$t=Xw/w^{\mathrm{T}}w$；

(5)Y 中各列在 t 上进行回归：$q^{\mathrm{T}}=t^{\mathrm{T}}Y/t^{\mathrm{T}}t$；

(6)计算 Y 的新得分：$u=Yq/q^{\mathrm{T}}q$；

(7)判断 u 是否收敛，如果是，进行下一步；如果否，返回第(2)步；

(8)计算 X 的负载矩阵：$p^{\mathrm{T}}=t^{\mathrm{T}}X/t^{\mathrm{T}}t$；

(9)计算残差矩阵；

(10)$E=X-tp^{\mathrm{T}}$，$F=X-tq^{\mathrm{T}}$；用 E、F 代替 X、Y 计算下一个潜变量，重复上述步骤直到各个潜变量均提取得到。

PLS 方法反映过程变化是通过两个子空间实现的，包括：主元子空间，反映与 Y 相关的变化；残差子空间，反映与 Y 无关的变化[6]。

基于 PLS 进行故障检测时，需要对数据进行建模时，数据 X、Y 可以被分解为式(15-11)所示的形式：

$$\begin{cases}X=T_yP_y^{\mathrm{T}}+T_oP_o^{\mathrm{T}}+T_rP_r^{\mathrm{T}}\\Y=T_yQ_y^{\mathrm{T}}+F\end{cases}\tag{15-11}$$

PLS 算法故障检测的实施步骤，如图 15-7 所示。

(1)对(X,Y)运用 PLS 算法，得到 PLS 的得分矩阵 T，和相应的结构知阵 Q,P,R；

(2)对 $\hat{Y}$ 进行 PCA 分解：$\hat{Y}=TQ^{\mathrm{T}}=T_yQ_y^{\mathrm{T}}$，主元个数 $A_y=rank(Q)$；

(3)$\hat{X}=TP^{\mathrm{T}}$，$P_y^{\mathrm{T}}=(T^{\mathrm{T}}T_y)^{-1}T_y^{\mathrm{T}}\hat{X}$；

(4)对 $\hat{X}_o$ 进行 PCA 分解，$\hat{X}_o=-\hat{X}-T_yP_y^{\mathrm{T}}=T_oP_o^{\mathrm{T}}$，主元个数为 $A-A_y$；

(5)对残差 E 进行 PCA 分解，$E=T_rP_r^{\mathrm{T}}+E_r$

图 15-7　基于 PLS 算法的故障诊断步骤

对一个新的检测样本 x_{new}，计算相应的残差如下：

$$t_{\mathrm{y,new}}=QR^{\mathrm{T}}x_{\mathrm{new}}\tag{15-12}$$

最后，通过检测统计量的计算并与阈值做比较的故障检测结果，故障检测指标 T_{y}^2 就可以通过如下公式计算得到。

$$T_y^2 = t_{y,\text{new}}^{\text{T}} \Lambda_y^{-1} t_{y,\text{new}} \tag{15-13}$$

$$\Lambda_y = \frac{1}{m-1} t_y^{\text{T}} t_y \tag{15-14}$$

检测指标 T_y^2 的报警阈值 J_{th,T^2}，可由历史数据计算获得。故障报警逻辑为：

$$\begin{cases} T_y{}^2 \leqslant J_{th,T_y{}^2} \rightarrow \text{不报警} \\ \text{否则} \rightarrow \text{故障报警} \end{cases}$$

应用PLS算法进行故障检测时，将由车体获取的4路传感器输出经高通滤波、二次积分等预处理后的数据过程变量 X，悬挂系器件状态良好情况下的刚度或者阻尼系数作为质量变量数据 Y，通过无故障历史数据构造统计模型，利用统计模型与传感器实时获取数据计算检测统计量，进行悬挂系统的实时故障检测。

15.2.2 基于PLS算法的悬挂系统故障检测结果

通过MATLAB开发了基于PLS算法的城轨列车悬挂系统故障检测程序，对已经处理好的数据进行故障检测，并规定：每间隔1s进行一次 T^2 指标统计，若统计后存在≥20个数据点超出阀值线，则认为检测到故障，发出故障报警。

轨道不平顺激励下的二系悬挂系统垂向、横向阻尼器发生故障时，基于PLS的故障检测结果分别如图15-8～图15-11所示，图中水平粗实线表示设置的报警阈值，底部细实线表示悬挂系统正常工况下的检测指标，不同颜色的虚线代表相应悬挂系部件性能微小故障、中等故障、严重故障工况下的检测结果。

对于空气弹簧故障发生故障时，基于PLS的故障检测结果如图15-12、图15-13所示，图中水平粗实线表示设置的报警阈值，底部细实线表示悬挂系统空气弹簧正常工况下的检测指标，不同颜色的虚线代表相应悬挂系部件性能一般故障、严重故障工况下的检测结果。

由故障检测结果图15-8可知：在轨道不平顺激励下，基于PLS二系右前垂向阻尼器发生微小故障时，第5s可以检测到故障，预警延迟较长，且超过阀值线的点较少且分散，检测的效果较差；发生中等故障或严重故障时，第1s内就可以检测到故障，检测效果良好。

由故障检测结果图15-9可知：在轨道不平顺激励下，基于PLS二系左后垂向阻尼器发生微小、中等、严重故障时，第1s均可以检测到故障，超过阀值线的点随着故障严重情况而增多，检测效果均良好。

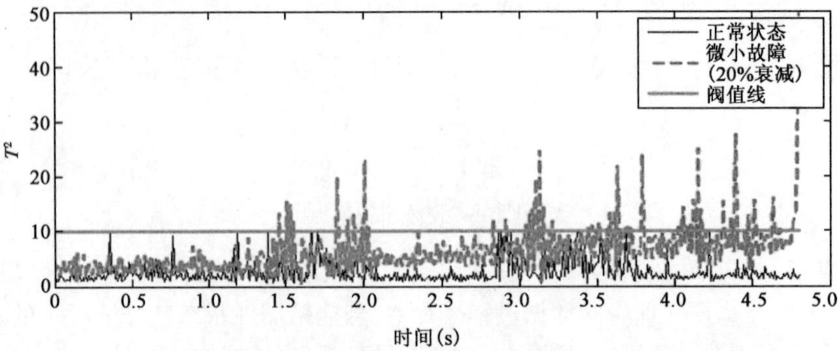

a)轨道不平顺激励下基于PLS的二系右前垂向阻尼器微小故障的检测结果

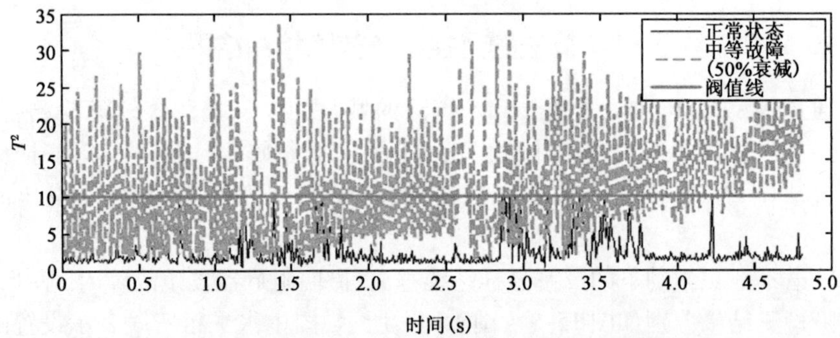

b)轨道不平顺激励下基于PLS的二系右前垂向阻尼器中等故障的检测结果

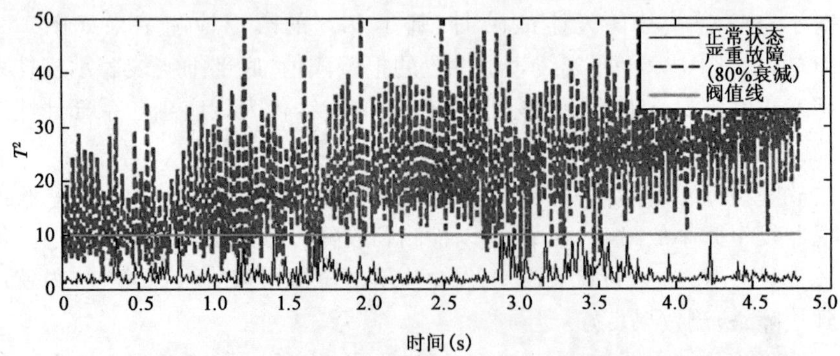

c)轨道不平顺激励下基于PLS的二系右前垂向阻尼器严重故障的检测结果

图 15-8　轨道不平顺激励下基于 PLS 二系右前垂向阻尼的故障检测结果

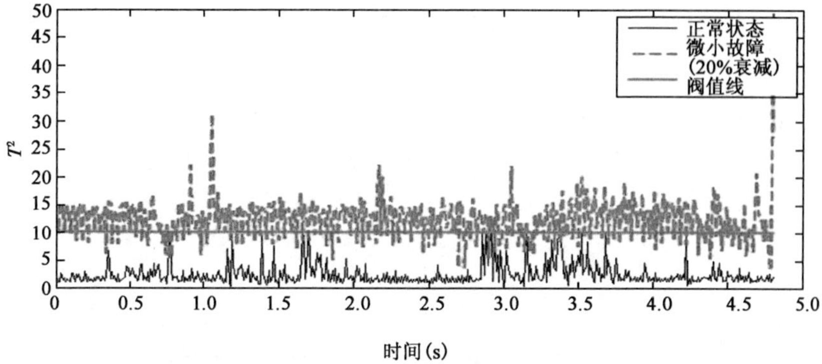

a) 轨道不平顺激励下基于PLS的二系左后垂向阻尼器微小故障的检测结果

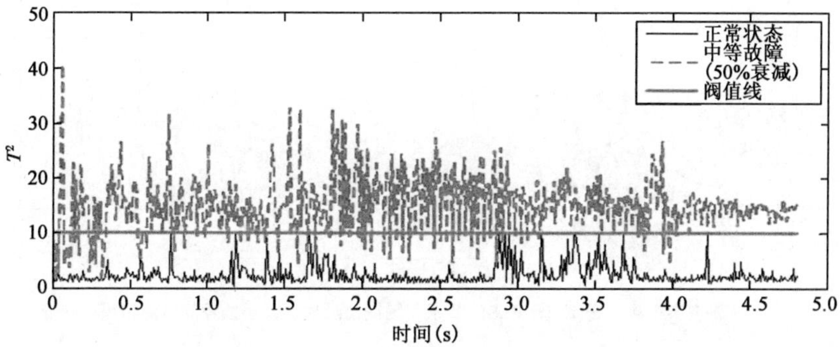

b) 轨道不平顺激励下基于PLS的二系左后垂向阻尼器中等故障的检测结果

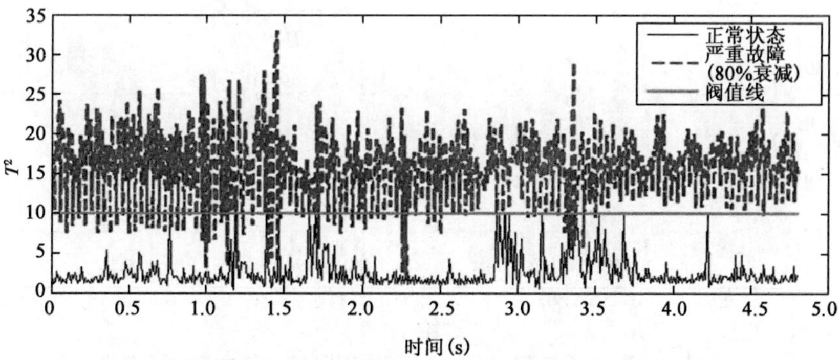

c) 轨道不平顺激励下基于PLS的二系左后垂向阻尼器严重故障的检测结果

图 15-9 轨道不平顺激励下基于 PLS 二系左后垂向阻尼的故障检测结果

由故障检测结果图 15-10 可知：在轨道不平顺激励下，基于 PLS 二系左侧横向阻尼器发生微小故障时，第 2s 可以检测到故障，但超过阀值线的点较少且分散，检测的效果较差；发生中等故障或严重故障时，第 1s 内就可以检测到故障，检测效果良好。

由故障检测结果图 15-11 可知：在轨道不平顺激励下，基于 PLS 二系右侧横向阻尼器发生微小故障时，第 4s 可以检测到故障，预警延迟较长，检测的效果一般；发生中等故障或严重故障时，第 1s 内就可以检测到故障，检测效果良好。

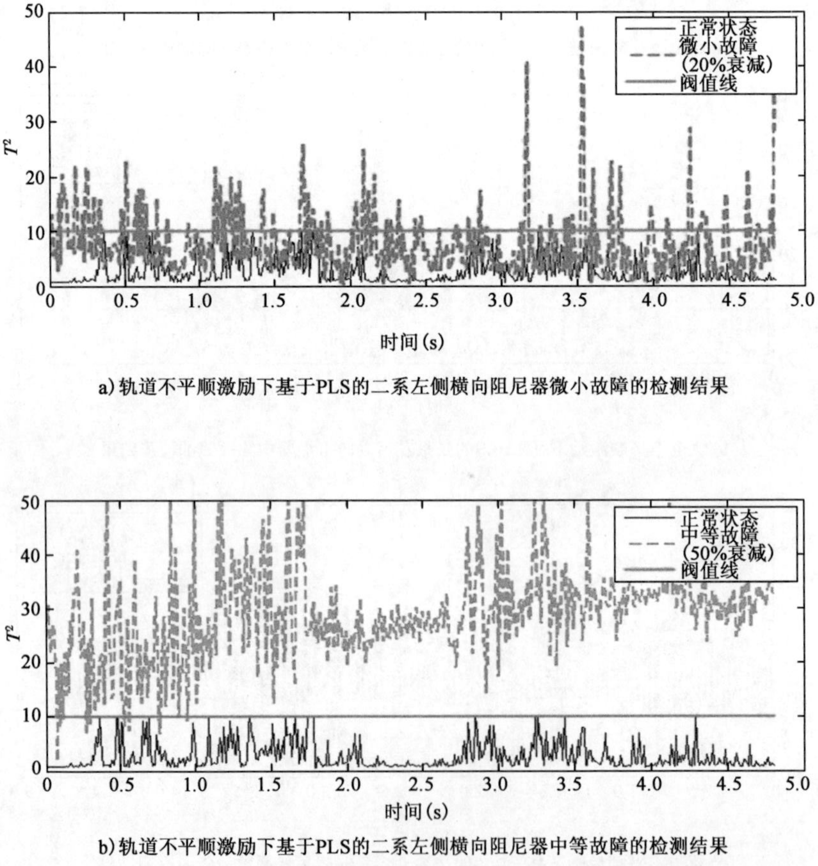

a)轨道不平顺激励下基于PLS的二系左侧横向阻尼器微小故障的检测结果

b)轨道不平顺激励下基于PLS的二系左侧横向阻尼器中等故障的检测结果

图 15-10

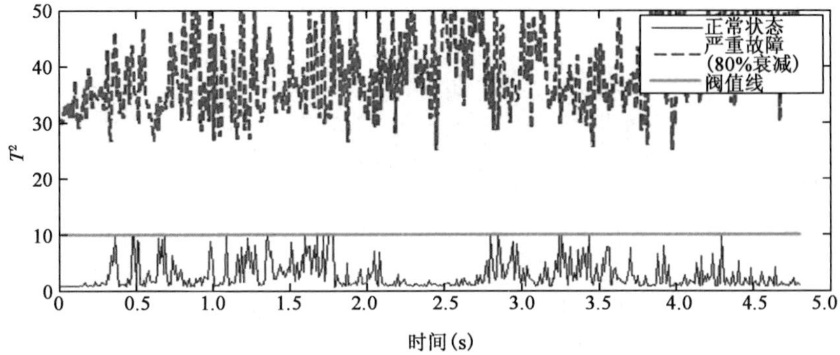

c)轨道不平顺激励下基于PLS的二系左侧横向阻尼器严重故障的检测结果

图 15-10 轨道不平顺激励下基于 PLS 二系左侧横向阻尼的故障检测结果

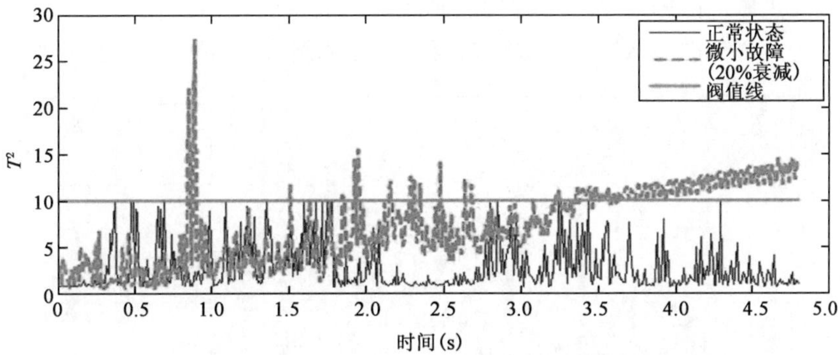

a)轨道不平顺激励下基于PLS的二系右侧横向阻尼器微小故障的检测结果

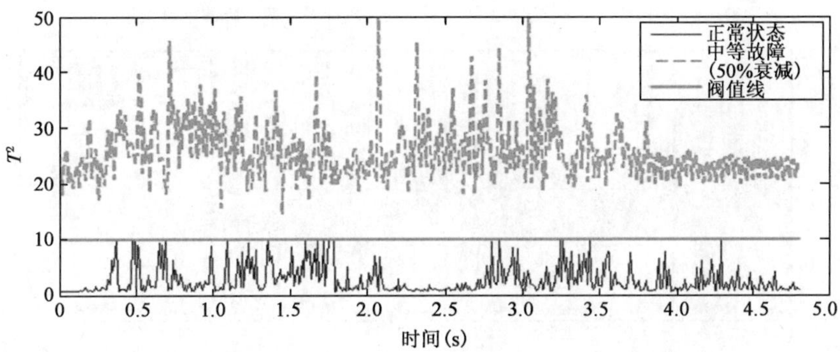

b)轨道不平顺激励下基于PLS的二系右侧横向阻尼器中等故障的检测结果

图 15-11

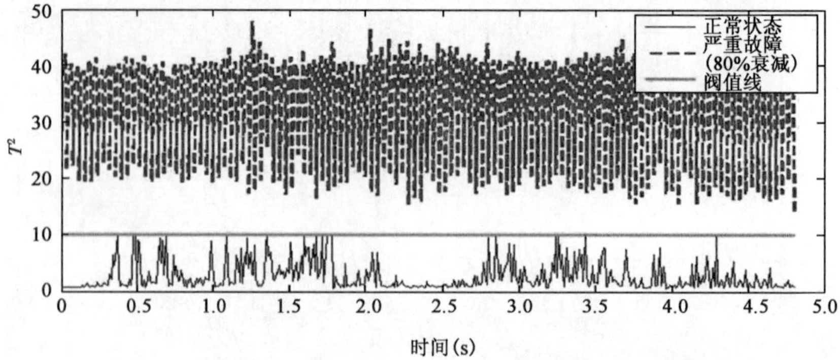

c)轨道不平顺激励下基于PLS的二系右侧横向阻尼器严重故障的检测结果

图 15-11　轨道不平顺激励下基于 PLS 二系右侧横向阻尼的故障检测结果

由故障检测结果图 15-12 可知:在轨道不平顺激励下,基于 PLS 二系右前空气弹簧发生中等故障时,第 2s 时检测到故障,预警稍有延迟,检测的效果较好;发生中等故障或严重故障时,第 1s 内就可以检测到故障,检测效果良好。

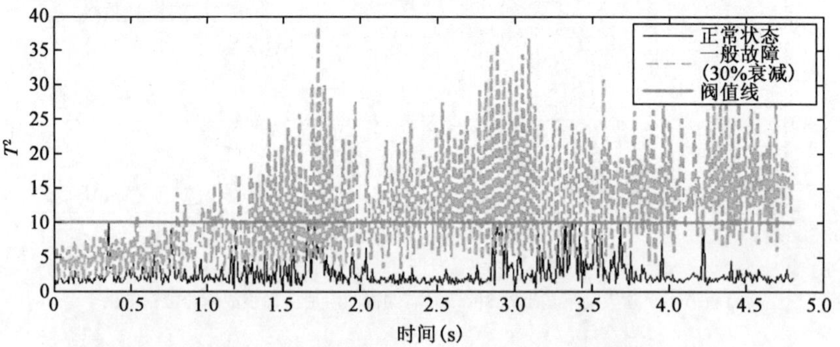

a)轨道不平顺激励下基于PLS的二系右前空气弹簧一般故障的检测结果

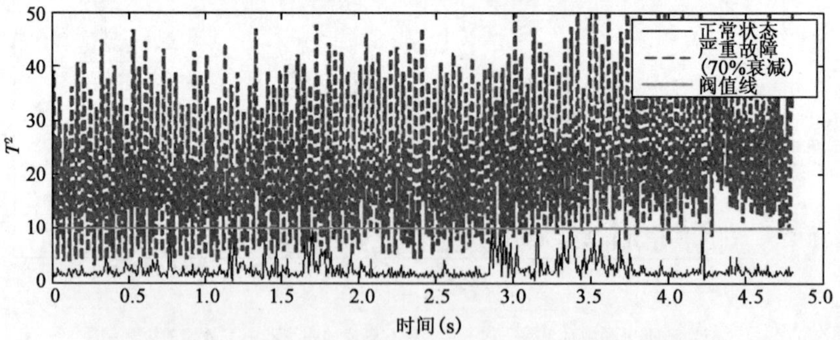

b)轨道不平顺激励下基于PLS的二系右前空气弹簧严重故障的检测结果

图 15-12　轨道不平顺激励下基于 PLS 二系右前空气弹簧的故障检测结果

由故障检测结果图 15-13 可知：在轨道不平顺激励下，基于 PLS 二系右前空气弹簧发生中等故障时，第 4s 时检测到故障，预警稍有延迟，检测的效果较好；发生中等故障或严重故障时，第 1s 内就可以检测到故障，检测效果良好。

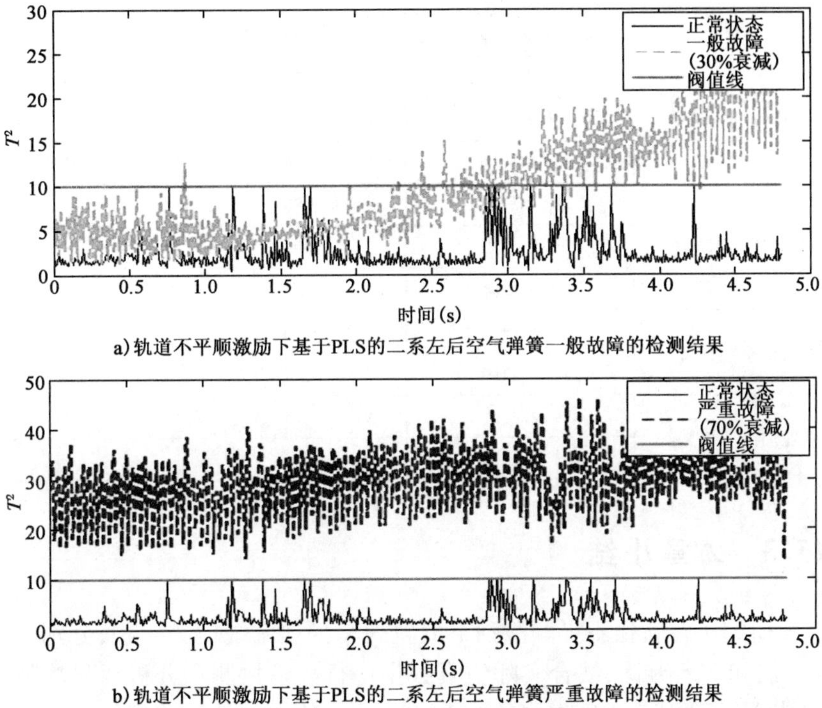

图 15-13 轨道不平顺激励下基于 PLS 二系左后空气弹簧的故障检测结果

通过进行 20 组试验，计算 PLS 对城轨列车悬挂系统不同故障工况的检测成功率及从故障发生时至报警的时间。其中轨道不平顺激励下的基于 PLS 方法完成故障检测的成功率 $P_{I,PLS}=n/20$，n 为成功检测到故障及发生报警的次数。及时报警时间 $T_{I,PLS}=\sum t_i/20$，t_i 为第 i 次故障检测从开始至发生报警所用的时间，即为上述图中报警点横坐标的值。

PLS 故障检测方法的成功率，如表 15-2 所示。

基于 PLS 的故障检测成功率 表 15-2

故障位置	故障等级	检测成功率(%)	报警时间(s)
二系右前垂向阻尼器	微小故障	70	5
	中等故障	90	2
	严重故障	100	1

续上表

故障位置	故障等级	检测成功率(%)	报警时间(s)
二系左后垂向阻尼器	微小故障	90	1
	中等故障	100	1
	严重故障	100	1
二系右侧横向阻尼器	微小故障	70	4
	中等故障	90	1
	严重故障	100	1
二系左侧横向阻尼器	微小故障	80	4
	中等故障	90	1
	严重故障	100	1
二系右前空气弹簧	一般故障	90	3
	严重故障	100	1
二系左后空气弹簧	一般故障	75	4
	严重故障	100	1

15.3 本章小结

本章研究了在轨道不平顺激励下城轨列车悬挂系统检测问题,分别运用了DPCA方法和PLS方法,结合实际仿真数据进行故障检测。分析两种故障方法的检测结果,证明基于DPCA方法和PLS方法均能有效地检测城轨列车悬挂系统故障。同时,这两种方法对中等或严重的故障检测效果明显,预警迅速,效果良好;但对微小故障的检测效果不佳,存在预警延迟和不能检测到故障的情况。考虑微小故障对行车安全及稳定性影响较小,所以以上两种方法均可应用到列车在途故障检测,以及预警故障,保障行车安全。

本章参考文献

[1] P F Weston, C S Ling, C J Goodman, et al. Monitoring lateral track irregularity from in-service railway vehicles[J]. Proc. IMechE, Part F: Journal of rail and rapid transit, 2007, 221(1): 89-100.

[2] 周东华,胡艳艳. 动态系统的故障诊断技术[J]. 自动化学报, 2009(6): 748-758.

[3] 唐启义,唐洁.偏最小二乘回归分析在均匀设计试验建模分析中的应用[J].数理统计与管理,2005,25(5):45-49.

[4] 张羽.PLS及其改进方法在轧制过程故障诊断中的应用研究[D].东北大学,2009.

[5] Wold S.,Ruhe A.,Wold H.,et al. The Collinearity problem in linear regression-The partial least squares(PLS) approach to generalized inverses[J]. SIAM Journal on Scientific and Statistical Computing,1984,5(3):735-743.

[6] Geladi P,Kowalski B. R. Partial least squares regression:A tutorial[J]. Analytica Chimica Acta,1986,185:1-17.

第16章　悬挂系统故障分离模拟试验研究

故障诊断包括故障检测与故障分离两部分,第15章采用故障检测方法解决了城轨列车悬挂系统故障的检测,效果明显。本章主要内容是基于D-S证据理论,完成对悬挂系统的故障分离,即确定发生故障的位置及其故障等级,最终完成在轨道不平顺激励下的悬挂系统故障诊断。

16.1　D-S证据理论故障分离算法介绍

Dempster-Shafer证据理论(D-S)主要原理是将命题与集合之间的关系转化建立为一一对应的关系,将命题不确定性转变成集合不确定性的问题,使得变成比较概率大小的问题,从而简化了问题的复杂性,这便是证据推理的数学理论,简称为证据理论[1-8]。

1)D-S证据理论的基本概念

定义1　令$\Theta=\{\theta_1,\theta_2,\cdots,\theta_n\}$是一个辨识框架。$2^\Theta$是$\Theta$的所有子集组成的幂集,且满足$\varnothing\in 2^\Theta$,$\Theta\in 2^\Theta$。

定义2　质量函数(基本概率赋值函数BPA)映射$m:2^\Theta\rightarrow[0,1]$是一个定义在$\Theta$上的质量函数,如果满足:

(1)对于空集$\varnothing$,有$m(\varnothing)=0$;

(2)对于$\forall A\in 2^\Theta$,$\sum_A m(A)=1$。

其中,函数$m(A)$表示的是对集合A的置信度。可见,与传统的概率论相比,证据理论是研究2^Θ中的每个子集A,并不只是Θ中的每个元素[9-10]。

2)D-S证据组合规则

如果m_1、m_2分别是两个定义在同一个辨识框架Θ上的两个不同基本概率赋值函数(BPA),则定义$m=m_1\oplus m_2$为组合后的BPA,定义的组合公式为:

$$m(\varnothing)=0$$

$$m(C) = \frac{\sum_{A \cap B = C} m_1(A) m_2(B)}{\sum_{A \cap B = \varnothing} m_1(A) m_2(B)} \tag{16-1}$$

其中,符号“$\oplus$”表示两个或多个质量函数,即基本概率赋值函数在 Dempster 组合规则中的组合作用;定义:

$$k = \sum_{A \cap B \neq \varnothing} m_1(A) m_2(B) > 0 \tag{16-2}$$

称其为规范化因子,用它可以度量大于等于两个基本概率赋值函数间冲突程度的大小。k 值越大,表示证据间冲突越大,组合后得到的信息量就越少。故可知组合规则只有在 $k<1$ 的时候才是有意义的,即来自不同信息源的证据之间在不完全冲突的情况下才能使用此组合规则[11,12]。

计算得到的 m 也是同一个辨识框架 Θ 下的基本概率赋值函数。注意,$m = m_1 \oplus m_2$,表示的是两组证据 m_1 和 m_2 组合后新得到的。以上的组合规则满足下列关系式:

$$m_1 \oplus m_2 = m_2 \oplus m_1 \tag{16-3}$$

$$m_1 \oplus (m_2 \oplus m_3) = (m_1 \oplus m_2) \oplus m_3 \tag{16-4}$$

对于 n 个在辨识框架 Θ 上质量函数 $m_1, m_2, \cdots, m_n$,给出:

$$K = \sum_{\cap_{i=1}^{n} E_i = \phi} m_1(E_1) m_2(E_2) \cdots m_n(E_n) > 0 \tag{16-5}$$

$$m(A) = (m_1 \oplus m_2 \oplus \cdots \oplus m_n)(A) = \frac{1}{1-K} \sum_{\cap_{i=1}^{n} E_i = A} m_1(E_1) \cdot m_2(E_2) \cdots m_n(E_n) \tag{16-6}$$

16.2 基于 D-S 证据理论进行故障分离的步骤

1)确定判定准则

在基于 D-S 证据推理的故障分离方法中,要利用组合后的基本概率赋值函数(BPA)对系统出现的故障做出判断,就需要一定的判定准则。这里给出两条基本的准则:

(1)判定的故障类型应有最大组合后的 BPA;

(2)得到判定的故障元件的 BPA 和其他 BPA 之差要大于某个阈值。

2)特征提取

在故障分离中,通过对信息的处理得到合适的特征是非常重要的一步,选取的准确性直接影响最后的分离结果。提取的特征是4个时域特征的平均值$\hat{X}$、均方值X_{rms}^2、歪度指标C_w、峭度C_q及3个频域特征的频率中心FC、均方根频率RMSF和均方差频率RVF[43]。

3)距离计算

令：

$$A = [a_{i1} \quad a_{i2} \quad \cdots \quad a_{ij}],\ B = [b_{i1} \quad b_{i2} \quad \cdots \quad b_{ij}]$$

其中A是故障库中某种故障第i种特征值(时域或频域)向量,B是待检故障库中某种故障的相应的特征向量,j是传感器的个数。

改进的距离公式为：

$$d_i = \left[\frac{1}{n}\sum_{j=1}^{n}(a_{ij} - b_{ij})^2\right]^{\frac{1}{2}} \tag{16-7}$$

式中：d_i——A与B的第i种特征值向量之间的距离；

i——特征数；

j——传感器数；

n——传感器总数。

最后得到一个7×1的列向量。

$$D = \begin{bmatrix} d_{11} & d_{12} & \cdots & d_{1M} \\ d_{21} & d_{22} & \cdots & d_{2M} \\ \vdots & \vdots & \vdots & \vdots \\ d_{71} & d_{72} & \cdots & d_{7M} \end{bmatrix} \tag{16-8}$$

矩阵D就是某种待检故障的7种特征与故障库中的所有故障的特征之间的距离矩阵,其中M为故障特征库中的故障总数。距离越近就越相似,即矩阵D中d_{im}值越小,表明该待检故障与故障库中的第m种故障越相似,也就是能诊断出的故障最可能的是故障库的第m种故障。

距离相似性：

$$p_{im}' = \frac{1}{d_{im}} \tag{16-9}$$

归一化：

$$P = \begin{bmatrix} p_{11} & p_{12} & \cdots & p_{1M} \\ p_{21} & p_{22} & \cdots & p_{2M} \\ \vdots & \vdots & \vdots & \vdots \\ p_{71} & p_{72} & \cdots & p_{7M} \end{bmatrix} = \begin{bmatrix} p_1 \\ p_2 \\ \vdots \\ p_7 \end{bmatrix} \tag{16-10}$$

$$\sum_{m=1}^{M} p_{im} = 1 \quad (i = 1, \cdots, 7, M = 16)$$

16.3 基于 D-S 的悬挂系统故障分离

16.3.1 建立轨道不平顺激励下的标准特征库

当列车悬挂系统发生故障时,时域序列就会发生变化,这些变化即为故障特征。这种变化在频域中会表现得更加显著,因此,在产生时域残差序列后,经过快速傅立叶变化(FFT),获得频域特征,这些特征值被作为特征序列用来相似性匹配。本文中共考虑了16种不同的典型故障。其中故障发生位置分别为:右前方二系阻尼、二系空气弹簧;左后方二系阻尼、二系空气弹簧;左侧、右侧横向阻尼。按照这些部件衰减系数的变化,其中阻尼器故障分为轻微故障、中等故障和严重故障,空气弹簧故障分为一般故障、严重故障。其中每种幅值衰减情况,如果表16-1所示。

故障库中的典型故障类型　　表16-1

故障序号	部件位置	故障等级	衰减幅值
F_1	右前阻尼	微小	0~35%性能衰减
F_2	右前阻尼	中等	35%~65%性能衰减
F_3	右前阻尼	严重	65%~100%性能衰减
F_4	左后阻尼	微小	0~35%性能衰减
F_5	左后阻尼	中等	35%~65%性能衰减
F_6	左后阻尼	严重	65%~100%性能衰减
F_7	左侧阻尼	微小	0~35%性能衰减
F_8	左侧阻尼	中等	35%~65%性能衰减
F_9	左侧阻尼	严重	65%~100%性能衰减
F_{10}	右侧阻尼	微小	0~35%性能衰减
F_{11}	右侧阻尼	中等	35%~65%性能衰减
F_{12}	右侧阻尼	严重	65%~100%性能衰减
F_{13}	右前空气弹簧	一般	0~50%性能衰减
F_{14}	右前空气弹簧	严重	50%~100%性能衰减
F_{15}	左后空气弹簧	一般	0~50%性能衰减
F_{16}	左后空气弹簧	严重	50%~100%性能衰减

右前方的二系空簧故障与右前方的二系阻尼故障的4维残差频域幅频序列分别如图16-1、图16-2所示。从图中可以看到，两种不同故障的幅频序列在不同频段的能量分布都存在较大的区别，这就是基于D-S证据理论的故障分离方法的前提。

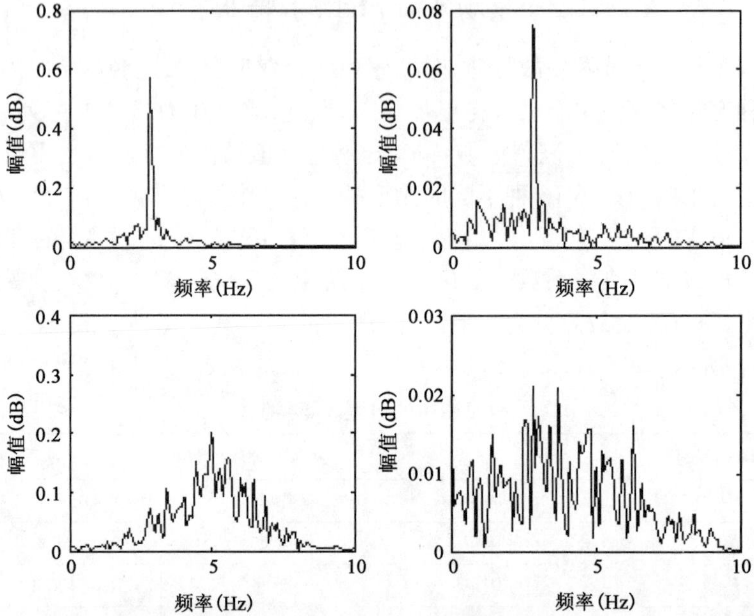

图16-1　左后方二系空簧故障幅频特征

在经过轨道不平顺的激励作用下，采集车体加速度数据。根据故障类型及等级表创建基于轨道不平顺激励下的列车悬挂系统的标准特征库，共计包含16个故障特征。

16.3.2　基于D-S证据理论的故障分离

在MATLAB中实现D-S证据理论方法对数据的融合，载入基于轨道不平顺激励的标准特征库，依次将试验平台模拟悬挂系统不同故障工况下的数据，与轨道台阶激励下的标准特征库进行融合，最后得出该故障的分离结果。

将需要分离的故障分组，与标准特征一一对应。例如，二系悬挂系统右前阻尼器发生微小故障时，获取试验故障数据T_1(即t_c_fr_z_20)对应F_1，通过D-S证据理论将其与标准特征库进行融合，得到该故障的分离结果如表16-2所示。

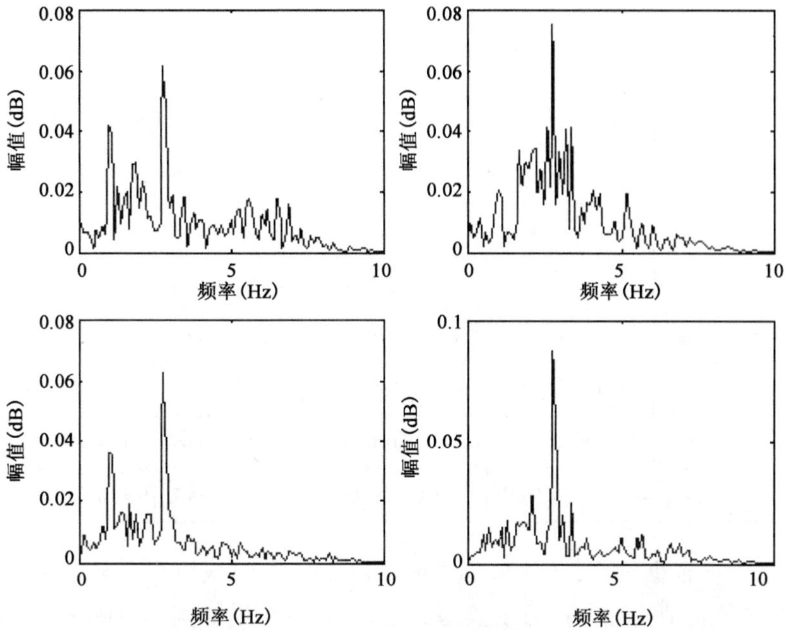

图 16-2 左后方二系阻尼故障幅频特征

t_c_fr_z_25 故障分离结果 表 16-2

故障	特征融合	BPA							
		F_1	F_2	F_3	F_4	F_5	F_6	F_7	F_8
T_1 (t_c_fr_z_20)	m_1	0.257 5	0.189 1	0.068 4	0.168 7	0.127 2	0.065 6	0.001 2	0.001 1
	m_2	0.140 2	0.057 0	0.013 9	0.056 4	0.272 5	0.062 6	0.000 5	0.000 5
	m_3	0.120 7	0.065 4	0.066 1	0.057 3	0.037 7	0.350 4	0.003 9	0.002 1
	m_4	0.060 2	0.078 4	0.020 8	0.086 5	0.057 1	0.035 0	0.000 1	0.000 1
	m_5	0.145 9	0.115 5	0.025 0	0.065 8	0.050 9	0.045 4	0.037 9	0.035 0
	m_6	0.115 1	0.119 2	0.037 4	0.098 9	0.048 4	0.034 9	0.037 5	0.039 8
	m_7	0.147 8	0.118 8	0.024 2	0.060 2	0.049 1	0.047 5	0.038 2	0.035 5
	fusion	0.824 4	0.055 6	0.120 0	0.000 0	0.000 0	0.000 0	0.000 0	0.000 0

续上表

故障	特征融合	BPA								分离结果
		F_9	F_{10}	F_{11}	F_{12}	F_{13}	F_{14}	F_{15}	F_{16}	
T_1 (t_c_fr_z_20)	m_1	0.001 1	0.001 1	0.001 2	0.001 1	0.033 7	0.026	0.026 5	0.029 6	F_1
	m_2	0.000 5	0.000 5	0.000 4	0.000 4	0.111 2	0.100	0.089 5	0.113 0	F_5
	m_3	0.001 6	0.001 0	0.000 9	0.001 1	0.059 1	0.055	0.078 2	0.099 4	F_6
	m_4	0.000 1	0.000 1	0.000 1	0.000 1	0.189 7	0.174	0.137 4	0.160 6	F_{14}
	m_5	0.033 7	0.028 6	0.039 9	0.044 4	0.088 1	0.065	0.011 6	0.099 8	F_1
	m_6	0.041 9	0.028 9	0.043 5	0.054 1	0.070 5	0.057	0.074 5	0.090 7	F_2
	m_7	0.032 8	0.028 9	0.040 3	0.044 2	0.093 2	0.066	0.074 8	0.097 1	F_1
	fusion	0.000 0	0.000 0	0.000 0	0.000 0	0.028 7	0.007	0.016 0	0.037 2	F_1

基于 D-S 证据理论，在轨道不平顺激励下获取的城轨列车悬挂系统 T_1 故障，进行了特征值提取并进行了数据的融合结果，结果如实际故障相符，即判定 T_1 为右前垂向阻尼器微小故障，如图 16-3 所示。

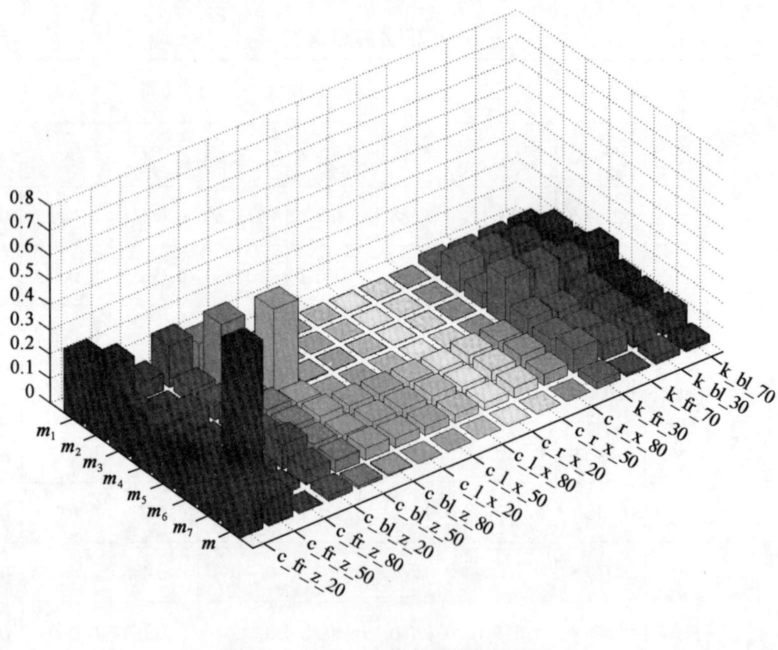

图 16-3　t_c_fr_z_20 故障分离结果图

按照上述步骤，运用 D-S 证据理论方法依次对第一组实验其他不同故障数据进行故障分离，对于第一组故障分离结果可以发现，大部分故障都得到了准确的分离，但是也有存在误判的情况，基于 D-S 证据理论的故障分离情况如表 16-3 所示。

基于 D-S 证据理论的故障分离统计表 表 16-3

故障类别	垂向阻尼故障						横向阻尼故障						空气弹簧			
	右前			左后			右前			左后			右前		左后	
等级	微小	中等	严重	微小	中等	严重	微小	中等	严重	微小	中等	严重	一般	严重	一般	严重
故障	T_1	T_2	T_3	T_4	T_5	T_6	T_7	T_8	T_9	T_{10}	T_{11}	T_{12}	T_{13}	T_{14}	T_{15}	T_{16}
匹配结果	F_1	F_2	F_3	$\underline{F_2}$	F_5	F_6	$\textcircled{F_8}$	F_8	F_9	F_{10}	$\underline{F_8}$	$\underline{F_8}$	F_{13}	F_{14}	F_{14}	F_{16}

注：画横线表示故障分离结果仅与故障等级、位置均不符，圆圈表示故障分离结果仅与故障等级不符。

由故障分离结果计算故障分离成功率。本文依据故障分离的范围，统计了 3 种类型故障分离成功率。元器件发生故障指的是经由故障分离算法进行故障分离的结果可以判定是哪种类型的元器件发生了故障，如发现横向阻尼存在故障；发生故障位置是指经由故障分离算法进行故障分离的结果可以判定发生故障元器件的位置，如发现左侧横向阻尼存在故障；故障等级判断是指完全准确地分离了发生的故障，即经由故障分离算法进行故障分离的结果可以判定发生故障元器件的位置和等级。其成功率就是在各自指标下成功分离故障的次数与实验总次数 20 次的比值，如表 16-4 所示。

轨道不平顺激励下基于 D-S 证据理论的故障分离成功率 表 16-4

故 障 类 型	故障发生元器件	故障发生位置	故障等级
轨道不平顺激励下的故障分离成功率	100%	75%	68.75%

轨道不平顺激励下的基于 D-S 证据理论的不同故障工况的详细分离结果，如表 16-5 所示。

基于 D-S 证据理论的分离结果　　表 16-5

故障类型	特征融合	BPA																分离结果
		F_1	F_2	F_3	F_4	F_5	F_6	F_7	F_8	F_8	F_{10}	F_{11}	F_{12}	F_{13}	F_{14}	F_{15}	F_{16}	
T_1	m_1	**0.257 5**	0.189 1	0.068 4	0.168 7	0.127 2	0.065 6	0.001 2	0.001 1	0.001 1	0.001 1	0.001 2	0.001 1	0.033 7	0.026 8	0.026 5	0.029 6	F_1
	m_2	0.140 2	0.057 0	0.013 9	0.056 4	**0.272 5**	0.062 6	0.000 5	0.000 5	0.000 5	0.000 5	0.000 4	0.000 4	0.111 2	0.100 5	0.089 5	0.113 0	F_5
	m_3	0.120 7	0.065 4	0.066 1	0.057 3	0.037 7	**0.350 4**	0.003 9	0.002 1	0.001 6	0.001 0	0.000 9	0.001 1	0.059 1	0.055 3	0.078 2	0.099 4	F_6
	m_4	0.060 2	0.078 4	0.020 8	0.086 5	0.057 1	0.035 0	0.000 1	0.000 1	0.000 1	0.000 1	0.000 1	0.000 1	**0.189 7**	0.174 1	0.137 4	0.160 6	F_{14}
	m_5	**0.145 9**	0.115 5	0.025 0	0.065 8	0.050 9	0.045 4	0.037 9	0.035 0	0.033 7	0.028 6	0.039 9	0.044 4	0.088 1	0.065 5	0.011 6	0.099 8	F_1
	m_6	0.115 1	**0.119 2**	0.037 4	0.098 9	0.048 4	0.034 9	0.037 5	0.039 8	0.041 9	0.028 9	0.043 5	0.054 1	0.070 5	0.057 7	0.074 5	0.090 7	F_2
	m_7	**0.147 8**	0.118 8	0.024 2	0.060 2	0.049 1	0.047 5	0.038 2	0.035 5	0.032 8	0.028 9	0.040 3	0.044 2	0.093 2	0.066 4	0.074 8	0.097 1	F_1
	m	**0.766 9**	0.106 5	0.000 0	0.021 8	0.010 7	0.004 5	0.000 0	0.000 0	0.000 0	0.000 0	0.000 0	0.000 0	0.028 7	0.007 7	0.016 0	0.037 2	F_1
T_2	m_1	0.115 3	**0.147 9**	0.138 6	0.085 2	0.113 1	0.253 8	0.001 6	0.001 6	0.001 5	0.001 6	0.001 6	0.001 6	0.039 4	0.032 1	0.027 5	0.038 1	F_2
	m_2	0.081 4	0.217 2	0.011 0	0.159 7	0.049 6	**0.374 5**	0.000 3	0.000 3	0.000 3	0.000 3	0.000 3	0.000 3	0.027 7	0.026 5	0.020 2	0.030 4	F_6
	m_3	**0.223 1**	0.075 9	0.077 0	0.063 2	0.030 7	0.168 4	0.003 4	0.001 8	0.001 4	0.000 9	0.000 8	0.000 9	0.067 1	0.042 6	0.116 3	0.126 5	F_1
	m_4	0.277 5	0.114 6	0.018 7	0.084 0	**0.302 5**	0.052 0	0.000 0	0.000 0	0.000 0	0.000 0	0.000 0	0.000 0	0.026 0	0.043 8	0.035 2	0.045 4	F_4
	m_5	0.077 8	**0.158 6**	0.022 2	0.066 3	0.049 3	0.044 6	0.035 5	0.032 4	0.030 4	0.025 9	0.037 7	0.041 4	0.107 4	0.068 8	0.095 8	0.106 0	F_2
	m_6	0.050 2	**0.194 8**	0.030 1	0.084 2	0.045 3	0.031 0	0.033 2	0.035 2	0.036 0	0.024 3	0.039 6	0.049 0	0.082 1	0.058 9	0.980	0.108 2	F_2
	m_7	0.090 1	**0.151 3**	0.022 2	0.060 5	0.048 3	0.047 4	0.036 5	0.033 6	0.030 4	0.026 9	0.038 7	0.042 1	0.110 6	0.069 8	0.090 7	0.110 9	F_2
	m	0.127 3	**0.813 6**	0.000 0	0.015 2	0.003 5	0.034 0	0.000 0	0.000 0	0.000 0	0.000 0	0.000 0	0.000 0	0.001 2	0.000 3	0.001 0	0.004 0	F_2

续上表

故障类型	特征融合	BPA																分离结果
		F_1	F_2	F_3	F_4	F_5	F_6	F_7	F_8	F_8	F_{10}	F_{11}	F_{12}	F_{13}	F_{14}	F_{15}	F_{16}	
T_3	m_1	0.094 5	0.170 4	**0.177 4**	0.099 6	0.209 8	0.134 6	0.001 3	0.001 2	0.001 2	0.001 2	0.001 3	0.001 2	0.030 8	0.025 8	0.014 8	0.035 5	F_3
	m_2	0.034 6	0.040 8	**0.693 7**	0.040 9	0.032 2	0.039 7	0.001 1	0.001 1	0.001 1	0.001 1	0.001 0	0.001 0	0.028 4	0.028 0	0.038 3	0.016 1	F_3
	m_3	**0.199 8**	0.123 1	0.126 8	0.081 9	0.016 7	0.049 3	0.002 2	0.001 2	0.000 9	0.000 6	0.000 5	0.000 6	0.092 0	0.021 4	0.1306	0.152 0	F_1
	m_4	0.051 0	0.046 1	**0.581 3**	0.044 4	0.052 5	0.078 3	0.000 1	0.000 1	0.000 1	0.000 2	0.000 2	0.000 1	0.032 1	0.038 2	0.027 0	0.048 2	F_3
	m_5	0.021 3	0.039 9	0.037 5	0.059 1	**0.119 9**	0.111 8	0.084 3	0.072 6	0.055 9	0.048 5	0.088 0	0.065 3	0.042 7	0.066 0	0.033 1	0.054 3	F_5
	m_6	0.017 9	0.036 6	0.042 1	0.034 4	**0.170 2**	0.068 1	0.082 2	0.079 6	0.058 2	0.044 4	0.089 3	0.053 6	0.050 6	0.083 2	0.030 4	0.064 7	F_5
	m_7	0.018 4	0.034 1	0.030 4	0.057 1	**0.109 8**	0.102 2	0.103 5	0.084 7	0.053 9	0.047 7	0.117 4	0.073 6	0.035 2	0.055 7	0.027 6	0.048 8	F_5
	m	0.000 5	0.004 2	**0.927 5**	0.003 7	0.028 2	0.034 1	0.000 0	0.000 0	0.000 0	0.000 0	0.000 0	0.000 0	0.000 4	0.000 4	0.000 6	0.000 6	F_3
T_4	m_1	0.126 5	0.118 3	0.080 8	**0.251 3**	0.131 3	0.071 0	0.002 0	0.001 9	0.001 9	0.001 9	0.002 0	0.001 9	0.059 9	0.049 5	0.047 5	0.052 3	F_4
	m_2	0.070 9	0.166 8	0.016 0	**0.434 1**	0.048 1	0.141 9	0.000 4	0.000 4	0.000 4	0.000 4	0.000 4	0.000 4	0.031 3	0.030 1	0.026 8	0.031 6	F_4
	m_3	0.049 3	0.141 4	0.134 5	**0.331 1**	0.013 2	0.028 3	0.002 1	0.001 2	0.000 9	0.000 6	0.000 5	0.000 6	0.171 1	0.016 1	0.052 1	0.056 9	F_4
	m_4	0.081 6	0.124 7	0.017 2	**0.217 5**	0.065 7	0.033 2	0.000 0	0.000 1	0.000 0	0.000 1	0.000 1	0.000 1	0.054 1	0.145 7	0.127 6	0.132 4	F_4
	m_5	0.031 5	**0.291 3**	0.014 3	0.060 1	0.039 4	0.032 5	0.024 2	0.021 7	0.020 1	0.016 7	0.026 0	0.028 8	0.104 8	0.064 4	0.109 6	0.114 4	F_2
	m_6	0.040 0	**0.235 9**	0.027 6	0.105 5	0.040 6	0.025 5	0.028 0	0.030 2	0.031 7	0.020 3	0.034 0	0.044 1	0.068 4	0.052 6	0.105 3	0.110 1	F_2
	m_7	0.027 1	**0.253 1**	0.013 3	0.057 4	0.038 4	0.034 9	0.024 2	0.021 8	0.018 9	0.016 4	0.026 4	0.028 8	0.108 2	0.076 5	0.124 9	0.129 7	F_2
	m	0.000 1	0.675 6	0.000 0	0.319 0	0.000 0	0.000 0	0.000 0	0.000 0	0.000 0	0.000 0	0.000 0	0.000 0	0.001 5	0.000 1	0	0	F_2

续上表

故障类型	特征融合	BPA																分离结果
		F_1	F_2	F_3	F_4	F_5	F_6	F_7	F_8	F_8	F_{10}	F_{11}	F_{12}	F_{13}	F_{14}	F_{15}	F_{16}	
T_5	m_1	0.091 4	0.150 9	**0.211 2**	0.089 8	0.155 6	0.186 8	0.001 2	0.001 2	0.001 2	0.001 2	0.001 2	0.001 2	0.031 4	0.025 8	0.022 6	0.027 4	F_3
	m_2	0.112 2	0.053 4	0.013 4	0.051 8	**0.342 8**	0.059 1	0.000 5	0.000 5	0.000 5	0.000 5	0.000 4	0.000 4	0.102 0	0.094 0	0.081 9	0.086 7	F_5
	m_3	0.075 4	0.064 9	0.065 0	0.062 2	**0.237 7**	0.090 8	0.016 1	0.007 5	0.005 9	0.003 8	0.003 4	0.004 0	0.063 6	0.153 5	0.070 6	0.075 4	F_5
	m_4	0.135 1	0.099 0	0.047 4	0.085 1	**0.171 8**	0.252 6	0.000 1	0.000 1	0.000 1	0.000 1	0.000 1	0.000 1	0.040 1	0.058 3	0.052 6	0.057 4	F_5
	m_5	0.027 6	0.074 9	0.023 0	0.087 5	0.094 8	0.079 6	0.040 8	0.035 7	0.031 2	0.026 9	0.044 0	0.043 2	0.096 8	**0.121 9**	0.083 6	0.088 4	F_{14}
	m_6	0.021 9	0.052 4	0.034 8	0.042 2	**0.124 9**	0.062 4	0.053 7	0.051 6	0.043 5	0.034 0	0.061 7	0.050 0	0.101 9	0.128 7	0.065 8	0.070 6	F_5
	m_7	0.026 1	0.075 8	0.019 8	0.090 1	0.081 8	0.078 2	0.039 3	0.034 3	0.028 3	0.025 1	0.043 2	0.043 2	0.086 9	**0.143 9**	0.089 6	0.094 4	F_5
	m	0.000 7	0.006 7	0.000 1	0.003 6	**0.917 9**	0.042 8	0.000 0	0.000 0	0.000 0	0.000 0	0.000 0	0.000 0	0.003 0	0.021 3	0	0	F_5
T_6	m_1	0.088 2	0.153 3	0.160 2	0.105 5	**0.268 6**	0.116 7	0.001 2	0.001 1	0.001 1	0.001 1	0.001 1	0.001 1	0.029 6	0.024 5	0.021	0.025 8	F_5
	m_2	0.260 8	0.066 0	0.012 7	0.064 0	**0.283 0**	0.075 7	0.000 4	0.000 4	0.000 4	0.000 4	0.000 4	0.000 4	0.064 5	0.059 8	0.053 2	0.05 8	F_5
	m_3	0.103 7	**0.158 0**	0.149 3	0.099 5	0.014 9	0.039 2	0.002 1	0.001 1	0.000 9	0.000 6	0.000 5	0.000 6	0.126 9	0.018 9	0.139 6	0.144 4	F_2
	m_4	0.057 5	0.072 3	0.021 5	0.079 1	0.054 7	0.035 1	0.000 1	0.000 1	0.000 1	0.000 1	0.000 1	0.000 1	**0.278 0**	0.139 8	0.128 3	0.133 1	F_{13}
	m_5	0.028 8	0.066 8	0.026 7	0.067 8	0.079 3	**0.138 4**	0.054 0	0.045 9	0.038 2	0.034 8	0.057 7	0.051 5	0.082 8	0.091 8	0.065 3	0.070 1	F_6
	m_6	0.021 8	0.039 8	0.034 2	0.034 0	0.069 6	**0.240 4**	0.075 4	0.060 0	0.045 6	0.056 8	0.065 3	0.044 9	0.057 3	0.064 5	0.042 7	0.047 5	F_6
	m_7	0.029 3	0.074 6	0.023 0	0.072 5	0.075 3	**0.111 7**	0.049 6	0.042 7	0.034 3	0.031 3	0.054 1	0.052 0	0.084 9	0.109 8	0.075 1	0.079 9	F_6
	m	0.017 2	0.156 6	0.000 9	0.060 6	0.175 4	**0.308 8**	0.000 0	0.000 0	0.000 0	0.000 0	0.000 0	0.000 0	0.185 1	0.017 2	0.036 7	0.041 5	F_6

续上表

故障类型	特征融合	BPA																分离结果
		F_1	F_2	F_3	F_4	F_5	F_6	F_7	F_8	F_8	F_{10}	F_{11}	F_{12}	F_{13}	F_{14}	F_{15}	F_{16}	
T_7	m_1	0.005 2	0.005 2	0.005 2	0.005 3	0.005 2	0.005 2	0.127 3	**0.196 0**	0.069 9	0.149 3	0.222 4	0.182 3	0.005 3	0.005 4	0.003	0.007 8	F_8
	m_2	0.003 8	0.003 7	0.003 6	0.003 7	0.003 8	0.003 7	0.114 9	**0.400 7**	0.141 5	0.222 5	0.041 5	0.041 3	0.003 8	0.003 8	0.001 4	0.006 2	F_8
	m_3	0.058 3	0.057 5	0.057 5	0.057 2	0.062 0	0.059 1	**0.110 5**	0.057 3	0.053 2	0.066 1	0.053 3	0.073 2	0.057 4	0.061 0	0.055 8	0.060 6	F_7
	m_4	0.020 6	0.020 6	0.020 6	0.020 6	0.020 6	0.020 6	**0.231 2**	0.121 2	0.191 7	0.075 3	0.074 7	0.099 8	0.020 6	0.020 6	0.018 2	0.023	F_7
	m_5	0.016 0	0.027 9	0.023 1	0.035 9	0.044 7	0.044 4	0.126 5	0.097 2	0.092 7	0.043 5	0.146 7	**0.180 0**	0.026 9	0.038 7	0.025 5	0.030 3	F_{12}
	m_6	0.014 7	0.029 8	0.029 2	0.028 2	0.053 0	0.034 2	0.078 4	**0.142 0**	0.123 6	0.034 3	0.191 9	0.089 1	0.034 0	0.051 6	0.030 6	0.035 4	F_8
	m_7	0.014 7	0.025 5	0.021 7	0.035 4	0.046 1	0.048 2	0.145 4	0.105 2	0.081 1	0.044 6	0.151 3	**0.167 8**	0.024 6	0.035 7	0.024	0.028 8	F_{12}
	m	0.000 0	0.000 0	0.000 0	0.000 0	0.000 0	0.000 0	0.309 9	0.454 7	0.053 9	0.006 3	0.090 1	0.085 0	0.000 0	0.000 0	0	0	F_8
T_8	m_1	0.008 3	0.008 3	0.008 2	0.008 3	0.008 3	0.008 2	0.071 2	0.145 9	**0.281 6**	0.158 9	0.111 6	0.147 1	0.008 5	0.008 5	0.006 1	0.010 9	F_9
	m_2	0.014 6	0.014 5	0.014 1	0.014 5	0.014 6	0.014 5	0.126 2	0.163 3	**0.168 0**	0.232 7	0.082 1	0.081 7	0.014 7	0.014 7	0.012 3	0.017 1	F_9
	m_3	0.057 0	0.056 4	0.056 3	0.056 2	0.059 9	0.057 7	**0.105 0**	0.084 9	0.080 8	0.050 5	0.047 5	0.058 3	0.056 3	0.059 3	0.054 6	0.059 4	F_7
	m_4	0.043 8	0.043 8	0.043 6	0.043 8	0.043 8	0.043 7	0.045 7	0.086 3	0.044 5	0.141 4	**0.143 1**	0.101 1	0.043 9	0.043 8	0.041 4	0.046 2	F_{11}
	m_5	0.027 5	0.049 3	0.029 3	0.052 1	0.061 0	0.079 8	0.096 9	0.075 8	0.069 9	0.051 5	0.102 3	**0.105 1**	0.047 4	0.060 1	0.043 6	0.048 4	F_{12}
	m_6	0.021 2	0.038 9	0.033 8	0.033 7	0.063 3	0.094 8	**0.133 5**	0.091 8	0.064 6	0.072 1	0.100 0	0.058 1	0.049 3	0.061 0	0.039 7	0.044 5	F_7
	m_7	0.028 4	0.051 4	0.027 9	0.055 5	0.065 1	0.086 0	0.088 9	0.071 1	0.063 1	0.048 3	0.093 0	**0.111 9**	0.048 1	0.063 6	0.046 5	0.051 3	F_{12}
	m	0.000 0	0.000 1	0.000 0	0.000 1	0.000 2	0.000 6	0.146 0	**0.254 1**	0.142 4	0.139 0	0.174 4	0.142 5	0.000 1	0.000 2	0	0	F_8

续上表

故障类型	特征融合	BPA																分离结果
		F_1	F_2	F_3	F_4	F_5	F_6	F_7	F_8	F_8	F_{10}	F_{11}	F_{12}	F_{13}	F_{14}	F_{15}	F_{16}	
T_9	m_1	0.003 3	0.003 3	0.003 3	0.003 3	0.003 3	0.003 3	0.059 0	**0.302 8**	0.054 4	0.174 2	0.126 7	0.249 3	0.003 4	0.003 4	0.001	0.005 8	F_8
	m_2	0.005 0	0.005 0	0.004 9	0.005 0	0.005 1	0.005 0	0.084 0	**0.139 8**	0.118 6	0.523 1	0.042 2	0.042 0	0.005 1	0.005 1	0.002 7	0.007 5	F_8
	m_3	0.070 8	0.070 8	0.070 7	0.070 8	0.071 4	0.071 3	0.070 4	**0.093 6**	0.060 6	0.021 3	0.020 1	0.022 9	0.070 9	0.071 9	0.068 9	0.073 7	F_8
	m_4	0.008 4	0.008 4	0.008 4	0.008 4	0.008 4	0.008 4	0.295 1	0.033 5	**0.510 0**	0.024 1	0.024 0	0.029 2	0.008 4	0.008 4	0.006	0.010 8	F_9
	m_5	0.055 9	0.055 9	0.025 6	0.062 0	0.064 8	0.062 0	0.073 2	0.06 01	0.058 8	0.039 0	0.083 2	**0.138 3**	0.049 3	0.069 7	0.048 7	0.053 5	F_{12}
	m_6	0.051 0	0.051 0	0.031 5	0.042 9	0.063 5	0.038 5	0.060 1	0.072 0	0.075 2	0.032 6	0.098 0	**0.140 1**	0.055 9	0.079 7	0.051 7	0.056 5	F_{12}
	m_7	0.056 1	0.056 1	0.024 7	0.063 4	0.069 0	0.074 6	0.072 4	0.059 5	0.052 9	0.038 8	0.080 9	**0.123 4**	0.049 8	0.072 2	0.050 6	0.055 4	F_{12}
	m	0.000 0	0.000 0	0.000 0	0.000 0	0.000 0	0.000 0	0.243 7	0.254 5	**0.347 0**	0.017 1	0.012 6	0.124 9	0.000 0	0.000 0	0	0	F_9
T_{10}	m_1	0.003 2	0.003 2	0.003 2	0.003 2	0.003 2	0.003 2	0.044 4	**0.275 7**	0.071 4	0.236 3	0.094 7	0.245 2	0.003 3	0.003 3	0.000 9	0.005 7	F_8
	m_2	0.029 0	0.028 8	0.027 9	0.028 8	0.029 1	0.028 9	0.115 3	0.130 5	0.133 3	**0.151 1**	0.090 2	0.090 0	0.029 3	0.029 3	0.026 9	0.031 7	F_{10}
	m_3	0.035 5	0.035 2	0.035 2	0.035 1	0.036 9	0.035 8	0.049 7	0.035 9	0.035 1	**0.222 4**	0.094 9	0.205 4	0.035 2	0.036 5	0.033 1	0.037 9	F_{10}
	m_4	0.055 4	0.055 5	0.055 2	0.055 5	0.055 4	0.055 4	0.042 7	0.072 0	0.041 7	0.103 4	**0.104 2**	0.081 3	0.055 6	0.055 5	0.053 1	0.057 9	F_{11}
	m_5	0.023 7	0.034 2	0.076 5	0.041 7	0.049 3	0.051 2	0.080 3	0.098 5	0.093 8	**0.167 6**	0.074 0	0.061 1	0.034 7	0.042 8	0.033	0.037 8	F_{10}
	m_6	0.021 9	0.035 2	0.053 7	0.035 2	0.058 0	0.060 4	0.102 1	0.103 1	0.082 9	**0.141 3**	0.081 2	0.057 3	0.039 9	0.050 8	0.036 1	0.040 9	F_{10}
	m_7	0.023 5	0.033 8	0.084 3	0.043 6	0.051 2	0.051 5	0.077 3	0.092 7	0.096 2	**0.165 6**	0.071 7	0.060 8	0.034 1	0.042 2	0.033 4	0.038 2	F_{10}
	m	0.000 0	0.000 0	0.000 0	0.000 0	0.000 0	0.000 0	0.002 0	0.025 5	0.003 0	**0.936 0**	0.010 6	0.022 8	0.000 0	0.000 0	0	0	F_{10}

续上表

故障类型	特征融合	BPA																分离结果
		F_1	F_2	F_3	F_4	F_5	F_6	F_7	F_8	F_8	F_{10}	F_{11}	F_{12}	F_{13}	F_{14}	F_{15}	F_{16}	
T_{11}	m_1	0.003 3	0.003 3	0.003 3	0.003 3	0.003 3	0.003 3	0.059 0	**0.302 8**	0.054 4	0.174 2	0.126 7	0.249 3	0.003 4	0.003 4	0.001	0.005 8	F_8
	m_2	0.005 0	0.005 0	0.004 9	0.005 0	0.005 1	0.005 0	0.084 0	**0.139 8**	0.118 6	0.523 1	0.042 2	0.042 0	0.005 1	0.005 1	0.002 7	0.007 5	F_8
	m_3	0.070 8	0.070 8	0.070 7	0.070 8	0.071 4	0.071 3	0.070 4	**0.093 6**	0.060 6	0.021 3	0.020 1	0.022 9	0.070 9	0.071 9	0.068 9	0.073 7	F_8
	m_4	0.008 4	0.008 4	0.008 4	0.008 4	0.008 4	0.008 4	0.295 1	0.033 5	**0.510 0**	0.024 1	0.024 0	0.029 2	0.008 4	0.008 4	0.006	0.010 8	F_9
	m_5	0.055 9	0.055 9	0.025 6	0.062 0	0.064 8	0.062 0	0.073 2	0.060 1	0.058 8	0.039 0	0.083 2	**0.138 3**	0.049 3	0.069 7	0.048 7	0.053 5	F_{12}
	m_6	0.051 0	0.051 0	0.031 5	0.042 9	0.063 5	0.038 5	0.060 1	0.072 0	0.075 2	0.032 6	0.098 0	**0.140 1**	0.055 9	0.079 7	0.051 7	0.056 5	F_{12}
	m_7	0.056 1	0.056 1	0.024 7	0.063 4	0.069 0	0.074 6	0.072 4	0.059 5	0.052 9	0.038 8	0.080 9	**0.123 4**	0.049 8	0.072 2	0.050 6	0.0554	F_{12}
	m	0.000 0	0.000 0	0.000 0	0.000 0	0.000 0	0.000 0	0.243 7	0.254 5	0.347 0	0.017 1	0.012 6	0.124 9	0.000 0	0.000 0	0	0	F_9
T_{12}	m_1	0.003 4	0.003 4	0.003 4	0.003 5	0.003 4	0.003 4	0.042 3	0.216 3	0.074 1	**0.311 4**	0.074 0	0.247 3	0.003 5	0.003 5	0.001 1	0.005 9	F_{10}
	m_2	0.003 4	0.003 4	0.003 4	0.003 4	0.003 5	0.003 4	0.201 1	0.432 9	**0.132 7**	0.104 3	0.047 5	0.047 0	0.003 5	0.003 5	0.001 1	0.005 9	F_9
	m_3	0.043 1	0.043 1	0.043 1	0.043 0	0.044 3	0.043 5	0.053 7	0.051 8	0.055 3	0.112 5	**0.175 6**	0.117 6	0.043 0	0.044 0	0.040 9	0.045 7	F_{11}
	m_4	0.014 8	0.014 8	0.014 8	0.014 8	0.014 8	0.014 8	0.044 1	0.283 7	0.041 8	**0.127 2**	0.126 7	0.228 4	0.014 8	0.014 8	0.012 4	0.017 2	F_{10}
	m_5	0.019 7	0.019 7	0.023 1	0.024 6	0.031 6	0.037 3	0.158 1	**0.300 6**	0.074 8	0.070 3	0.102 8	0.050 7	0.019 9	0.026 7	0.017 7	0.022 5	F_8
	m_6	0.021 1	0.021 1	0.023 6	0.019 8	0.041 2	0.036 4	0.191 9	**0.260 5**	0.063 2	0.042 6	0.127 5	0.042 2	0.025 4	0.036 5	0.021 1	0.025 9	F_8
	m_7	0.019 0	0.019 0	0.023 1	0.026 1	0.034 3	0.038 0	0.135 4	**0.314 8**	0.082 5	0.074 7	0.093 9	0.054 0	0.019 0	0.026 1	0.017 7	0.022 5	F_8
	m	0.000 0	0.000 0	0.000 0	0.000 0	0.000 0	0.000 0	0.002 4	0.990 4	0.000 3	0.003 0	0.002 8	0.001 1	0.000 0	0.000 0	0.000 0	0.000 0	F_8

续上表

故障类型	特征融合	BPA																分离结果
		F_1	F_2	F_3	F_4	F_5	F_6	F_7	F_8	F_8	F_{10}	F_{11}	F_{12}	F_{13}	F_{14}	F_{15}	F_{16}	
T_{13}	m_1	0.037 3	0.037 3	0.037 7	0.043 4	0.039 0	0.035 9	0.001 9	0.001 8	0.001 7	0.001 8	0.001 8	0.001 8	0.193 0	**0.351 9**	0.101 8	0.112 0	F_{14}
	m_2	0.016 6	0.016 6	0.005 4	0.016 2	0.036 7	0.017 6	0.000 2	0.000 2	0.000 2	0.000 2	0.000 2	0.000 2	0.256 2	**0.312 3**	0.155 4	0.165 6	F_{14}
	m_3	0.135 0	0.135 0	0.130 7	**0.288 1**	0.012 7	0.027 3	0.002 0	0.001 1	0.000 9	0.000 6	0.000 5	0.000 6	0.147 1	0.015 5	0.046 3	0.055 5	F_4
	m_4	0.080 8	0.080 8	0.033 8	0.085 5	0.067 7	0.049 7	0.000 1	0.000 2	0.000 1	0.000 2	0.000 2	0.000 2	**0.241 1**	0.117 7	0.114 9	0.126 1	F_{13}
	m_5	0.081 2	0.081 2	0.013 8	0.136 1	0.046 9	0.031 1	0.023 7	0.021 3	0.019 1	0.015 8	0.026 0	0.028 3	0.074 0	0.119 0	**0.151 2**	0.131 2	F_{15}
	m_6	0.097 9	0.097 9	0.022 8	0.074 6	0.039 2	0.020 1	0.023 2	0.025 8	0.026 4	0.015 8	0.029 8	0.039 3	0.064 4	0.059 4	**0.192 4**	0.171 7	F_{15}
	m_7	0.077 3	0.077 3	0.013 6	0.098 4	0.045 5	0.036 9	0.025 2	0.022 8	0.019 0	0.016 6	0.028 0	0.029 5	0.078 2	**0.166 7**	0.131 6	0.123 9	F_{15}
	m	0.002 5	0.002 5	0.000 0	0.010 4	0.000 1	0.000 0	0.000 0	0.000 0	0.000 0	0.000 0	0.000 0	0.000 0	**0.391 2**	0.121 7	0.246 0	0.225 8	F_{13}
T_{14}	m_1	0.067 4	0.067 4	0.071 2	0.073 0	0.069 6	0.068 9	0.005 3	0.005 0	0.004 9	0.005 0	0.005 2	0.005 0	0.135 5	**0.169 5**	0.128 7	0.118 5	F_{14}
	m_2	0.017 7	0.017 7	0.006 1	0.017 5	0.036 4	0.018 7	0.000 2	0.000 2	0.000 2	0.000 2	0.000 2	0.000 2	0.141 2	0.198 6	**0.277 5**	0.267 3	F_{15}
	m_3	0.047 1	0.047 1	0.047 2	0.044 7	**0.380 8**	0.074 0	0.008 8	0.004 3	0.003 4	0.002 2	0.001 9	0.002 3	0.045 9	0.180 9	0.060 0	0.049 8	F_5
	m_4	0.233 7	0.233 7	0.012 2	**0.220 9**	0.066 5	0.026 0	0.000 0	0.000 0	0.000 0	0.000 0	0.000 0	0.000 0	0.028 3	0.065 5	0.061 6	0.051 4	F_4
	m_5	0.044 6	0.044 6	0.040 9	0.062 7	**0.090 5**	0.113 8	0.075 8	0.068 8	0.048 7	0.050 6	0.079 3	0.056 5	0.050 9	0.072 4	0.050 0	0.050 0	F_5
	m_6	0.036 3	0.036 3	0.040 2	0.033 2	0.079 2	**0.160 2**	0.096 3	0.074 5	0.051 0	0.071 2	0.075 7	0.046 4	0.050 0	0.064 9	0.047 5	0.037 3	F_6
	m_7	0.042 8	0.042 8	0.037 0	0.071 1	0.099 5	**0.106 6**	0.074 8	0.069 6	0.046 7	0.049 0	0.081 3	0.058 8	0.047 3	0.071 7	0.055 6	0.045 4	F_6
	m	0.004 2	0.004 2	0.000 1	0.008 7	0.213 8	0.022 5	0.000 0	0.000 0	0.000 0	0.000 0	0.000 0	0.000 0	0.014 0	**0.627 9**	0.057 4	0.047 2	F_{14}

续上表

故障类型	特征融合	BPA																分离结果
		F_1	F_2	F_3	F_4	F_5	F_6	F_7	F_8	F_8	F_{10}	F_{11}	F_{12}	F_{13}	F_{14}	F_{15}	F_{16}	
T_{15}	m_1	0.105 8	0.105 8	0.081 8	**0.118 6**	0.097 8	0.083 3	0.002 7	0.002 6	0.002 5	0.002 5	0.002 6	0.002 6	0.110 2	0.076 5	0.092 4	0.122 3	F_4
	m_2	0.073 8	0.073 8	0.016 9	0.070 3	**0.236 6**	0.080 2	0.000 6	0.000 6	0.000 6	0.000 6	0.000 5	0.000 5	0.127 0	0.113 4	0.042 7	0.140 3	F_5
	m_3	0.080 9	0.080 9	0.081 7	0.068 9	0.042 0	0.239 4	0.004 3	0.002 3	0.001 8	0.001 1	0.001 0	0.001 2	0.073 8	0.059 5	**0.130 7**	0.104 2	F_{15}
	m_4	**0.268 8**	0.268 8	0.011 7	0.175 8	0.069 0	0.025 4	0.000 0	0.000 0	0.000 0	0.000 0	0.000 0	0.000 0	0.025 6	0.056 3	0.074 6	0.049 2	F_1
	m_5	0.053 8	0.053 8	0.021 5	0.142 1	0.093 6	0.051 4	0.042 6	0.037 7	0.031 7	0.025 7	0.048 3	0.049 9	0.055 0	**0.161 9**	0.035 5	0.065 5	F_{14}
	m_6	0.046 7	0.046 7	0.033 3	0.042 1	0.100 2	0.035 2	0.046 8	0.054 3	0.047 3	0.026 7	0.068 9	0.064 5	0.065 6	**0.194 6**	0.063 5	0.078 1	F_{14}
	m_7	0.050 1	0.050 1	0.021 4	**0.142 4**	0.095 5	0.066 8	0.047 4	0.042 3	0.032 1	0.027 9	0.055 3	0.053 7	0.052 2	0.135 1	0.119 8	0.063 7	F_4
	m	0.059 8	0.059 8	0.000 1	0.240 2	0.167 6	0.013 8	0.000 0	0.000 0	0.000 0	0.000 0	0.000 0	0.000 0	0.013 9	0.345 3	0.054 9	0.044 7	F_{14}
T_{16}	m_1	0.096 4	0.096 4	0.075 8	0.104 6	0.088 5	0.077 3	0.003 1	0.002 9	0.002 9	0.002 9	0.003 0	0.002 9	0.110 5	0.080 5	0.115 6	**0.136 8**	F_{16}
	m_2	0.022 5	0.022 5	0.008 0	0.022 1	0.043 2	0.023 6	0.000 3	0.000 3	0.000 3	0.000 3	0.000 3	0.000 3	0.153 3	0.197 4	0.242 1	**0.262 8**	F_{16}
	m_3	0.073 7	0.073 7	0.074 0	0.066 5	0.064 3	0.261 0	0.005 7	0.003 0	0.002 4	0.001 5	0.001 3	0.001 6	0.068 9	0.104 3	0.088 5	**0.100 7**	F_{16}
	m_4	0.083 1	0.083 1	0.035 8	0.088 0	0.070 2	0.052 2	0.000 1	0.000 2	0.000 1	0.000 2	0.000 2	0.000 2	**0.225 1**	0.118 2	0.111 0	0.132 2	F_{13}
	m_5	0.096 5	0.096 5	0.011 7	0.056 4	0.031 5	0.024 0	0.018 2	0.016 6	0.015 1	0.013 0	0.019 5	0.020 9	0.090 7	0.052 8	0.116 1	**0.228 8**	F_{16}
	m_6	0.135 4	0.135 4	0.020 2	0.072 6	0.032 3	0.018 5	0.020 1	0.021 8	0.022 0	0.014 3	0.024 7	0.030 6	0.062 8	0.045 0	0.161 5	**0.182 7**	F_{16}
	m_7	0.079 7	0.079 7	0.010 3	0.047 0	0.028 0	0.024 1	0.017 0	0.015 7	0.013 4	0.012 0	0.018 5	0.019 3	0.100 5	0.053 9	0.239 9	**0.251 1**	F_{16}
	m	0.001 9	0.001 9	0.000 0	0.000 4	0.000 1	0.000 0	0.000 0	0.000 0	0.000 0	0.000 0	0.000 0	0.000 0	0.021 1	0.003 5	0.384 9	**0.580 6**	F_{16}

16.4 本章小结

本章研究了在轨道不平顺激励下城轨列车悬挂系统故障分离问题,基于 D-S 证据理论故障分离方法,结合实际仿真数据,对悬挂系部件进行故障分离,确定发生故障的部件及其位置、故障等级大小。从故障分离结果上可以发现,D-S 证据理论可以完全分离出发生故障的元器件类型;但是,考虑到实验平台可能存在的误差,对发生故障的具体位置和故障等级的分离效果一般。

本章参考文献

[1] 文成林,徐晓斌. 多源不确定信息融合理论及应用[M]. 北京:科学出版社. 2012.

[2] 蒋海娜. 基于 Desert-Smarandache 理论的故障诊断信息融合方法[D]. 杭州:杭州电子科技大学. 2009.

[3] 杨慧. 多传感器信息融合技术的研究与应用[D]. 哈尔滨:哈尔滨工程大学. 2010,3.

[4] 刘晓兰. 多传感器信息融合技术的现状与展望[J]. 机电一体化,2010,16(9).

[5] 何友,王国宏. 多传感器信息融合及应用[M]. 北京:电子工业出版社. 2007.

[6] Francis T, Varma H, Fadaie K, et al. Confusion in data fusion[J]. International Journal of Remote Sensing. 2003. 24(4):627-636.

[7] 蒋海娜. 基于 Desert-Smarandache 理论的故障诊断信息融合方法[D]. 杭州:杭州电子科技大学. 2009.

[8] 李刚. 浅析多传感器信息融合[J]. 科技风,2011(4).

[9] 宁秀梅,罗涛. 基于改进 DS 证据理论的融合检测方法研究[J]. 2011.

[10] 许丽佳. D-S 理论在信息融合中的改进[J]. 系统工程与电子技术,2004,26(6):717-720.

[11] 韩静,陶云刚. 基于 D-S 证据理论和模糊数学的多传感器数据融合算法[J]. 仪器仪表学报,2000,21(6):644-647.

[12] 黄瑛,陶云刚. D-S 证据理论在多传感器数据融合中的应用[J]. 南京航空航天大学学报,1999,31(2):172-177.

索　　引

图书在版编目(CIP)数据

轨道交通列车轴承与悬挂系统故障诊断 / 贾利民等著. — 北京 : 人民交通出版社股份有限公司, 2015.12

ISBN 978-7-114-12669-7

Ⅰ. ①轨… Ⅱ. ①贾… Ⅲ. ①轨道交通—列车—轴承—故障诊断 ②轨道交通—列车—车悬挂装置—故障诊断 Ⅳ. ①U279.3②U260.331

中国版本图书馆 CIP 数据核字(2015)第 308341 号

书　　名:轨道交通列车轴承与悬挂系统故障诊断

著 作 者:贾利民　魏秀琨　秦　勇　姚德臣　梁　瑜

责任编辑:刘永超　贾秀珍　李　娜

出版发行:人民交通出版社股份有限公司

地　　址:(100011)北京市朝阳区安定门外外馆斜街 3 号

网　　址:http://www.ccpress.com.cn

销售电话:(010)59757973

总 经 销:人民交通出版社股份有限公司发行部

经　　销:各地新华书店

印　　刷:北京市密东印刷有限公司

开　　本:720 × 960　1/16

印　　张:17.25

字　　数:309 千

版　　次:2015 年 12 月　第 1 版

印　　次:2015 年 12 月　第 1 次印刷

书　　号:ISBN 978-7-114-12669-7

定　　价:53.00 元

(有印刷、装订质量问题的图书,由本公司负责调换)